한국사를 보다

한국사를 보다4

1판 1쇄 발행 2011년 11월 16일
1판 12쇄 발행 2018년 4월 18일
지은이 박찬영, 정호일 **펴낸이** 박찬영 **편집** 안주영, 황민지, 이호영
그림 문수민 **마케팅** 이진규, 장민영 **디자인** 이재호, 박시내, 김선주, 한은경
발행처 (주) 리베르스쿨 **주소** 서울시 용산구 용산동5가 24번지 용산파크타워 103동 505호
등록번호 제2003-43호 **전화** 02-790-0587, 0588 **팩스** 02-790-0589 **홈페이지** www.리베르.kr
커뮤니티 blog.naver.com/liber_book(블로그), cafe.naver.com/talkinbook(카페)
e-mail skyblue7410@hanmail.net **ISBN** 978-89-6582-010-9(세트), 978-89-6582-016-1(04900)
Copyright ⓒ PCY

리베르(LIBER)는 디오니소스 신에 해당하며, 책과 전원의 신을 의미합니다.
또한 liberty(자유), library(도서관)의 어원으로서 자유와 지성을 상징합니다.

한국사를 보다

4

조선
下

㈜리베르스쿨

머리말

스토리텔링으로 풀어 쓴 초중고 한국사의 모든 것!
-역사가 깨어나 말을 하다

『한국사를 보다』에는 초등학교와 중학교 교과서는 물론 고등학교 교과서의 내용까지 충실히 반영돼 있습니다. 풍부한 이미지와 다양한 스토리텔링으로 우리 역사를 소개하고 있어 교과서만으로 이해할 수 없는 내용도 쉽고 재미있게 공부할 수 있을 것입니다.

초·중등 교과서에는 주요한 역사적인 사실들이 교과 과정에 따라 분산되어 실려 있는 경우가 많습니다. 많은 내용을 소개하려다 보니 교과서의 내용이 간략해져 전체적인 흐름을 파악하기도 쉽지 않습니다. 또한 교과서에는 서술의 특성상 배경이 되는 내용이 빠져 있는 경우가 많아 그 자체만으로는 이해하기 어렵습니다.

고등학교 역사 교과서가 재미없게 느껴지는 이유는 어려운 용어가 많이 나오기 때문입니다. 하지만 고등학교 역사 교과 과정도 결국 초등학교와 중학교 교과 과정에서 배우지 않은 새로운 내용이 일부 추가된 것에 불과합니다. 어려운 용어는 다양한 배경지식과 역사적 의미를 제시해 누구나 쉽게 이해할 수 있도록 구성했습니다.

시대별로 주제를 정해 통사적으로 접근한 이 책에는 역사적 사실과 관련된 일화와 인물들이 빠짐없이 소개되어 있고 분야별로 정리돼 있어 교과서

속 배경지식에 쉽게 접근할 수 있습니다. 게다가 초·중등 교과서의 내용을 면밀하게 분석해 선택적으로 선행 학습을 하며 읽을 수 있도록 했습니다. 특히 '이것만 알면 시험 걱정 끝'에서는 꼭 알아야 할 본문 내용을 체계적으로 정리해 내신과 수능 대비에도 도움이 되도록 했습니다. '생각해 보세요'에서는 논술 시험과 수행 평가에 도움이 될 수 있도록 역사적 문제의식을 일깨우는 데 초점을 맞추었습니다.

이 책에는 초·중등 한국사 교과서의 모든 것이 스토리텔링 방식으로 녹아 있습니다. 하지만 교과서의 내용뿐 아니라 앞으로 교과서에 꼭 수록해야 할 우리의 잃어버린 역사를 소개하는 작업도 게을리하지 않았습니다. 단군 조선, 랴오허 문명 등이 그러합니다. 고인돌, 한사군의 위치, 광개토호태왕릉비와 칠지도, 신라의 한반도 남부 통일, 화랑 제도, 위화도 회군, 이순신의 죽음 등 논란이 많은 내용도 고증 자료와 유물에 근거해 새롭게 서술했습니다.

이 책은 잃어버린 우리의 역사를 유물과 유적을 통해 복원하고, 역사의 고비마다 담겨 있는 의미를 재해석하는 데 주안점을 두었습니다. 역사는 암기하는 과목이 아니라 생각하는 과목이기 때문입니다. 유물과 유적은 오늘날까지 살아 있는 역사적 증거입니다. 그래서인지 최근에는 체험 학습이 강조되고 있고, 각종 시험에서도 유물과 유적 사진을 제시하는 문제가 자주 출제되고 있습니다.

지상(紙上) 최대의 한국사 박물관!
–이것이 바로 살아 있는 역사 여행이다

유물과 유적을 바로 눈앞에서 보듯이 되살리기 위해 수년 동안 전국을 누비며 확인한 역사의 현장을 사진과 글로 생생하게 담았습니다. 관련 사진은 현장에서 직접 찍은 수만 컷의 사진 중에서 선별하거나 여러 기관의 도움을 받아 수록한 것입니다. 그동안 학교에서 한국사 공부를 하면서 머리로만 생각했던 것을 이 책에서는 눈으로 확인하는 기쁨을 누릴 수 있을 것입니다. 최근의 시험 경향이 자료 분석에 있다는 점을 감안할 때 이런 방식의 학습 습관은 초등학교 때부터 길러야 합니다.

　사진과 그림은 내용의 이해를 도울 뿐 아니라 역사의 현장을 재현하는 복원도 역할을 합니다. 또한 시각적으로 한국사의 주요 사항을 정리할 수 있습니다. 역사의 현장을 여행할 때는 이 책의 이미지들을 떠올리며 '온 세상이 공부의 마당'이라는 깨달음을 얻을 수도 있을 것입니다.

　이 책에서는 역사적 사건이 일어난 장소의 위치를 확인하기 위해 매 과마다 지도를 실었습니다. 한국사를 세계사와 연계해 파악할 수 있도록 세계사 개요와 함께 당시의 세계사 지도도 함께 실었습니다. 주요 사건이 일어난 장소와 연도를 지도에서 확인하면 관련 내용을 정확하게 떠올릴 수 있을 것입니다.

지도는 단지 독서의 효율성 때문에 활용하는 것이 아닙니다. 지도를 통해 우리가 살고 있는 이 땅에서 무슨 일이 일어났는지 반추해 볼 수 있습니다. 역사적 장소에 대해 미리 알고 찾아간다면 유적 하나하나가 좀 더 현실감 있게 다가올 것입니다. 바로 이것이 살아 있는 한국사 여행이 아닐까요?

이 책에 한국사의 모든 것을 담기 위해 노력했지만 접근하기 힘든 유물도 간혹 있었습니다. 하지만 많은 기관이 자료 협조에 흔쾌히 도움을 주셨습니다. 이 지면을 빌려 관계자들에게 깊은 감사를 드립니다. 독자들이 다양한 자료를 보며 우리의 유물·유적에 대한 이해와 관심을 높이고 현장을 직접 방문하는 계기로 삼기를 바랍니다. 또한 『한국사를 보다』 시리즈를 우수 저작 당선작으로 뽑아 주신 문화부 산하 한국간행물윤리위원회의 심사 위원들에게도 감사의 마음을 전합니다.

이 책은 초등학생부터 일반인까지 누구나 즐길 수 있는 '한국사의 모든 것' 일 뿐 아니라 다양하고 알찬 현장 학습 자료라고 자부합니다. 한국사를 공부하는 학생은 물론, 한국사를 새로운 시각으로 바라보고자 하는 일반 독자들에게도 많은 도움이 되기를 기대합니다.

지은이 씀

차례

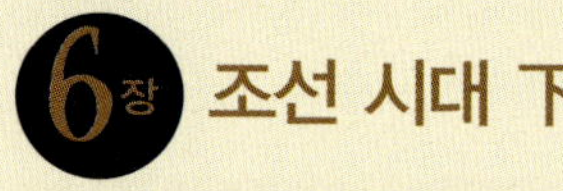

6장 조선 시대 下

6 조선 시대 下

16세기 이후 유럽에서는 절대 왕정과 시민 혁명, 산업 혁명 등을 거치면서 근대적인 발전이 이루어졌어요. 시민 혁명은 17세기 영국의 청교도 혁명과 명예혁명에서 시작해 미국의 독립 혁명, 프랑스 혁명으로 이어졌지요. 산업 혁명은 18세기에 자본, 노동력, 자원, 해외 시장을 갖춘 영국에서 시작되어 19세기에는 유럽 전역으로 확산되었어요. 산업 혁명의 확산과 자본주의의 발달로 국력을 키운 서양 열강은 아시아 지역으로 진출하기 시작했습니다. 하지만 청을 비롯한 아시아의 전통 왕조들은 내부적으로 취약한 상태여서 새로운 상황에 능동적으로 대처하지 못했어요. 결국 서양 열강은 아시아 대부분의 지역을 식민지로 삼아 원료의 공급지와 상품 시장으로 만들었지요. 17세기 초 영국과 네덜란드, 프랑스는 아시아 지역에 대한 무역 독점권을 확보하기 위해 동인도 회사를 세웠어요. 이후 동인도 회사는 무역뿐만 아니라 식민지 개척에도 앞장서게 되었지요. 영국은 인도 대륙을 대영 제국에 귀속시켰고, 프랑스는 가장 먼저 인도차이나 반도를 손에 넣었어요. 빈사 상태의 오스만 제국은 유럽 열강의 침략을 받아 영토가 축소되었지요.

아시아의 여러 나라는 열강의 침탈에 맞서 민족 운동과 함께 개혁을 통해 자강을 달성하려는 개화 운동을 추진했습니다. 그러나 이러한 노력에도 불구하고 아시아의 여러 나라는 서양 열강에 복속되어 대부분 식민지로 전락했어요. 다만 일본은 서양 열강과 타협해 적극적인 근대화 정책을 추진한 결과 제국주의 열강의 대열에 끼게 되지요.

-1,000
0
1,000
신성 로마 제국
러시아 제국
스웨덴
네르친스크
폴란드
키르기스
청
조선
일본
영국
프랑스
오스트리아
히바 부하라
준가르
에스파냐
포르투갈
오스만 제국
투라나
티베트
무굴 제국
버마
아프샤르
시암
필리핀(에)
캐나다(영)
아메리카 합중국
멕시코(에)
콜롬비아(에)
브라질(포)
페루(에)
칠레(에)
아르헨티나(에)
영국
프랑스
영국
(에) : 에스파냐
(포) : 포르투갈
(영) : 영국

17, 18세기의 세계

1 조선의 르네상스 |
영 · 정조 시대와 실학의 발달

붕당 간의 정치적 대립이 심해지면서 왕권이 약화되는 조짐이 보였어요. 그러자 숙종은 노론과 소론의 대립을 조정하기 위해 당파의 구분 없이 모든 사람을 고루 등용하는 탕평책을 제기했지요. 숙종 때에는 한 붕당이 요직을 독점하는 일을 완화시키는 정도에 그쳤지만, 붕당 정치의 폐해를 직접 경험한 영조는 탕평책을 본격적으로 실시했어요. 영조의 뒤를 이은 정조도 탕평책을 실시했지요. 17세기 후반에는 성리학을 중심으로 한 학문 활동이 붕당의 폐해를 부르고 이론과 형식에만 치우친다는 점 등을 반성하기 시작했어요. 18세기에는 실학파가 등장해 현실 사회를 개혁하기 위한 방안을 광범위하게 제시했습니다.

- **1610년** 　광해군 때 허준이 『동의보감』을 편찬하다.
- **1790년 2월~1800년 1월** 　정조가 사도 세자의 묘를 화성 현륭원으로 옮기고 11년간 12차례에 걸친 화성 능행을 거행하다.
- **17, 18세기** 　사회 개혁론으로 실학이 대두되다.
- **1818년** 　천주교 박해로 강진에서 귀양살이를 하던 다산 정약용이 『목민심서』를 저술하다.
- **1861년** 　철종 때 김정호가 대동여지도를 제작해 초간본을 찍어 내다.

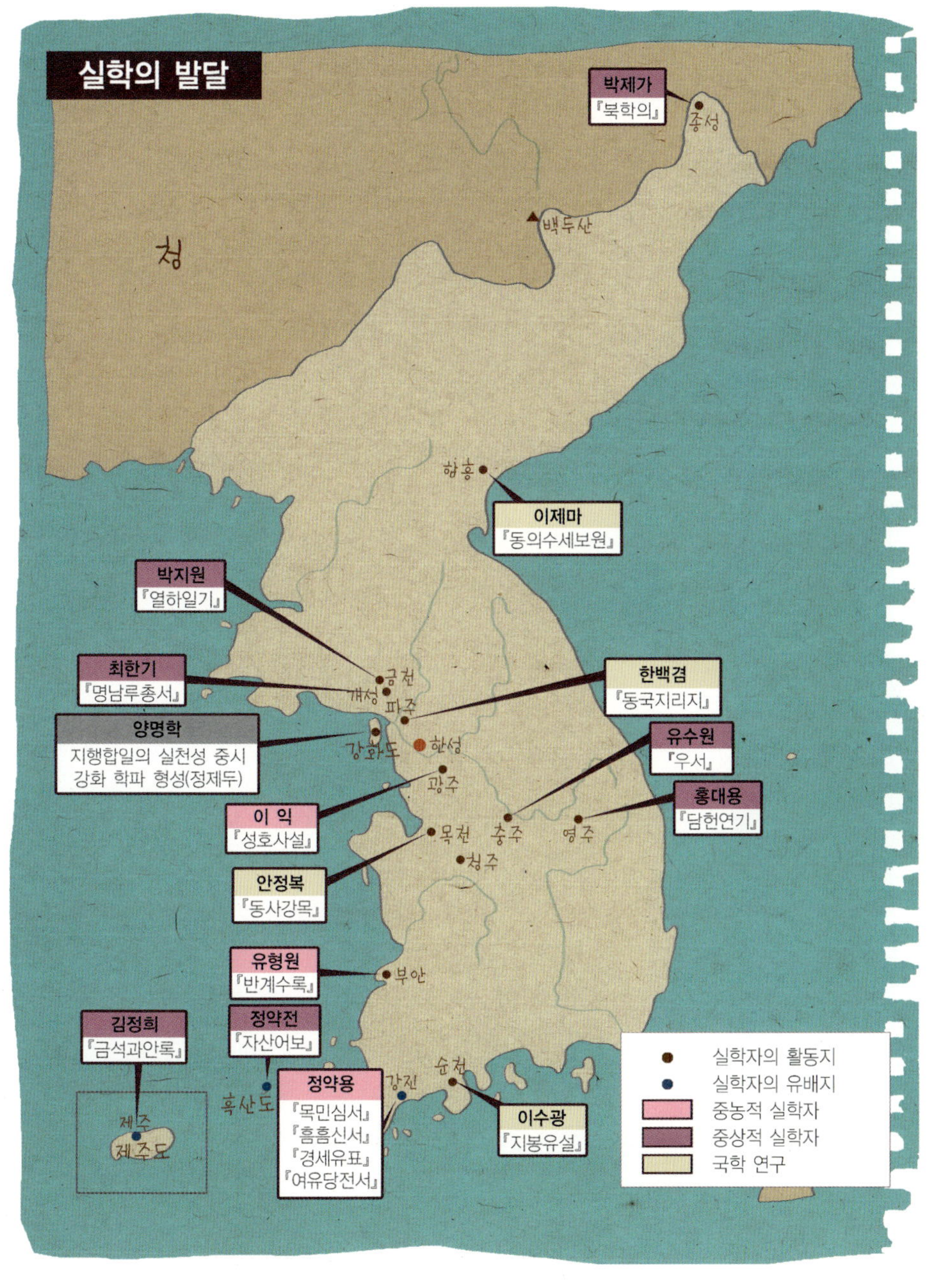

영조의 탕평책

영조는 왕위에 오르기 전부터 붕당 정치의 폐해를 직접 경험했어요. 이복형인 경종을 지지하는 소론과 자신을 지지하는 노론 사이에서 벌어진 당쟁의 중심에 서 있었던 것이지요. 경종은 숙종의 계비인 인현 왕후를 저주했다 하여 왕비에서 밀려나 사약을 받고 죽은 희빈 장씨의 아들이에요. 경종의 아버지인 숙종은 세자 교체를 심각하게 고려했지만 세자가 큰 잘못을 저지르지 않았으므로 폐위시키지는 못했습니다.

대신 숙종은 숙빈 최씨에게서 얻은 연잉군(영조)을 세제(世弟, 왕위를 이어받을 왕의 아우)로 책봉한다는 뜻을 전하고 죽었습니다. 숙종의 이 말이 빌미가 되어 경종을 지지하는 소론 측과 연잉군을 지지하는 노론 측 사이에서 당쟁이 거세게 일어났어요. 결국 소론의 주장이 받아들여져 대리청정이 거두어지면서 노론이 대대적으로 숙청되었지요.

연잉군은 당쟁 와중에 경종을 시해하려 했다는 의혹을 받아 목숨이 위태롭게 되었습니다. 그러자 연잉군은 세제 자리를 내놓을 각오를 하고 결백을 호소해 사태를 수습했어요. 결국 연잉군은 경종의 갑작스러운 죽음으로 1724년 왕위에 오를 수 있었습니다.

이렇듯 당쟁의 폐해를 몸소 겪은 영조는 붕당의 뿌리를 없애기 위해 공론의 주재자로 인식되던 산림(산림처사(山林處士)의 준말, 학덕은 높으나 벼슬하지 않고 은거하던 고명한 선비)의 존재를 인정하지 않았고, 산림의 본 거지인 서원을 대폭 정리했어요. 각 학파의 원

탕평비 (성균관대학교)
영조는 정사(政事)의 시비를 논하는 상소를 금하고 노론과 소론을 고루 등용해 불편부당의 탕평책을 수립하고, 1742년 성균관 입구에 탕평비를 건립했다. 비문에는 『예기』의 한 구절인 '周而弗比 乃君子之公心 比而弗周 寔小人之私意(신의가 있고 아첨하지 않음이 군자의 바른 마음이요, 아첨하고 신의가 없음은 소인의 사사로운 마음이다)'가 새겨져 있다.

로 학자였던 산림은 학식과 덕망을 겸비해 추앙받고 있었지요. 하지만 이들이 백성들의 의견을 반영한 것은 아니었어요. 영조는 붕당의 전위대 역할을 하던 이조 전랑으로부터 후임자를 추천하는 권한과 3사의 관리를 선발하는 권한을 박탈해 3사와 전랑의 부정적인 기능을 없앴습니다. 이렇듯 영조가 탕평 정치를 실시하면서 붕당의 정치적 의미는 점차 퇴색되었어요.

정국이 안정되자 영조는 본격적인 개혁을 추진했습니다. 군역의 부담을 줄이기 위해 1750년 균역법을 시행했고, 사형수에 대한 삼심제를 시행했으며, 『속대전』을 편찬해 법전 체계도 정리했어요.

당쟁 속에서 죽음의 고비를 넘겼던 영조는 아들인 사도 세자까지

(왼쪽) 영조 어진(보물 제932호, 국립고궁박물관)
조선 제21대 왕인 영조의 51세 때 모습을 그린 초상화다. 영조 20년(1744년)에 장경주와 김두량이 그린 그림을 1900년에 당대 최고의 초상화가인 조석진과 채용신이 원본을 보고 그린 것이다. 원본은 6·25 전쟁 때 불타 없어졌으나 원본을 충실하게 그린 것으로 평가된다.

(오른쪽) 연잉군 초상 (보물 제1491호, 1714년, 국립고궁박물관)

영조와 세계 기록 유산

영조의 정비는 정성 왕후이고 계비는 정순 왕후다. 외규장각 의궤의 하나인 『영조 정순왕후 가례도감의궤』와 『일성록』은 세계 기록 유산에 등재되어 있다.

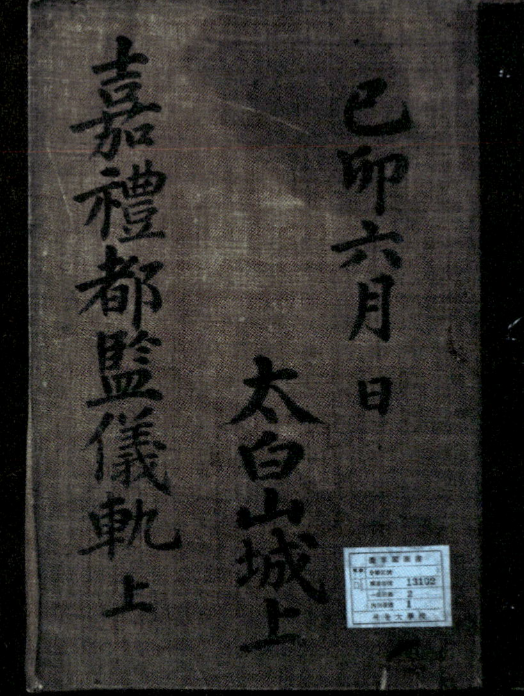

『영조 정순왕후 가례도감의궤』

1759년에 있었던 영조와 정순 왕후 김씨의 결혼식 과정을 기록한 의궤다. 프랑스가 병인양요 때 강화도 왕실 도서관인 외규장각에서 약탈한 도서는 1978년 서지학자 박병선 박사가 297권을 발굴해 공개하면서 그 존재가 알려졌다. 외규장각 의궤는 5년 단위의 임대 형식으로 반환되었다. 의궤는 『조선왕조실록』과 함께 조선 시대 기록 문화의 꽃으로 불린다. 정순 왕후는 사도 세자를 반대하는 벽파와 손을 잡고 반대파인 시파를 탄압했으며, 순조가 즉위하자 수렴청정을 하면서 천주교 금지령을 내리고 신유박해를 일으켰다.

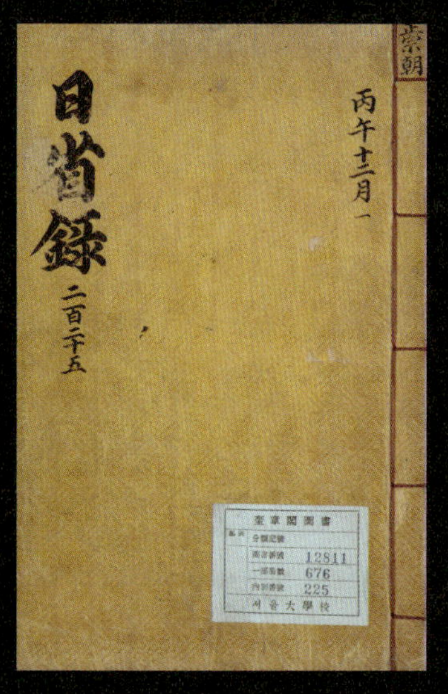

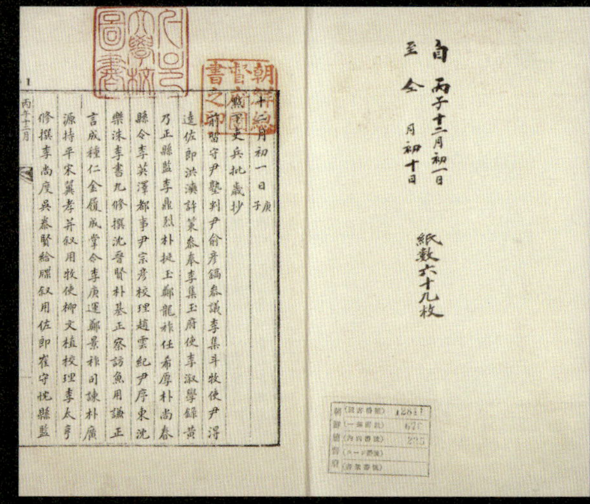

『일성록』(국보 제153호)

영조 36년(1760년) 1월부터 1910년 8월까지 왕이 조정과 신하에 대해 쓴 일기 형식의 기록이다. 일성(日省)은 '매일 반성한다'는 뜻이다. 실록과는 달리 자세한 내용이 기록되어 있어 『조선왕조실록』을 보충할 수 있는 귀중한 자료다.

『영조 정순왕후 가례도감의궤』

뒤주에 가두어 죽였습니다. 이 사건 역시 당쟁이 원인이었지요. 영민하고 언행에 거리낌이 없었던 사도 세자는 노론이 정국을 주도하는 것에 불만이 있었어요. 사도 세자는 15세가 되던 해에 영조의 명을 받고 정사를 대신 처리하게 되었습니다. 사도 세자가 왕위에 오를 경우 입지가 위축될 것을 우려한 노론은 정순 왕후 김씨와 함께 세자의 잘못을 과대 포장해 영조에게 무고했어요.

　세자의 비행에 관한 상소를 받은 영조는 사도 세자를 불러 자결을 명했습니다. 하지만 사도 세자가 따르지 않자 서인으로 폐하고 뒤주에 가두어 8일 만에 죽게 한 거예요. 이 참혹한 사건은 사도 세자의 비(妃)이자 정조의 어머니인 혜경궁 홍씨의 『한중록』에 기록되어 있습니다. 훗날 영조는 자신의 행위를 뉘우치고 사도 세자에게 사도(思悼)라는 시호를 내리지요. 사도 세자의 죽음을 계기로 기존의 붕당 체제는 벽파와 시파 체제로 전환되었습니다. 대부분 노론이었던 벽파는 사도 세자의 죽음을 당연하게 보고 영조의 처분도 정당하다고 생각했어요. 반면에 소론과 노론의 일부와 갑술환국 이후 정계에서 배제되었던 다수의 남인이 속한 시파는 사도 세자의 죽음을 동정했지요.

정조 어진

정조의 탕평책과 문예 부흥

1776년 영조가 죽자 사도 세자의 아들이 벽파의 견제를 딛고 왕위에 올라 정조가 되었습니다. 정조 때도 적극적인 탕평책을 추진해 영조 때부터 세력을 키워 온 척신과 환관들을 제거했어요. 그리고 그동안 권력에서 배제되었던 소론과 남인을 중용했지요. 또 새로운 인물이나 중 · 하급 관리 가운데 유능한 인재를 재교육하는 초계문신제(抄啓文臣制)를 실시했어요. 초계문신제는 글자 그대로 '문신을 선발해 국왕

「**규장각도**」(143.2×115.5cm, 국립중앙박물관)

1766년(정조 1년) 3월에 설치된 규장각 전경을 김홍도가 그린 작품이다. 규장각이 그림의 주제이기 때문에 그림 중앙에 실제보다 더 크게 그려 넣었다. 정조는 젊은 문신들을 뽑아 규장각에서 연구에 전념하게 했다.

에게 보고하는 제도'라는 뜻입니다. 이렇듯 정조는 당에 얽매이지 않고 능력 있는 사람을 중용해 붕당을 없애고자 노력했어요.

정조는 원래 왕실 도서관이었던 규장각을 자신의 권력과 정책을 뒷받침할 수 있는 강력한 정치 기구로 육성했습니다. 규장각에 수만 권의 책을 갖추고 젊은 학자들을 모아 학문을 연구하도록 했지요. 정조는 규장각에 비서실의 기능을 부여하고, 과거를 주관하고 문신을 교육하는 임무까지 부여했어요. 그래서 규장각은 정조 시대의 문예 부흥과 개혁 정치의 중심이 되었지요. 규장각 검서관에는 서얼 출신의 학자를 기용하는 등 서얼과 노비에 대한 차별도 완화했습니다. 또한 수령이 향촌 사회의 자치 규약인 향약을 직접 주관하게 하여 지방 사림의 영향력을 줄였지요.

정조는 친위 부대인 장용영을 설치해 왕권을 뒷받침할 수 있는 군사적 기반을 갖추었습니다. 또한 경기도 양주에 있던 사도 세자의 묘를 경기도 화성으로 옮겨 현릉원이라 하고 그 지역에 성곽을 축조해 군사적 기능은 물론 상업적 기능까지 부여했어요. 정조는 1790년 2월부터 1800년 1월까지 11년간 12차례에 걸친 능행을 거행했는데, 이때마다 화성 행궁에 머물면서 여러 가지 행사를 치렀지요.

능행을 거행할 때 어가를 따르는 인원이 6,000여 명이었고, 동원된 말만 1,400여 필에 이르렀습니다. 한강을 건널 때는 배로 만든 다리인 부교도 세워야 했어요. 부교를 놓을 때에는 경강상인의 배를 이용해 상권을 통제하는 효과도 거두었지요. 정조가 이런 대규모 행사를 치른 것은 사도 세자를 추모하기 위해서만은 아니었습니다. 사도 세자를 죽음으로 내몬 노론 벽파를 견제하려는 의도가 깔려 있었지요. 또한 친위 부대인 장용영을 강화하는 효과도 있었어요. 장용내영은 서울에 두고 장용외영을 현릉원에 두었던 것이지요. 2만 명에 달하는 장용외영의 군사는 정조의 무력 기반이었어요.

구중궁궐에서 신하들에게 둘러싸여 있다가 백성들과 직접 만나 그들의 소리를 듣고자 한 의도도 있었습니다. 백성들의 입장에서도 정조의 화성 행차는 좋은 구경거리였지요.

정조는 수구 세력과의 대립 속에서 정약용에 의한 실학의 발전, 규장각 설치, 서얼 차별 타파 등 조선 후기 최고의 업적을 이루어 냈어요. 문화에서도 겸재 정선의 진경산수화와 연암 박지원의 소설이 나오는 등 부흥기를 맞았지요. 정조는 1800년 49세의 나이에 갑자기 죽음을 맞이했어요. 이에 노론 벽파에 의한 독살설이 제기되기도 했지만 과로사로 보는 것이 일반적인 견해입니다. 정조의 죽음으로 인해 정약용은 노론 세도가들의 견제를 받아 반평생을 귀양지에서 묻혀 지냈어요. 이로써 정조의 정치 개혁과 문예 부흥도 멈추고 말았지요.

수원 화성(사적 제3호)

정조가 자신의 아버지인 사도 세자의 묘를 수원으로 옮기면서 축조한 성이다. 1794년 1월에 착공해 1796년 9월에 완공되었다. 화성 축조에는 한양 방비 목적 외에 당파 정치를 근절하고 강력한 왕도 정치를 실현하려는 정조의 정치적 포부도 담겨 있다. 1997년에 유네스코 세계 문화유산으로 등재되었다.

봉수당(사적 제478호)

정조 13년(1789년)에 세워졌으며 정조가 현륭원에 행차할 때 정전으로 사용했던 건물이다. 처음에는 정남헌이라 했다가 정조 19년(1795년) 어머니 혜경궁 홍씨의 회갑을 축하하기 위해 봉수당이라는 당호를 내리고 이곳에서 회갑 진찬연을 열었다.

봉수당 진찬연 정조가 어머니 혜경궁 홍씨에게 예를 드리고 있다.

수원 화성의 북문이자
정문이다. 일반적으로는 성의
남문을 정문으로 삼지만,
수원 화성은 왕을 가장 먼저
맞이하는 북문을 정문으로
삼았다. 규모나 구조는 조선
초기에 세워진 서울 숭례문과
비슷하지만 숭례문과는 달리
옹성, 적대와 같은 방어 시설
을 갖추었다. '장안문'이라는
이름은 전한, 수, 당의 수도
였던 장안(시안)에서 따온 것
이다. 여기에는 당의 장안성
처럼 화성 역시 융성한
도시가 되라는 정조의 뜻이
담겨 있다.

수원 팔달문(보물 제402호)

수원 화성의 남쪽 문이다.
사방팔방으로 길이 열린다는
의미를 담고 있다. 수원 화성
에 있는 여러 건물 중 가장
크고 화려하다. 당시 다른 성
문의 장점만을 취해 만들었기
때문에 가장 발달한 모습을
갖추고 있으며 원형이 잘 보
존되어 있다.

화홍문

수원 화성의 중간 부분을 남북으로 흐르는 수원천 위의 두 수문 가운데 북쪽 수문이다. 물이
통과하는 수문에는 쇠창살을 설치해 외부의 침입을 막았고, 수문 바깥쪽으로는 여담을 쌓았다.

동북각루(방화수류정, 보물 제1709호)

각루는 성곽의 비교적 높은 위치에 세워져 주변을 감시하고 휴식을 취할 수 있는 곳이다.
비상시에는 각 방면의 군사 지휘소 역할을 하기도 한다. 수원 화성에는 네 개의 각루가 있는데,
그중 동북각루는 주위의 아름다운 경관과 어우러져 방화수류정(訪花隨柳亭, 꽃을 좇고 버드나무를
따라가는 아름다운 정자)이라고도 불린다.

巡
視

화서문(보물 제403호)

축대 가운데에는 무지개 모양으로 반쯤 둥글게 만든 홍예문과 벽돌로 쌓은 옹성이 있다. 옹성은 성문을 보호하고 성을 지키기 위해 쌓은 작은 성이다. 옹성의 북쪽에는 공심돈이 성벽을 따라서 연결되어 있다. 벽에 총구가 있는 공심돈은 초소 구실을 하던 곳이다.

서장대

팔달산의 정상에 세워져 있어서 사방 100리가 내려다보이는 망대다. 정조는 이곳에 올라 군사 훈련을 지켜보았으며 '화성장대(華城將臺)'라는

창룡문

수원 화성의 동문이다. 음양오행설에서는 푸를 '창' 자가 동쪽을 의미해서 '창룡문' 이라는 이름이 붙여졌다. 홍예의 크기만 비교했을 때에는
장안문보다 더 크다.

동장대

장용영 군대의 훈련 장소였던 장대다. 높지는 않지만 사방이 트여 있으며 활쏘기를 할 수 있는 곳이다. 동장대에서는 무예를 수련했으므로
연무대라고도 한다.

화성행행도팔첩병(華城行幸圖八疊屛, 화성능행도, 보물 제1430호, 국립고궁박물관)

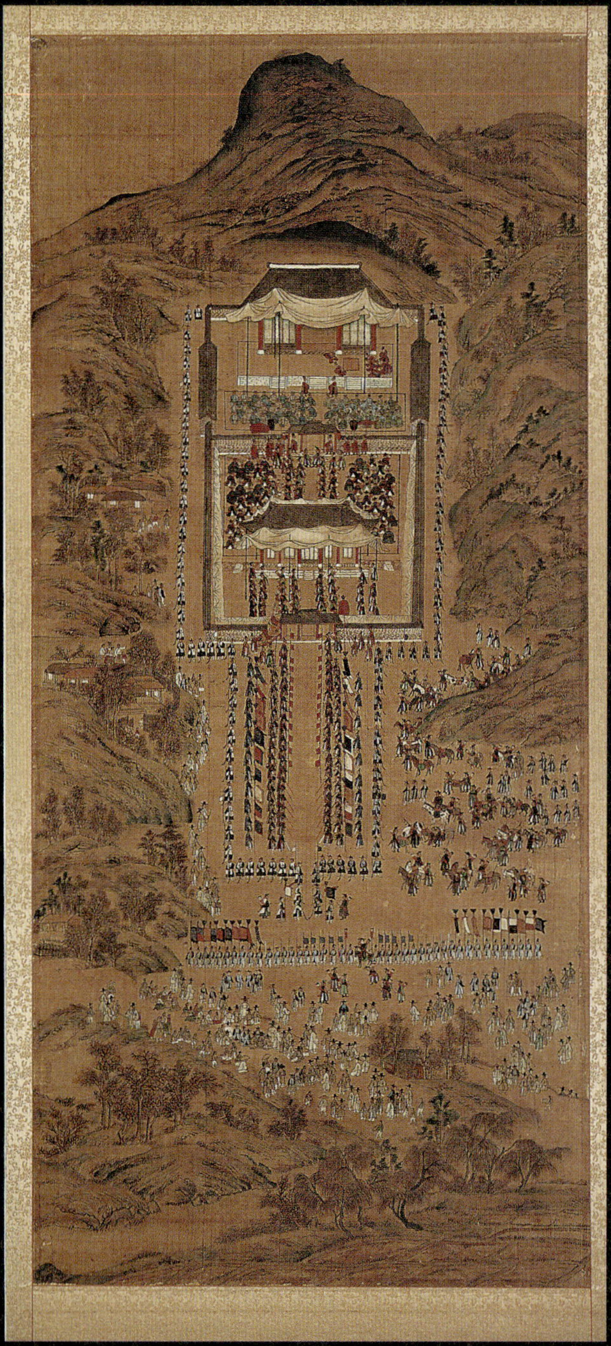

「화성성묘전배도(華城聖廟展拜圖)」 정조는 화성 행궁에 도착한 이튿날 화성 향교에서 공자의 위패를 모신 대성전에 나가 참배했다.

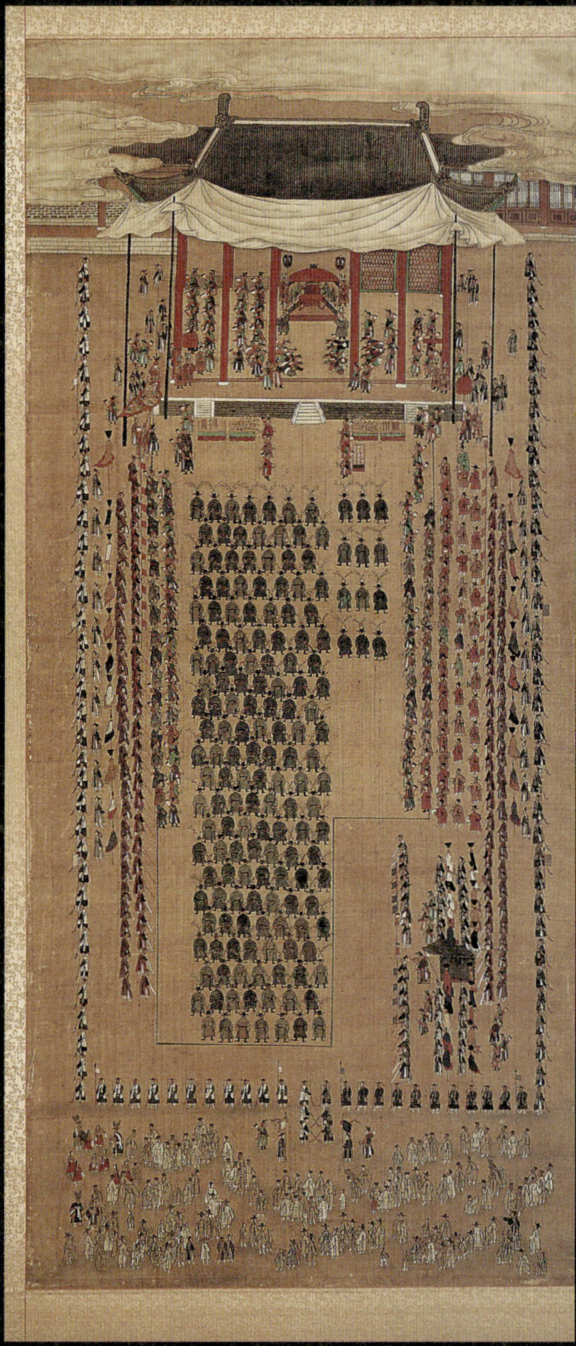

「낙남헌방방도(洛南軒放榜圖)」 참배를 마친 정조는 행궁으로 돌아와 정화관에서 무과 시험을 둘러보았다. 그리고 낙남헌에서 문과 시험을 돌아본 뒤 합격자 발표인 방방에 친림했다.

정조가 아버지인 사도 세자의 환갑을 맞이해 어머니인 혜경궁 홍씨와 함께 1795년(정조 19년) 윤 2월 9일부터 8일 동안 수원 화성과 사도
세자의 묘인 현륭원을 행차했을 때의 모습을 그린 것이다. 정조의 명을 받아 당대 최고의 화원들이 그린 18세기 최고의 기록화다.

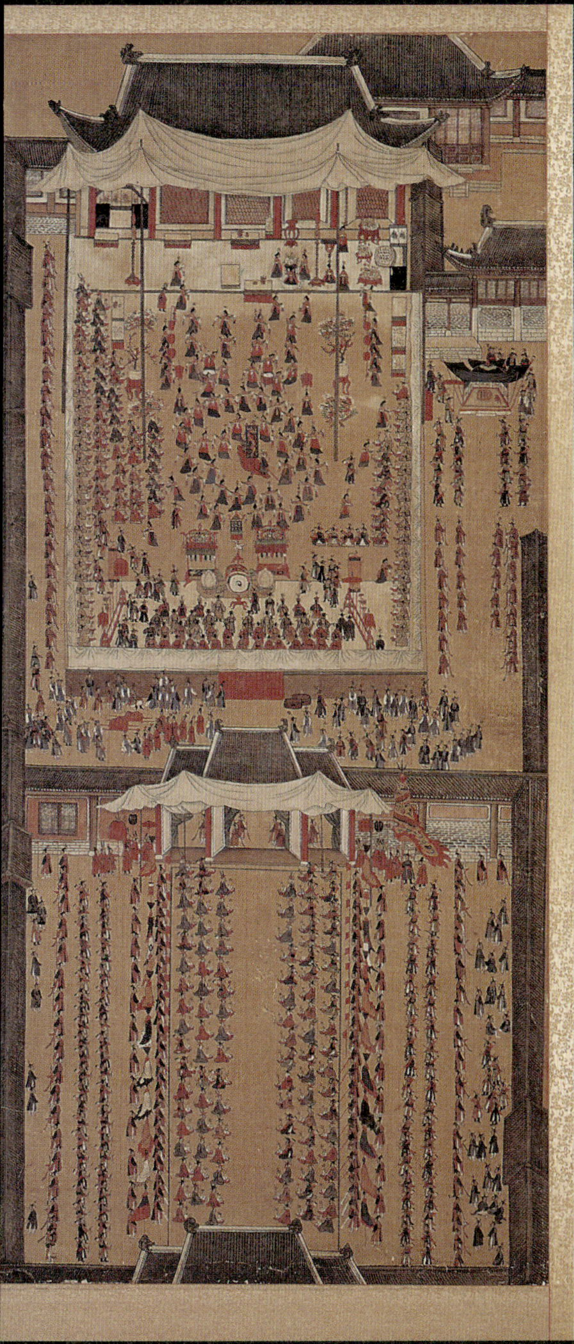

「봉수당진찬도(奉壽堂進饌圖)」 혜경궁 홍씨의 진찬례는 이른
아침부터 봉수당에서 열렸다. 행궁 내전에 자리한 혜경궁 홍씨의
자리에는 연꽃무늬의 방석이 깔려 있고, 뒤에는 십장생 병풍이
펼쳐져 있다.

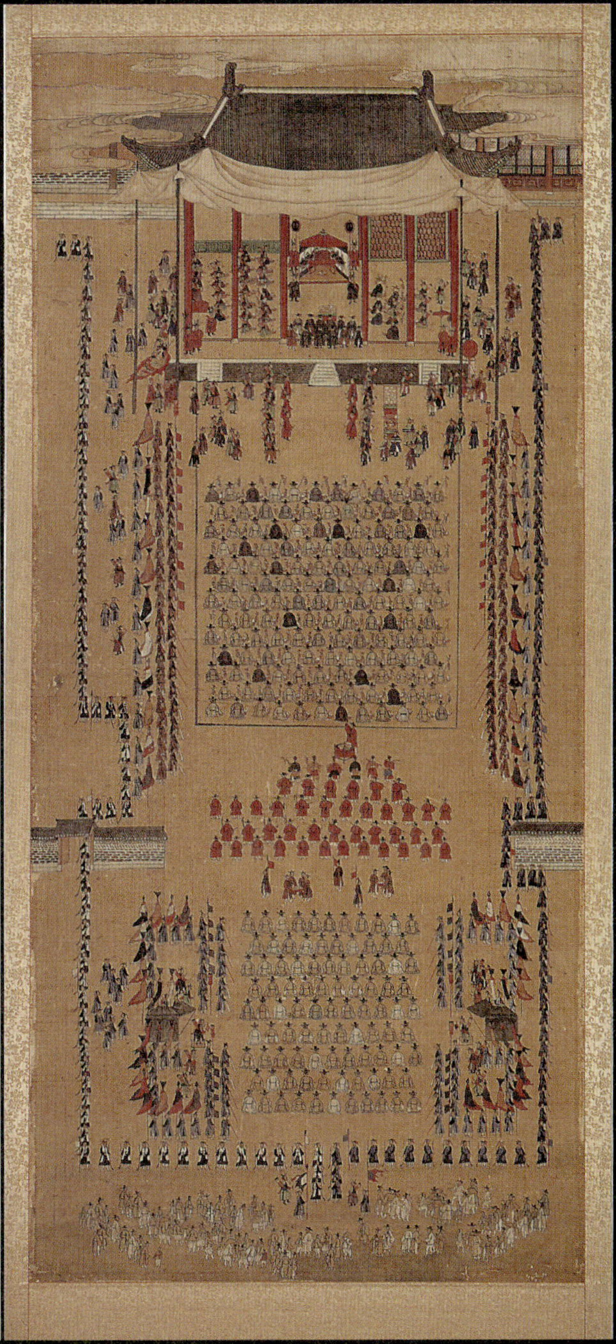

「낙남헌양로도(洛南軒養老圖)」 낙남헌에서는 정조의 어가를 따라
수원까지 온 관원 신분의 노인 15명과 화성부에 거주하는 사서(士庶)
신분의 노인 374명을 대상으로 양로연을 베풀었다.

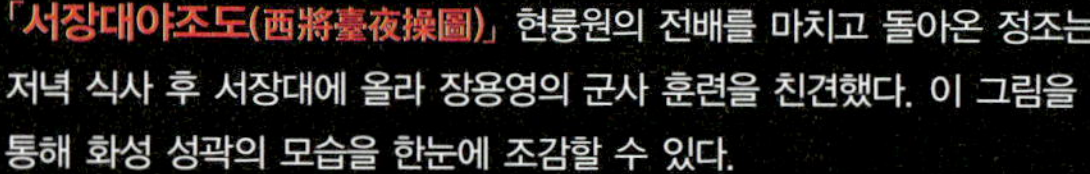
「서장대야조도(西將臺夜操圖)」 현륭원의 전배를 마치고 돌아온 정조는 저녁 식사 후 서장대에 올라 장용영의 군사 훈련을 친견했다. 이 그림을 통해 화성 성곽의 모습을 한눈에 조감할 수 있다.

「득중정어사도(得中亭御射圖)」 정조는 득중정에서 활을 쏘고 매화포를 터뜨려 불꽃의 아름다움을 즐기기도 했다. 양로연을 마지막으로 수원 화성에서의 공식 행사를 모두 마친 정조는 간편한 군복으로 갈아입은 뒤 방화수류정을 찾았다.

「환어행렬도(還御行列圖)」 창덕궁에서 화성까지의 왕복 여정은 숭례문, 노량 행궁, 시흥 행궁으로 이어졌다. 시흥 행궁에서 하룻밤을 묵었으므로 1박 2일이 걸렸다.

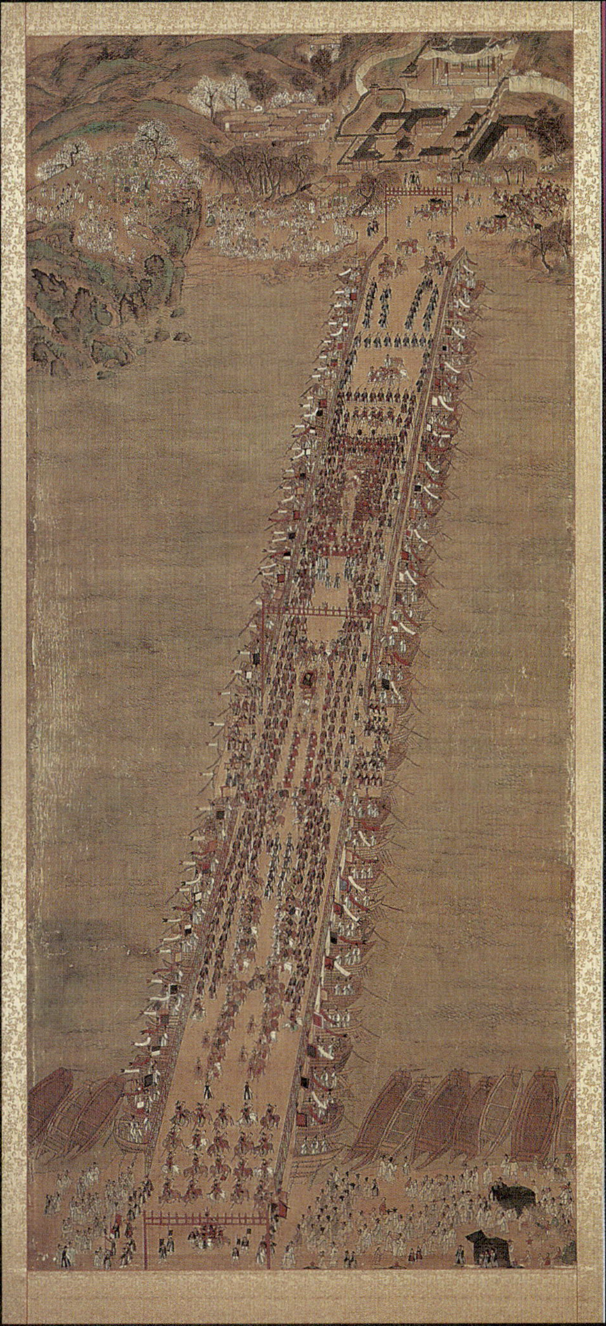

「한강주교환어도(漢江舟橋還御圖)」 정조는 한강을 효과적으로 건너기 위해 정약용으로 하여금 배다리를 설치하게 했다. 한강 남단까지 설치된 배다리 위로 정조와 혜경궁 홍씨가 건너고 있는 장면이다.

실제 사물에서 진리를 찾아내다 – 실학의 발달

조선에서는 학자는 물론 정치가들까지도 성리학에 몰두해 성리학만이 옳고 그 밖의 학문은 모두 그르다는 생각에 빠져 있었어요. 그래서 불교를 억압하고 일상생활에 필요한 기술도 경시했지요. 특히 인조반정 이후 송시열을 중심으로 한 서인은 당시 조선 사회의 모순을 해결하기 위해 명분론을 강화하고 성리학을 절대화했어요.

반면에 17세기 후반부터 성리학을 상대화하고 6경과 제자백가 등에서 모순 해결의 사상적 기반을 찾으려는 경향이 나타났습니다. 대표적인 인물로 윤휴와 박세당을 꼽을 수 있는데, 당시 서인은 이들을 사문난적으로 몰았어요.

중종 때에는 성리학의 절대화와 형식화를 비판하며 실천을 강조한 양명학이 전래되었습니다. 이황은 양명학이 정통 주자학 사상과 어긋난다고 비판하면서 이단으로 간주했어요. 18세기 초에 정제두는 몇몇 소론 학자들에 의해 명맥을 이어가던 양명학을 체계적으로 연구해 강화도를 중심으로 강화학파를 형성했습니다.

정제두는 백성을 도덕 실천의 주체로 인정해 양반 신분제를 폐지하자고 주장하기도 했어요. 강화학파는 양명학을 바탕으로 역사학, 국어학, 서화, 문학 등에서 새로운 경지를 개척했고, 실학자들에게도 많은 영향을 주었지요.

실학 운동은 이수광, 한백겸, 김육 등에 의해 제기되었어요. 이수광은 『지봉유설』을 저술해 우리나라와 중국의 문화 등을 폭넓게 정리했고, 한백겸은 『동국지리지』를 통해 우리나라의 역사 지리를 치밀하게 고증했습니다. 김육은 대동법을 확대 실시하고 동전을 널리 사용하도록 힘썼어요.

박세당(1629~1703년)

조선 후기 소론의 지도자다. 1703년(숙종 29년) 『사변록』에서 주자학적인 학풍을 비판하고 독자적인 견해를 발표해 사문난적으로 몰렸다. 귀납적 방법론을 선보인 박세당은 고루하고 진부한 전통에 대항했다.

　실학은 17, 18세기 사회·경제적 변동에 따른 사회 모순의 해결책을 구상하는 과정에서 대두된 학문과 사회 개혁론으로, 실사구시지학(實事求是之學)의 준말입니다. 실제 사물에서 진리를 찾아낸다는 뜻을 지니고 있지요. 청의 실학파 학자들은 경서를 고증하는 일에 치중했지만 조선의 실학파 학자들은 정치, 경제, 종교, 문화 등 여러 제도를 개선해 임진왜란과 병자호란 이후의 절박한 민생 문제와 사회 문제를 해결하는 데 치중했어요. 즉 우리나라의 실학은 주로 서유럽의 과학과 청의 농법, 농제를 토대로 하는 경세의 학문을 뜻한다고 볼 수 있지요.

　18세기 전반에 농업 중심의 개혁론을 제시한 실학자들은 농촌 사회의 안정을 꾀하기 위해 농민의 입장에서 각종 제도의 개혁을 추구했는데, 이들을 경세치용학파라고 해요.

농업을 중심으로 한 개혁론의 선구자는 17세기 후반에 활약한 유형원입니다. 그는 일생 동안 농촌에 묻혀 학문 연구에 몰두하면서 『반계수록』을 지었어요. 유형원은 이 책에서 농민에게 일정한 면적의 토지를 나누어 주자는 균전론을 내세워 자영농 육성을 위한 토지 제도의 개혁을 주장했습니다. 아울러 양반 문벌제도와 과거 제도, 노비 제도의 모순도 함께 비판했어요. 유형원을 계승한 이익은 자영농을 육성하기 위한 토지 제도 개혁론으로 한전론을 주장했습니다. 그리고 나라를 좀먹는 여섯 가지 폐단으로 노비 제도, 과거 제도, 양반 문벌제도, 사치와 미신, 승려, 게으름을 지적했어요.

이를 계기로 실학의 계통을 잇는 학자들이 하나둘씩 나타났습니다. 대표적 인물인 정약용은 지방 행정의 개혁에 대해 쓴 『목민심서』와 중앙 행정의 개혁에 대해 쓴 『경세유표』, 형법에 관한 『흠흠신서』 등

500여 권의 저술을 남겼어요. 정약용은 토지 제도의 개혁론으로 처음에는 여전론을 내세웠다가 나중에는 정전제를 현실에 맞게 실시할 것을 주장했습니다. 여전론은 한 마을을 단위로 하여 토지를 공동으로 소유하고 경작해 수확량을 노동량에 따라 분배하는 일종의 공동 농장 제도예요. 정전제는 전국의 토지를 국유화해 정전을 편성한 다음 그중 9분의 1은 공전을 만들어 조세에 충당하고 나머지는 농민에게 분배해 공전의 경작은 농민의 공동 노동으로 한다는 제도입니다.

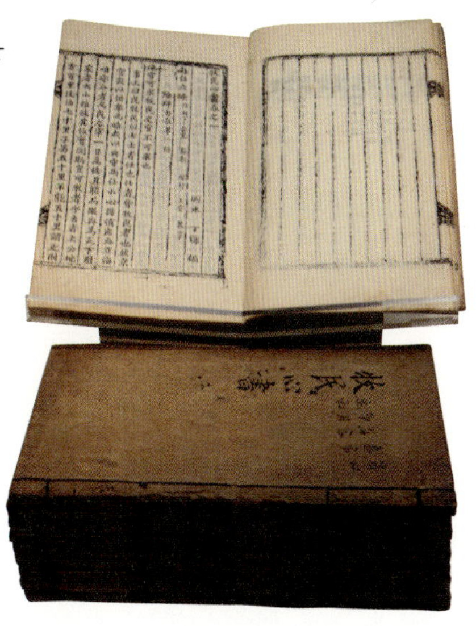

지방관을 비롯한 관리들이 지켜야 할 도리를 논한 이 책은 정약용이 전라남도 강진에서 유배 생활을 하는 동안 저술했다. 유배가 끝난 1818년에 완성되었으며, 『여유당전서』 권16~29에 수록되어 있다.

독립운동가인 최익한의 『실학파와 정다산』이라는 책에 따르면 정약용은 유배지에서 고향으로 돌아가기 직전에 밀실에서 저작한 『경세유표』를 문하생에게 주었다고 해요. 지금 남아 있는 『경세유표』가 아닌 개혁 강령을 적은 『경세유표』였지요. 이 비본은 갑오년에 전봉준과 김개남에게 전해졌다고 합니다. 전봉준은 이 비결을 동학 농민 운동의 개혁 강령인 폐정 개혁 12조에 반영했어요. 이 강령에는 정약용이 주장한 정전제의 주요 핵심인 '토지를 고루 분배해 경작한다'는 내용이 들어 있습니다.

18세기 후반 영·정조 때에는 상공업 발전과 기술 혁신을 주장하는 실학자들이 나타났어요. 이들은 청의 문물을 적극 수용해 부국강병과 이용후생에 힘쓰자고 주장했으므로 이용후생학파 또는 북학파라고 합니다. 북학파는 주로 청에 내왕하면서 청의 선진 문물을 수용하자고 주장했어요.

이들은 중국 견문을 토대로 많은 저서를 남겼는데, 특히 유수원, 홍대용, 박지원, 박제가 등이 유명합니다. 북학파의 선구자인 유수원은

남양주 여유당(경기도 남양주시)
정약용이 태어나고 숨을 거둔 곳이다. 1925년 대홍수 때 떠내려갔으나 1975년에 지금의 여유당으로
복원했다. 뒷동산에 정약용의 묘가 있다.

거중기

정약용은 정조 16년(1792년)에 도르래를 이용한 거중기를 고안해 수원 화성을 축조하는 데 크게 이바지했다.

『우서』에서 토지 제도의 개혁보다는 농업의 상업적 경영과 기술 혁신을 통해 생산성을 높이고, 사농공상의 평등과 전문화를 이루어야 한다고 주장했어요.

홍대용은 사신으로 청에 방문한 경험을 바탕으로 기술 혁신과 문벌 제도의 철폐를 주장했습니다. 또한 성리학을 극복하는 것이 부국강병의 근본이라고 강조했으며, 사대부의 중화사상을 비판했지요.

당시 조선 사람들은 지구는 네모난 사각형이고 하늘은 둥글다고 생각했지만, 홍대용은 지구는 둥글게 생겼을 뿐 아니라 스스로 돈다고 믿었어요. 하지만 홍대용은 지구가 태양 주위를 도는 게 아니라 태양과 달이 지구 주위를 돈다고 생각했지요. 박지원은 『열하일기』 권22의 「곡정필담」에서 "하늘이 만든 것 중에 모난 것은 없다. 그러므로 지구가 둥근 모양이라는 것은 의심할 여지가 없다. 만약 지구가 움직이지도 않고 돌지도 않고 하늘에 매달려 있다면 즉시 썩어 부서질 것이다."라고 주장했습니다.

박지원은 상공업의 진흥을 강조하면서 수레와 선박의 이용, 화폐 유통의 필요성 등을 주장하고, 양반 문벌제도의 비생산성을 비판했어요. 농업에서는 영농 방법의 혁신, 상업적 농업의 장려, 수리 시설의 확충 등을 통해 농업 생산력을 높이는 데 관심을 기울였지요. 박지원은 팔촌 형인 박명원이 청의 사신으로 갈 때 그 일행에 끼어 청에 다녀온 경험을 『열하일기』에 담았습니다. 문장력이 뛰어났던 박지원은 체면에만 얽매인 양반들을 풍자하는 소설을 많이 썼어요. 『양반전』, 『호질』, 『허생전』 등이 대표작이지요. 박지원은 이러한 작품을 통해 청을 오랑캐로만 볼 것이 아니라 배울 점은 받아들여야 한다

서유구 초상(1764~1845년)
조선 후기의 실학자인 서유구의 75세 때 초상화다. 농업 분야의 백과전서라고 할 수 있는 『임원경제지』를 지었다. 정약용, 이규경과 함께 3대 실학자로 꼽힌다.

고 주장했어요. 북벌론이 대두된 당시 상
황에서 박지원의 주장은 충격이었지요.

박지원의 제자인 박제가는 청에 다녀
온 후 『북학의』를 저술했어요. 박제가
는 이 책을 통해 청의 문물을 적극적으
로 수용하고, 생산을 자극하기 위해서
는 절약보다 소비를 권장해야 한다고
주장했습니다. 북학파의 실학사상은 19세기 후반에 개화사상으로 이
어지게 되지요.

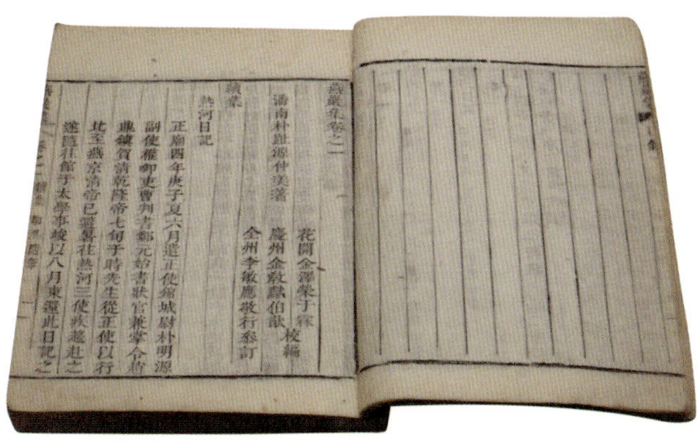

국학 연구의 확대

실학의 발달로 민족의 전통과 현실에 대한 관심이 깊어지면서 우리의
역사, 지리, 국어 등을 연구하는 국학이 발달했습니다. 이익은 실증적
이고 비판적인 역사관을 제시하고 중국 중심의 역사관에서 벗어나 우
리 역사를 체계화할 것을 주장했고, 이익의 제자인 안정복은 『동사강
목』을 저술해 고조선부터 고려 말까지의 역사를 체계적으로 정리했어
요. 안정복은 이 책을 통해 우리나라 역사의 정통성과 독자성을 내세
우는 나름의 체계를 세워 훗날 민족사관 형성에 이바지했지요.

유득공은 발해의 역사를 우리의 역사로 본격적으로 다룬 『발해고』
를 저술했습니다. 이 책에서 유득공은 신라의 통일은 불완전한 것이
고 북쪽에 발해가 있었으므로 이를 남북국이라 불러야 한다고 주장했
어요. 이처럼 한국사의 무대가 한반도와 중국 동북부에 걸쳐져 있었
다는 것은 실학자들의 공통된 생각이었습니다. 이긍익은 조선 시대의
정치와 문화를 정리해 『연려실기술』을 저술했어요. 한치윤은 중국과

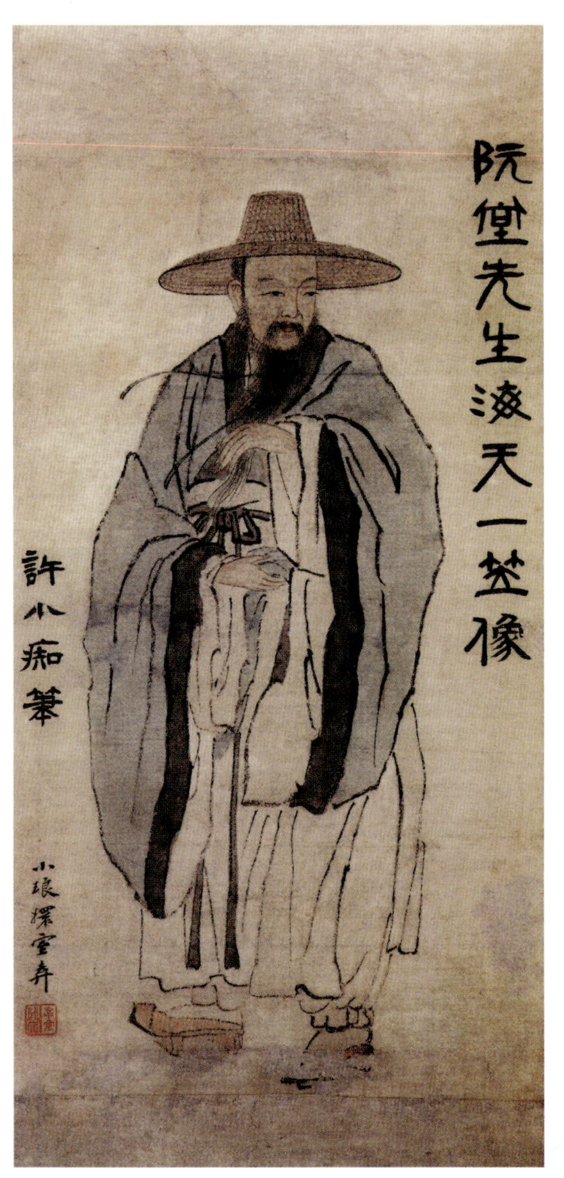

「완당선생해천일립도」
(19세기, 디아모레박물관)
추사 김정희의 제자 허련이
제주도에 유배 중이던 스승을
찾아뵙고 그린 그림이다.
중국 송의 소동파를 그린
「동파입극도」를 본떠 그렸다.

일본의 자료 500여 종을 바탕으로 『해동역사』를 편찬해 민족사의 인식을 넓히는 데 이바지했지요. 김정희는 『금석과안록』을 지어 북한산비가 진흥왕 순수비임을 밝혔습니다.

국어에 대한 연구도 활발했어요. 음운 연구서인 신경준의 『훈민정음운해』와 유희의 『언문지』에는 한글의 우수성에 대한 인식과 문화적인 자아의식이 잘 드러나 있답니다.

조선 후기에는 실학이 발달하면서 백과사전류의 저서가 많이 편찬되었어요. 이수광의 『지봉유설』은 이 분야의 효시라고 할 수 있지요. 뒤이어 18, 19세기에는 이익의 『성호사설』, 이덕무의 『청장관전서』, 서유구의 『임원경제지』 등이 나왔어요. 영·정조 때는 국가적 사업으로 우리나라의 역대 문물을 정리한 한국학 백과사전인 『동국문헌비고』가 편찬되었습니다.

국토에 대한 연구도 활발했어요. 역사 지리서로는 한백겸의 『동국지리지』, 정약용의 『아방강역고』 등이 나왔고, 인문 지리서로는 이중환의 『택리지』가 편찬되었습니다. 『택리지』에는 우리나라의 지리적 환경과 각 지역의 경제생활, 풍속에 관한 내용이 자세히 실려 있어요. 특히 자연과 인간의 관계를 인과적으로 이해하려고 한 점이 주목을 받고 있지요.

실용품이자 예술품인 대동여지도

중국에서 서양식 지도가 전해지면서 정밀하고 과학적인 지도가 많이 제작되었습니다. 정상기는 최초로 100리를 한 자로 축소한 동국지도를 만들어 우리나라의 지도 제작 수준을 한 단계 높였어요.

목판으로 인쇄된 김정호의 대동여지도에는 산맥, 하천, 포구, 도로망이 매우 정밀하게 표시되어 있습니다. 또 거리를 알 수 있도록 10리마다 눈금을 표시해 놓았지요.

그런데 김정호가 지도를 제작해 국가 기밀을 누설했다는 죄명으로 옥사했다는데 과연 사실일까요? 1935년 일제가 발행한 『조선어독본』에서는 김정호가 대동여지도를 만들어 조정에 올리자, 쇄국 정책을 고수했던 흥선 대원군이 김정호를 국가 기밀 누설죄로 옥에 가두고 대동여지도 목판을 불살랐다는 주장이 처음 제기되었어요. 그러나 이는 일제가 조선 지도층의 무지함을 부각시키기 위해 조작한 것으로 보입니다. 불태웠다는 목판이 수십 장이나 발견되었을 뿐만 아니라 김정호의 옥사에 관한 기록이 전혀 없기 때문이에요. 또한 김정호가 지도 제작을 할 때 관찬 지도 자료를 이용하게 도와준 신헌이 처벌받기는커녕 병조 판서에 제수된 일도 그 사실을 입증하지요.

그리고 김정호가 지도 제작을 위해 평생을 바쳤다는 사실을 볼 때 그는 순수하게 여행과 지도 제작에 흠뻑 빠졌던 것으로 보입니다. 대동여지도를 제작하기 위해 백두산을 일곱 번이나 오르고 전국을 세 차례나 답사했다는 일화가 전해지고 있어요.

김정호는 신헌과 실학자 최한기의 도움을 받아 중인으로서는 접하기 힘든 수많은 자료들을 종합하고 실제로 답사해 당대 최고의 지도를 만드는 데 성공했습니다.

대동여지도는 가로 20㎝, 세로 30㎝의 지도첩 22개로 제작되어 펴거나 접을 수 있었기 때문에 가지고 다닐 수 있었어요. 또 분첩을 따로 떼어 낼 수도 있어서 한 지역의 지도만 실용적으로 휴대할 수도 있었지요.

대동여지도의 실용성에 주목한 일제는 1904년 러일 전쟁 때 이 지도를 사용했고, 한일 합병 후에는 토지 조사 사업을 벌이면서 참고 자료로 활용했다고 해요. 게다가 대동여지도는 도로와 하천, 산줄기 등이 조화를 이루고 있어 예술적인 가치도 매우 뛰어나답니다.

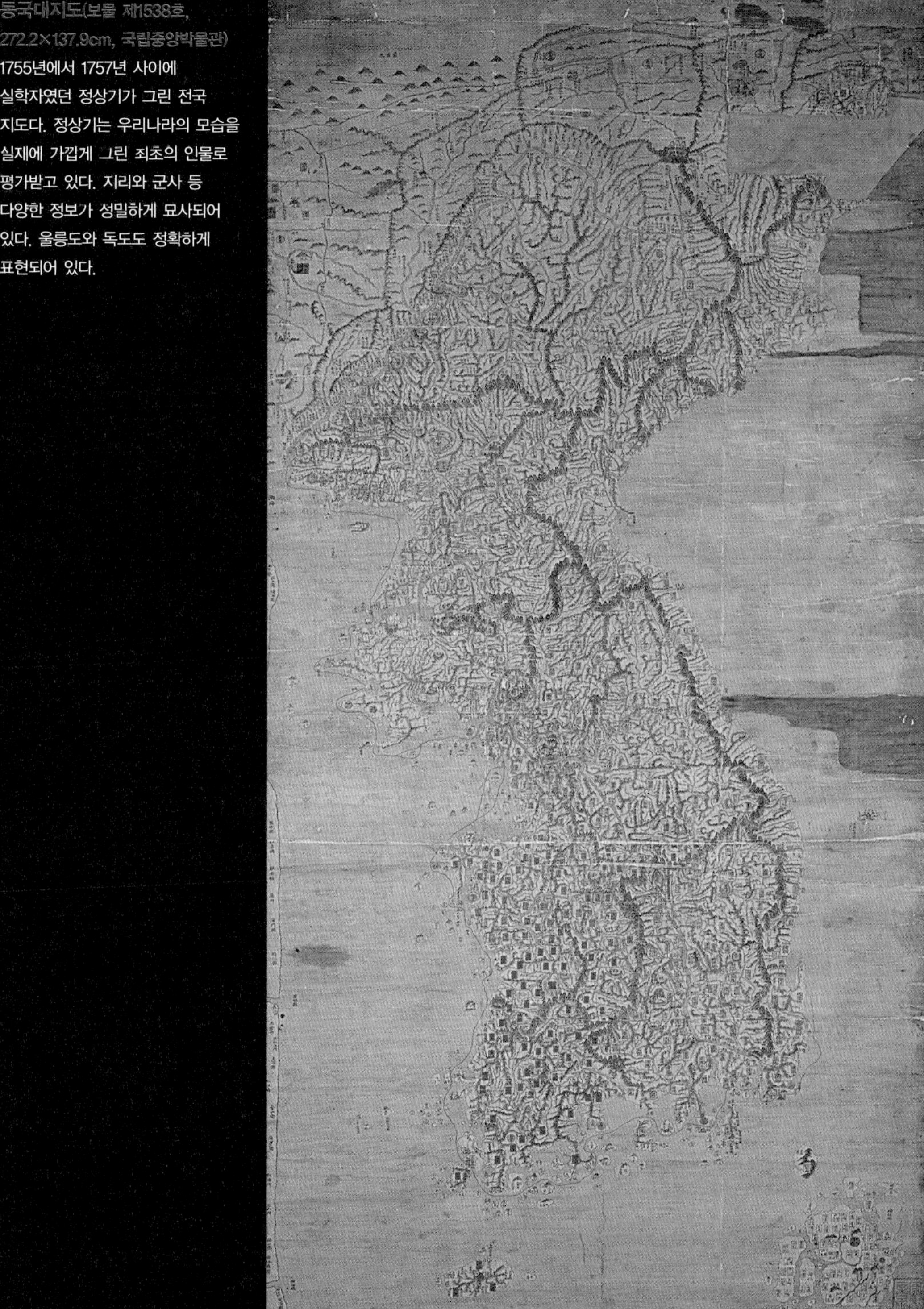

동국대지도(보물 제1538호,
272.2×137.9cm, 국립중앙박물관)
1755년에서 1757년 사이에
실학자였던 정상기가 그린 전국
지도다. 정상기는 우리나라의 모습을
실제에 가깝게 그린 최초의 인물로
평가받고 있다. 지리와 군사 등
다양한 정보가 정밀하게 묘사되어
있다. 울릉도와 독도도 정확하게
표현되어 있다.

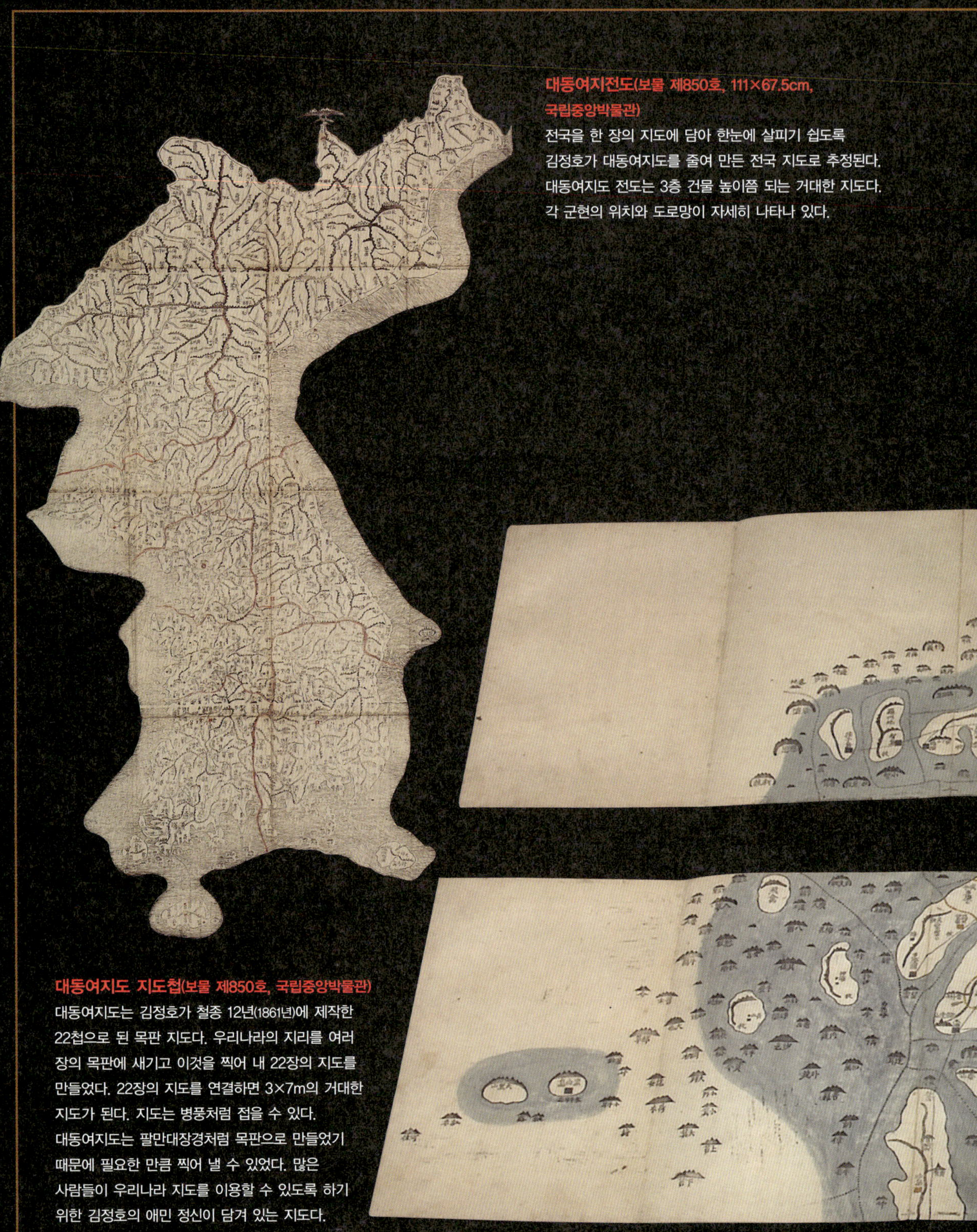

대동여지전도(보물 제850호, 111×67.5cm,
국립중앙박물관)
전국을 한 장의 지도에 담아 한눈에 살피기 쉽도록
김정호가 대동여지도를 줄여 만든 전국 지도로 추정된다.
대동여지도 전도는 3층 건물 높이쯤 되는 거대한 지도다.
각 군현의 위치와 도로망이 자세히 나타나 있다.

대동여지도 지도첩(보물 제850호, 국립중앙박물관)
대동여지도는 김정호가 철종 12년(1861년)에 제작한
22첩으로 된 목판 지도다. 우리나라의 지리를 여러
장의 목판에 새기고 이것을 찍어 내 22장의 지도를
만들었다. 22장의 지도를 연결하면 3×7m의 거대한
지도가 된다. 지도는 병풍처럼 접을 수 있다.
대동여지도는 팔만대장경처럼 목판으로 만들었기
때문에 필요한 만큼 찍어 낼 수 있었다. 많은
사람들이 우리나라 지도를 이용할 수 있도록 하기
위한 김정호의 애민 정신이 담겨 있는 지도다.

대동여지도 목판(보물 제1581호, 43×32cm, 국립중앙박물관)
일제 강점기 때 조선 총독부가 발행한 『조선어독본』에는 김정호가
대동여지도를 제작하자 흥선 대원군이 김정호를 감옥에 가두고
지도의 판목은 압수해 불태웠다고 기록되어 있다. 하지만 김정호의
옥사설은 사실이 아닌 것으로 확인되었다. 김정호가 대동여지도를
제작하기 위해 만든 목판은 약 60매로 추정되고, 이 중 12매가
오늘날까지 남아 있다. 오른쪽 사진은 함경도 갑산 지역이다.

해외로 수출된 『동의보감』

허준의 『동의보감』은 우리나라뿐 아니라 중국과 일본의 의학 발전에도 큰 영향을 끼쳤습니다. 이 책은 예방 의학에 중점을 두고 전통 약재를 사용한 치료 방법을 소개한 것이 특색이지요. 고종 때 이제마는 사람의 체질에 따라 처방을 달리해야 한다는 사상의설을 주장했어요.

조선은 중국으로부터 문화를 수입하는 입장이었지만 몇몇 문화유산은 중국으로 수출하기도 했습니다. 허난설헌의 시와 허균이 편집한 『국조시전』 등 각종 문집과 서책이 중국에 소개되었지요. 이 중에서 중국인이 가장 많이 읽은 책이 바로 허준의 『동의보감』이에요. 동양 의학의 산실이었던 중국에서도 "지금까지 나온 의학책들의 부족한 점을 보완한 천하의 보배"라며 극찬을 아끼지 않았다고 합니다.

『동의보감』의 편찬은 1597년 정유재란을 전후해 17년간 이루어진 대규모의 국책 사업이었어요. 1610년(광해군 2년) 집필을 끝낼 때까지 14년의 세월이 걸렸고, 25권 25책을 인쇄하는 데만도 3년의 시간이 걸렸지요. 선조와 광해군의 2대에 걸친 『동의보감』 간행은 당시 조선 의학계에서 혁명이나 다름없었습니다.

조선 초기의 전통 의학은 중의학 수준에 미치지 못해서 잘못된 처방으로 인한 의료 사고가 많았어요. 당시에는 전란과 이상 기후로 인해 전염병과 질병이 만연했습니다. 이런 상황을 타개하기 위해 구체적인 처방법이 실린 책의 발간을 서두른 거예요. 『동의보감』은 주변에서 쉽게 구할 수 있는 약재를 이용한 처방을 소개하고 있을 뿐만 아니라 임상 경험에 기초한 내용을 서술해 실증적 가치가 돋보이는 문화유산입니다.

『동의보감』 (보물 제1085호, 허준박물관)
허준이 선조 30년(1597년)에 선조의 명을 받아 편집에 착수하여 광해군 2년(1610년)에 완성하고, 광해군 5년(1613년)에 간행한 의학 서적이다. 우리 실정에 맞는 의서라 해서 '동의보감'이라고 한 이 책은 현재까지 우리나라 최고의 한방 의서로 평가되고 있다. 2009년 세계 기록 유산으로 등재되었다.

6-1 영·정조 시대와 실학의 발달

1 탕평 정치

· **영조**(1694~1776년) 붕당을 만드는 자는 영원히 정치에 참여시키지 않겠다는 의지를 밝힘, 이조 전랑의 권한을 약화시킴, 서원 정리와 탕평비 건립, 균역법으로 군역 부담 완화, 『속대전』 편찬

· **정조** 척신과 환관의 세력 제거, 소론과 남인 중용, 초계문신제(새 인물이나 중하급 관리 재교육) 실시, 규장각을 정치 기구로 육성, 친위 부대인 장용영 설치, 수원 화성 건설, 자유로운 상행위를 허용하는 통공 정책 시행, 정조가 죽은 뒤 안동 김씨나 풍양 조씨 같은 왕의 외척이 세도 정치를 펼침

2 실학의 등장

· **배경** 양명학(실천성 강조)의 수용 → 정제두의 강화학파 형성(신분제 폐지 주장) → 실학자들에게 영향을 줌 → 이수광(『지봉유설』, 서양의 사정과 천주교 지식을 소개, 백과사전류)이 실학의 선구자임

· **중농학파(경세치용학파)** 유형원(『반계수록』)의 균전론(토지를 신분에 따라 차등 지급), 이익(『성호사설』)의 한전론(생계유지를 위한 영업전 이외의 토지에 대한 매매 허용), 정약용(『목민심서』, 『경세유표』, 『흠흠신서』)의 여전론(마을 단위의 공동 농장 제도, 공동으로 경작하고 노동량에 따라 차등 분배)과 정전제(여전제가 당장 실현되기 어렵다고 생각해 다시 정전제 제안)

· **중상학파(이용후생학파, 북학파)** 유수원(『우서』, 사농공상의 직업 평등을 주장), 홍대용(『의산문답』, 지구 자전설 주장, 성리학적인 세계관을 비판하는 근거 마련), 박지원(『열하일기』, 화폐 유통과 기술 개발 강조), 박제가(『북학의』, 수레와 배 이용, 소비 촉진을 통한 생산력 증대 주장)

3 학문의 발달

· **역사** 안정복의 『동사강목』(고조선~고려 말의 역사 정리), 유득공의 『발해고』(남북국 주장), 한치윤의 『해동역사』(고조선~고려의 역사 서술), 이긍익의 『연려실기술』(조선 시대의 정치와 문화 정리), 김정희의 『금석과안록』(북한산비가 진흥왕 순수비임을 밝힘)

· **지리** 한백겸의 『동국지리지』, 정약용의 『아방강역고』, 이중환의 『택리지』(각 지역의 경제생활과 풍속을 자세히 소개한 인문 지리서), 정상기의 동국지도(최초로 100리를 한 자로 축소), 김정호의 대동여지도(산맥과 하천, 포구, 도로망 등을 자세히 표시)

· **국어** 신경준의 『훈민정음운해』(음운 연구서), 유희의 『언문지』

· **의학** 허준의 『동의보감』(예방 의학에 중점을 두고 전통 약재를 사용한 치료 방법 개발) → 중국과 일본의 의학 발전에 영향을 줌

· **백과사전류** 이익의 『성호사설』, 이덕무의 『청장관전서』, 서유구의 『임원경제지』

정조의 개혁은 왜 한계를 드러냈을까요?

사림 세력은 권력을 장악한 후 노론, 소론, 북인, 남인 등으로 나누어져 당쟁을 벌였어요. 영조는 이 같은 폐해를 막고자 탕평책을 실시했지요. 하지만 영조는 자신의 아들인 사도 세자를 뒤주에 가두어 죽였어요. 사도 세자가 정신병을 앓고 있어서 어쩔 수 없었다는 의견도 있으나 노론 측의 공세로 희생이 되었을 가능성이 많습니다.

정조 역시 탕평책을 계승해 나갔어요. 하지만 정조는 이에 머물지 않고 왕권을 강화하면서 개혁을 실시하려고 했습니다. 당쟁을 근본적으로 없애려고 했던 것이지요. 하지만 이런 노력은 실패로 끝나고 말았어요. 그 이유로 여러 가지를 들 수 있겠지만 가장 큰 원인으로 정조 또한 성리학적 한계를 과감히 돌파하지 못했다는 점을 꼽을 수 있습니다.

정조는 당쟁의 폐해를 누구보다 잘 알고 있었어요. 자신의 아버지인 사도 세자가 당쟁으로 인해 죽음으로까지 내몰리게 된 것을 직접 목격했지요. 그래서 정조는 그 폐해를 없애고자 새로운 인재를 대거 등용해 왕권을 강화하면서도 개혁 작업을 시도하려 했던 거예요.

그중 하나가 왕실 도서관이라고 할 수 있는 규장각을 설치한 것입니다. 이 규장각에 신진 인사를 대거 기용해 왕권의 친위 세력으로 키우고, 이들을 통해 개혁을 시도하려고 했던 것이지요. 이때 발탁된 인물로는 남인계의 체제공, 정약용 등의 실학자와 박지원, 박제가, 유득공 등의 북학파가 있었어요.

이런 노력의 산물로 정조는 자신의 친위 세력을 형성하고 개혁을 시도할 수 있는 상황을 맞게 되었습니다. 당시에는 사도 세자의 죽음이 당연하다고 주장하는 벽파와 사도 세자의 죽음을 애도하는 시파가 대립하고 있었는데, 시파에는 남인과 소론, 일부 노론 세력 등이 포함되어 있었어요. 그래서 당연히 시파 세력이 우위에 섰던 것이지요.

하지만 양반 출신인 윤지충이 천주교 식으로 모친상을 치른 사건을 계기로 상황은

돌변했어요. 윤지충을 사형시켜 정통 주자학을 강조하는 벽파가 우세하게 된 것입니다. 중국인 천주교 신부인 주문모의 밀입국 사건으로 정조의 절대적 신임을 받고 있던 정약용마저 외직으로 밀려나면서 남인의 세력은 더욱 약화되었어요. 이런 상황에서 정조가 갑작스럽게 죽자 친위 세력의 주축이었던 시파는 노론 출신의 일부 외척 세력을 제외하고는 대부분 제거되었고, 결국 개혁도 중단되고 말았지요.

어찌 보면 정조의 갑작스런 죽음이 개혁 실패의 가장 큰 원인처럼 보입니다. 개혁에는 왕권이라는 막강한 힘이 작용해 왔기 때문이지요. 하지만 중요한 것은 정조가 친위 세력을 약화시키고 있었다는 점이에요. 그 이유로는 시대의 흐름에 걸림돌이 되었던 성리학의 한계를 뛰어넘지 못한 점을 들 수 있습니다. 이것이 자신의 친위 세력을 내치게 된 요인으로 작용한 것이지요.

당시에는 성리학의 한계가 많이 드러나고 있었지만 성리학을 대신할 새로운 사상이 없었어요. 하지만 한 시대에 맞는 새로운 사상이 곧바로 탄생하기는 힘듭니다. 그러므로 성리학의 문제점을 극복하기 위해 여러 이론을 받아들이고 그 이론을 적극적으로 실행해 나가야 했어요. 물론 정조 역시 실학사상을 받아들이는 등 여러 노력을 기울였습니다. 하지만 정책적인 입장으로까지 발전시키지는 못했지요.

결국 한계에 부닥친 성리학적 관점에서 벗어나 극복 방안들을 적극적으로 수용하고, 그런 입장을 계속 밀고 나가 노론의 공격을 막았다면 정조의 개혁은 큰 빛을 발할 수 있었을 거예요.

2 신분 제도를 거부한 허균 |
조선의 사회

우리 역사에서 신분이 사람을 옭아매기 시작한 것은 신라 시대의 골품제로 거슬러 올라갑니다. 그 후 고구려, 백제를 거쳐 갑오개혁을 통해 노비 제도가 폐지되는 순간까지 약 1,500년 동안 지속되었지요. 1611년경 허균은 유교적 교조주의와 서얼 금고법, 신분 차별 등의 악습에 맞서 용기 있게 붓을 들었습니다. 그 결과 『성소부부고』와 『홍길동전』 등이 탄생하게 되었는데, 특히 『홍길동전』에는 적서 차별의 불합리함과 사회 개혁 의지가 잘 담겨 있어요. 또 탐관오리를 응징하는 내용을 담아 백성들의 억눌린 마음과 고달픈 삶을 대변해 주었지요. 이후 정계에 진출한 허균은 인목 대비의 폐모론을 주장하다가 파쟁에 휘말려 역적이라는 누명을 쓰고 능지처참을 당했어요.

- **1415년** 양반과 첩 사이에서 태어난 서얼의 관직 진출을 불허하는 서얼차대법이 실시되다.
- **1608년** 광해군이 즉위하자 대북파의 정인홍·이이첨 등이, 선조의 적자인 영창 대군을 왕으로 옹립하고 역모를 꾀했다는 구실로 소북파를 축출하다.
- **1612년경** 허균이 적서 차별의 불합리성과 사회 개혁 사상을 알리기 위해 『홍길동전』을 저술하다.
- **1697년** 숙종 때 황해도 구월산을 중심으로 활동한 광대 출신 장길산의 농민군이 봉기하다.
- **1811년** 평안도에서 기존 체제에 불만을 품은 농민과 몰락 양반들이 홍경래를 중심으로 난을 일으키다.

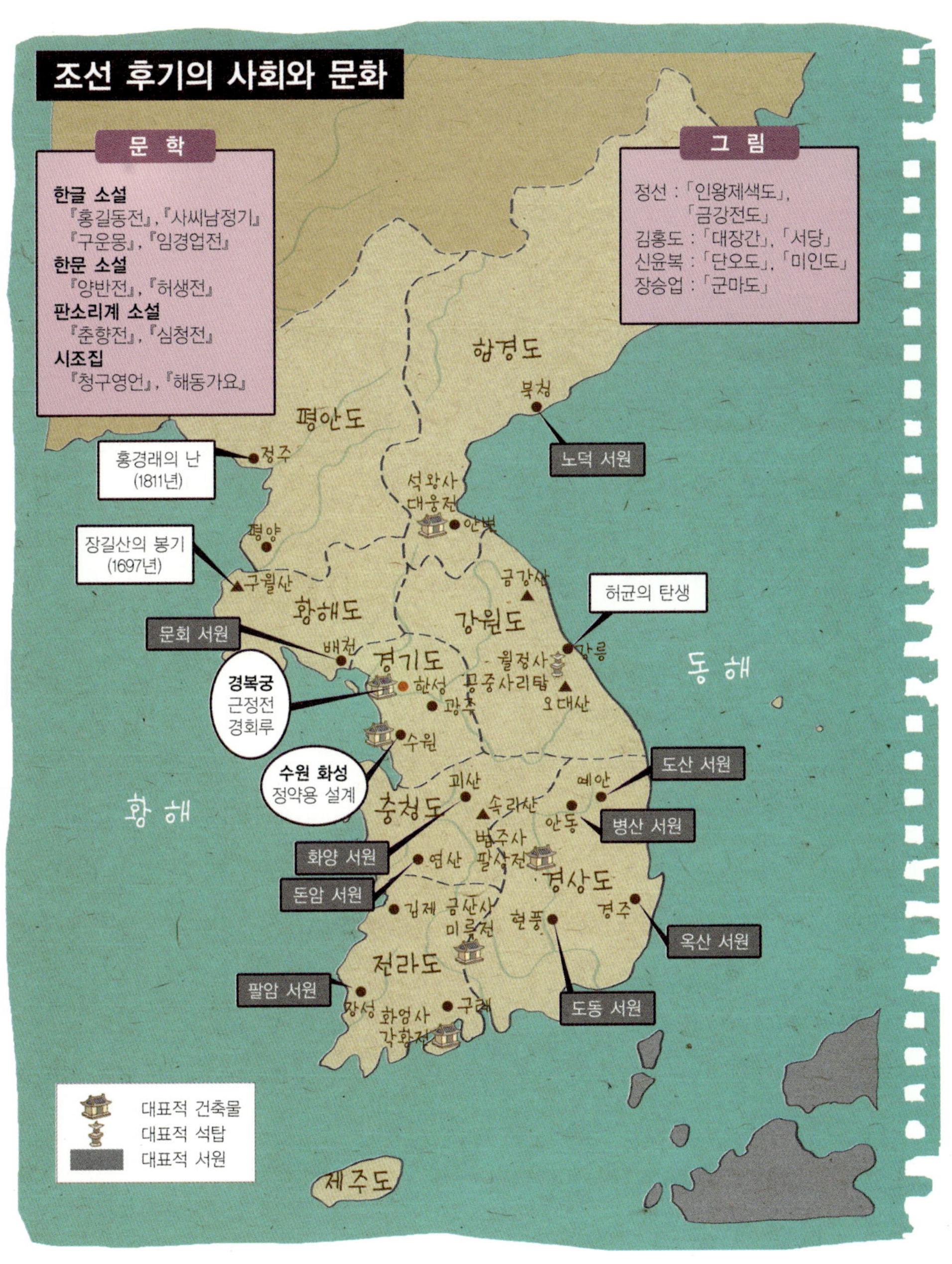

신분의 굴레, 반상 제도

지배 계급에 의해 일방적으로 강요된 신분제는 차별을 전제로 합니다. 즉 불평등한 사회관계를 규정하는 제도이지요. 지금도 간혹 여성이나 지역에 대한 차별이 존재하는데, 이는 신분 차별의 잔재가 아직 남아 있기 때문이에요. 신분제 사회에서는 지배 계급이 바뀌더라도 근본적인 사회 질서는 그대로 유지할 수 있었고, 부와 권력 또한 어렵지 않게 대물림할 수 있었답니다.

부와 권력의 대물림은 예전이나 지금이나 형태만 다를 뿐 별반 차이가 없어 보이지만 여기에는 본질적인 차이가 존재합니다. 오늘날에는 재물이나 배경 같은 조건이 대물림되지만 과거의 신분제 사회에서는 사회적 신분까지 대물림되었어요. 조건이나 배경을 떠나 사람 자체를 놓고 차별을 한 것이지요. 그렇다면 조선의 신분제 사회에서는 어떤 차별이 있었을까요?

조선에서 양반은 세월이 흐를수록 지위를 더욱 굳혔고, 양반 관료를 보좌하던 중인도 하나의 신분으로 자리를 잡게 되었어요. 그래서 양반과 상민을 구분하는 반상 제도가 일반화되고 양반, 중인, 상민, 천민으로 이루어지는 신분 제도가 점차 정착되었지요.

양반은 원래 문반과 무반을 아울러 부르는 명칭이에요. 그런데 양반 관료 제도가 점차 정비되면서 문반직과 무반직을 가진 사람뿐만 아니라 그 가족이나 가문까지도 양반이라고 부르게 되었지요. 중인은 넓은 의미로는 양반과 상민의 중간 계층을 뜻하고, 좁은 의미로는 기술관만을 지칭합니다. 중앙과 지방 관청의 서리와 향리, 기술관은 직역을 세습하고 같은 신분 안에서 혼인했으며, 관청에서 가까운 곳에 거주했어요. 양반의 첩에게서 태어난 서얼은 중인과 같은 신분적 처

남자 노비들의 모습
조선 시대의 노비들은
농사일은 물론 주인집의
온갖 허드렛일을 도맡았다.

우를 받아서 중서라고도 불렸지요. 이들은 문과에 응시할 수 없었고, 간혹 무반직에 등용되기도 했어요. 중인 가운데 역관은 사신을 수행하면서 무역을 통해 부를 축적했고, 향리는 토착 세력으로서 수령을 보좌하면서 위세를 부리기도 했습니다.

평민 또는 양민이라고도 불렸던 상민은 농민, 수공업자, 상인을 말합니다. 이들은 과거에 응시할 수 있었지만 과거 준비에 많은 시간과 비용이 들었기 때문에 현실적으로 매우 어려웠어요. 따라서 전쟁이나 비상시에 공을 세운 경우가 아니면 상민에게 신분 상승의 기회는 그리 많지 않았지요.

상인에는 시전 상인과 행상 등이 있었는데, 모두 국가의 통제를 받으며 상거래에 종사했습니다. 조선은 농본억상 정책을 폈기 때문에 상인의 신분은 농민보다 아래였어요. 양인 중에는 천역을 담당하는 계층이 있었는데, 이들을 신량역천이라고 불렀습니다. 수군과 조례(관청의 잡역 담당), 나장(형사 업무 담당), 일수(지방 고을의 잡역), 봉군(봉수 담당), 역졸(역에서 근무), 조졸(조운 업무) 등 주로 힘든 일에 종사하는 일곱 가지 부류를 말하기 때문에 칠반천역이라고 부르기도 했지요.

천민의 대부분은 노비가 차지했어요. 노비는 재산으로 간주되어 매매나 상속, 증여 등이 가능했습니다. 또 부모 중 한쪽이 노비면 그 자녀도 노비가 되는 제도가 일반적으로 시행되었어요. 조선 시대에도 고려 때와 마찬가지로 공노비와 사노비가 있었지요.

신분 상승의 기회

조선 시대는 엄격한 신분제 사회였지만 신분 이동이 가능했습니다. 양인이면 누구나 과거에 응시해 관직으로 나아갈 수 있었고, 양반도 죄를 지으면 노비가 되거나 경제적으로 몰락해 중인이나 상민이 되기도 했어요. 하지만 현재 신분보다 높은 신분으로 이동하는 기회를 얻기는 그리 쉽지 않았지요.

조선 후기에는 향촌 사회에서도 사회적·경제적 변화로 신분 이동이 활발했어요. 부를 축적한 농민이 지위를 높이거나 역의 부담을 모면하기 위해 양반 신분을 사거나 족보를 위조해 양반 행세를 하는 경우가 많았지요. 이 때문에 양반의 수는 점점 늘어나고, 상민과 노비의 수는 점차 줄어들었어요.

서얼에 대한 차별은 임진왜란 이후 완화되기 시작했습니다. 전란으로 재정적 타격을 입은 정부가 납속책을 실시하고 공명첩을 발급하자, 서얼은 이것을 관직으로 나아갈 수 있는 기회로 삼았어요.

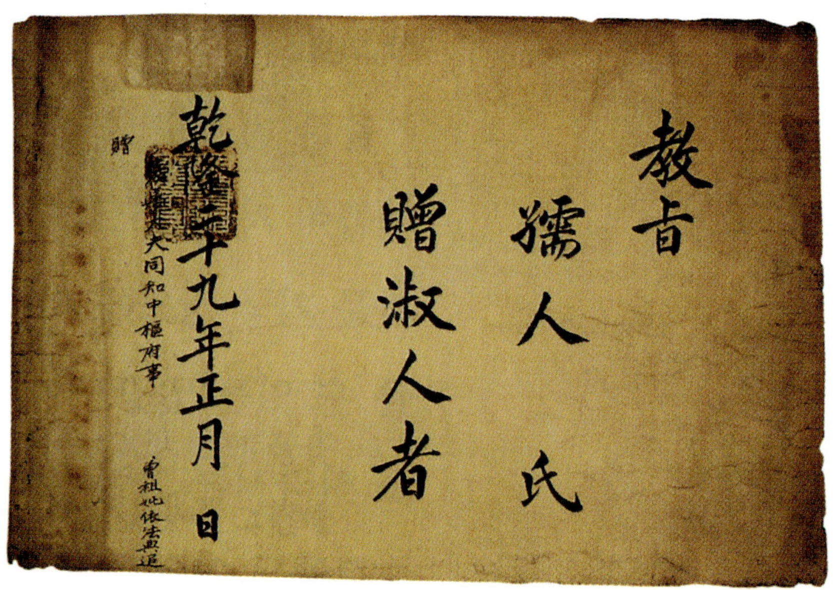

공명첩
정부에서 곡식을 받은 대가로 주는 관직 임명장이다. 관직을 받는 사람의 이름이 쓰여 있지 않은 공명첩에 받는 사람의 이름을 그 자리에서 적어 주었다. 이렇게 얻은 관직은 아무리 높아도 허울일 뿐이었다.

영·정조 때 탕평책의 일환으로 일부 서얼을 등용하자, 이들은 더욱 적극적으로 신분 상승을 시도했습니다. 정조 때는 유득공, 이덕무, 박제가 등 서얼 출신이 규장각 검서관으로 등용되어 능력을 발휘할 수 있었지요. 중인 중에서도 역관은 청과의 외교 업무에 종사하면서 서학을 비롯한 외래문화를 수용하는 데 선구적인 역할을 했어요. 그러면서 성리학적 가치 체계에 도전하는 새로운 사회의 수립을 추구했지요.

조선 후기에는 노비도 군공과 납속을 통해 부단히 신분 상승을 노렸습니다. 국가는 공노비를 유지하는 데 비용이 많이 들고 효율성이 떨어지자 공노비를 잡역에 종사하던 입역 노비에서 신공(노역 대신 옷감이나 쌀, 돈 따위로 납부하던 세)을 바치는 납공 노비로 전환시켰어요.

노비의 신분 상승은 아버지가 노비여도 어머니가 양민이면 자녀를 양민으로 삼는 법이 실시되면서 더욱 촉진되었습니다. 이를 노비종모법이라고 해요. 18세기 후반에 이르러 신공을 받을 수 있는 공노비가 없어지자 순조 때에는 중앙 관서의 노비 6만 6,000여 명을 해방시키기도 했지요. 이 같은 노비 제도는 갑오개혁 때 신분제가 폐지되면서 없어졌습니다.

신분 차별을 극복하기 위해서는 우선 차별받는 대상이 부당함을 느껴야 하고, 서로 힘을 합쳐 맞서 싸워야 해요. 고려 시대에 공주 명학소의 천민들이 신분 해방 운동을 벌이고, 노비 만적이 노비 문서를 불태우기 위해 피를 흘렸던 일 등은 그대로 조선 시대로 이어졌습니다. 그리고 마침내 허균은 신분 차별 등의 악습에 맞서기 위해 용기 있게 붓을 들었지요.

김홍도의 『단원풍속도첩』(보물 제527호)으로 본 사농공상

조선 후기의 화가인 단원 김홍도가 그린 25첩의 풍속도첩에는 당시 사회상을 추측할 수 있는 귀중한 자료들이 실려 있다. 김홍도의 풍속화를 통해 조선 시대 사농공상(士農工商)의 신분을 가진 사람들의 모습을 엿볼 수 있다.

국립중앙박물관

사(士)

「노중상봉」

얼굴을 가린 양반과 당당히 소를 타고 가는 여인의 모습이 대비된다.

「활쏘기」

교관이 장정들에게 활쏘는 법을 가르치고 있다.

「그림 감상」

유생들이 둘러서서 그림을 감상하고 있다.

「서당」

한 학생이 훈장의 꾸지람을 들었는지 눈물을 훔치고 있고, 학동들은 그 모습을 보고 킥킥거리며 웃고 있다. 왼쪽에 앉은 아이가 입에 손을 대고 작은 소리로 답을 알려 주는 듯하다. 훈장의 찡그린 얼굴과 우는 아이의 옆에 놓인 책은 생동감이 느껴질 정도로 사실적이다.

「타작」

타작하는 농부들의 얼굴에 웃음이 가득하다. 벼를 지게에 지고 오는 남자의 미소 지은 얼굴이나 벼를 힘껏 들어 올렸다가 내려치느라 힘이 들어간 것 같은 사내의 표정, 바닥에 떨어진 알곡들을 쓸어 모으는 사람, 타작한 벼를 묶는 사람, 곰방대를 물고 거드름을 피우는 주인 등 김홍도의 세심한 관찰이 돋보인다.

「논갈이」 두 명의 농부가 쇠스랑으로 흙을 고르고 있고, 한 농부는 소들이 끄는 쟁기를 이용해 땅을 갈고 있다.

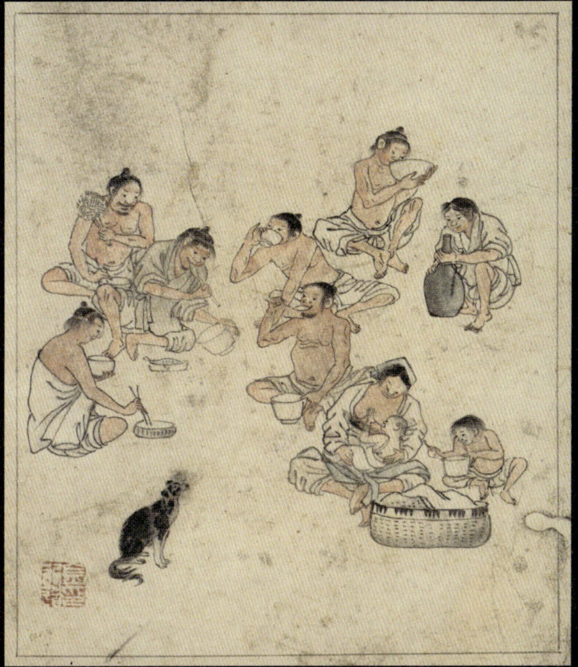

「새참」 일꾼들이 고된 일을 하다가 잠시 쉬면서 새참을 먹고 있다. 여인은 남정네들을 의식하듯 돌아앉아 아기에게 젖을 물리고 있다.

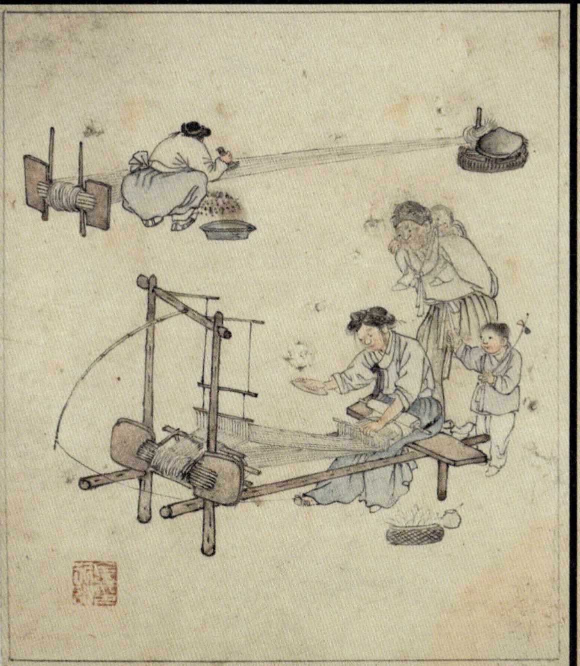

「길쌈」 그림의 상단에는 베매기를 하는 여인이 있고, 하단에는 베 짜기를 하는 여인과 이를 지켜보는 할머니가 있다.

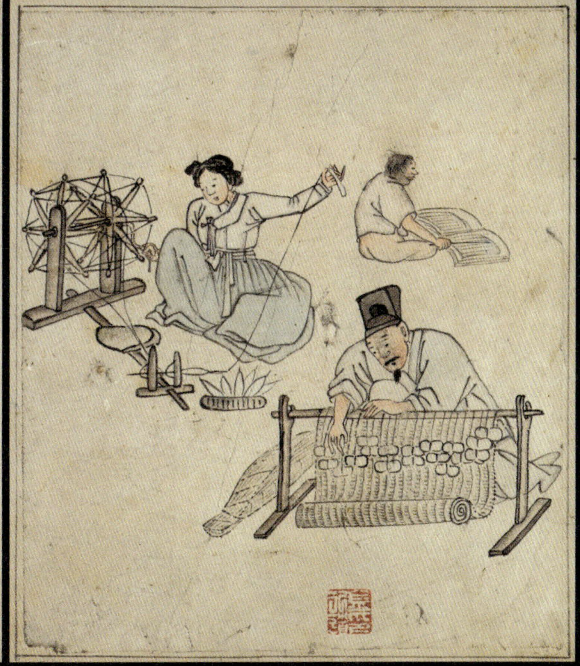

「자리 짜기」 남편은 돗자리를 짜고 있고 아내는 실을 잣고 있다. 아들은 글자를 짚어가며 글을 읽고 있다.

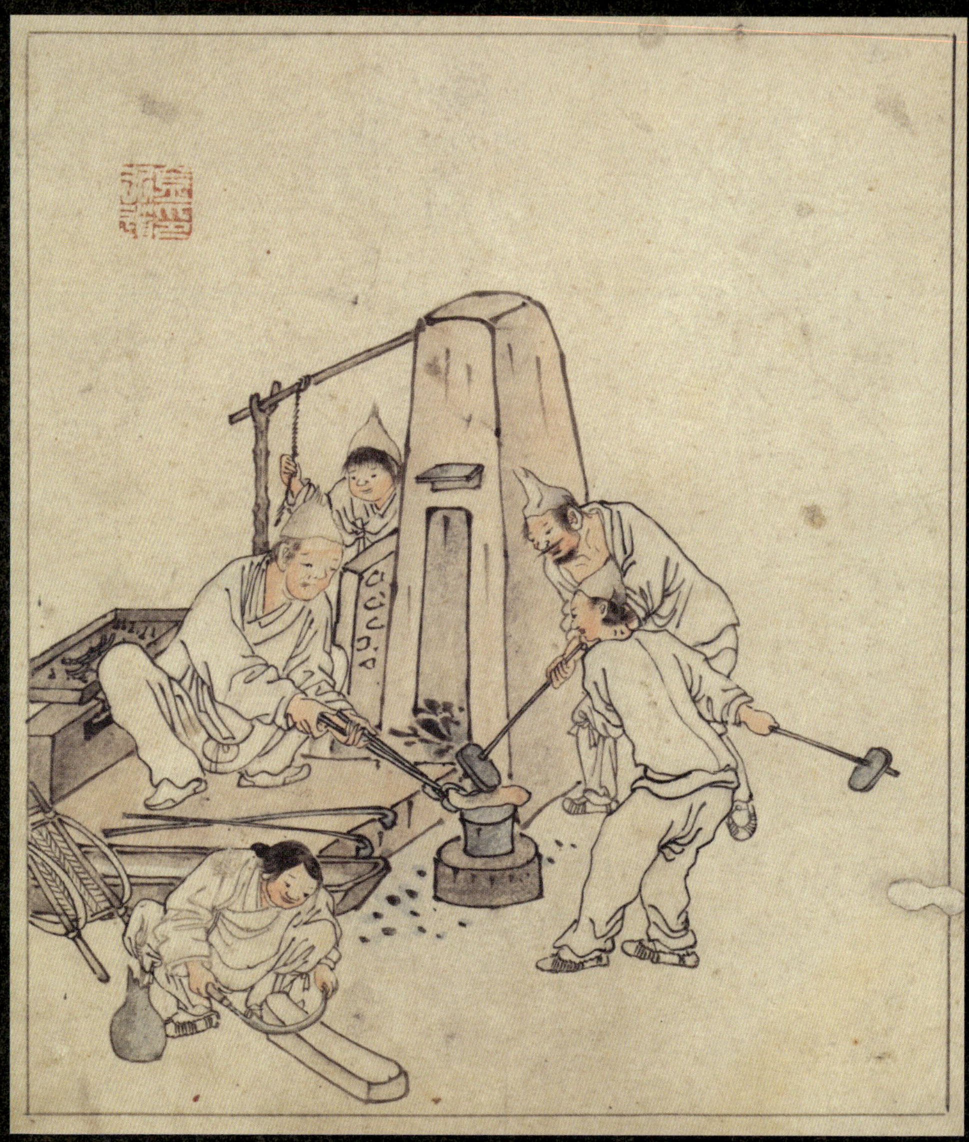

「대장간」

풀무에 바람을 넣고 있는 어린 견습생, 달군 쇠를 모루 위에 대 주는 사람, 쇠를 모양에 맞게 쇠망치로 내리치는 사람,
다 만든 연장을 숫돌에 가는 사람 등의 모습이 생동적으로 표현되어 있다.

「기와 이기」 기와를 던지는 사람과 받는 사람, 수평을 맞추는 사람, 대패질을 하는 목수, 흙을 개어 올려 주는 사람 등이 생생하게 나타나 있다.

「행상」 나무통 지게를 진 남편과 광주리를 머리에 이고 아이를 업은 부인은 행상을 떠나기 위해 헤어지려고 하고 있다.

「장터길」
말을 타고 있는 사람들의 행장이 가벼운 것으로 보아 장터에서 물건을 모두 팔고 돌아가는 길인 듯하다. 몇 사람을 빼고는 대부분이 맨머리 치림이며 말을 타고 다니기에 편하도록 바지 정강이 부분에 행전을 둘렀다.

"하늘이 내린 인재를 차별해서는 안 된다"
―사회 변혁을 꿈꾼 혁명가 허균

허균에 대한 평가는 다양합니다. 어떤 사람은 유학자의 한계를 벗어나지 못한 인물로 보기도 하고, 또 어떤 사람은 사회 변혁을 꿈꾼 혁명가로 보기도 하지요. 어쨌든 허균이 선구자적인 삶을 살았던 것은 분명해요. 신분 차별을 거부하고 만민 평등을 주장했기 때문이지요. 물론 오늘날과 같은 평등 이념이 아니고, 왕도 정치의 이상에서 벗어나지 못한 점도 있어요. 하지만 허균은 당시로서는 혁명적이라고 할 만큼 시대를 앞서나간 인물이지요.

허균은 양반이면서도 서자나 천민과 어울려 다녔고, 유학만이 정통 교리로 인정되던 시대에 불교나 도교 등에 대해서도 연구했습니다. 또 서민들이 쉽게 읽을 수 있도록 한글로 『홍길동전』을 지었지요.

허균은 홍길동과 달리 서자 출신이 아니었어요. 그는 1569년(선조 2년)에 3남 2녀 중 막내로 태어났습니다. 큰누나와 큰형은 전처의 소생이었고, 둘째 형과 작은누나, 그리고 허균은 후처의 소생이었어요. 어머니가 후처였지만 첩이 아닌 이상 서자는 아니었지요.

허균의 아버지인 초당 허엽은 동인과 서인이 대립할 때 김효원과 함께 동인의 영수로 활동했던 유력한 인사였어요. 경상도 관찰사를 지낸 허엽은 한때 강릉의 맑은 물로 초당 두부를 만들었습니다. 이 초당 두부의 명성은 한성부까지 전래되었으나 관료가 장사를 한다 하여 탄핵을 받기도 했지요.

작은누나 허난설헌은 해동 최고의 여류 시인으로 알려질 만큼 재주가 뛰어나고 용모 또한 아리따웠어요. 하지만 김성립과 혼인한 뒤 규방에서 홀로 지내다가 자식들마저 잃게 되지요. 결국 허난설헌은 27

세의 나이로 초당에 가득한 책들 속에 향불을 피워 놓은 채 지난한 삶을 마감했어요.

허균은 명문 집안 출신이었지만 시대적 상황이 혼란스러웠기 때문에 앞날이 그리 순탄하지는 않았습니다. 당시에는 훈구 세력과 사림 세력의 대결이 계속 이어지다가 사림 세력이 권력을 잡자 동인과 서인으로 갈라지고, 동인은 다시 남인과 북인으로 붕당을 조성해 세력 싸움을 벌였어요. 그러다가 임진왜란이 일어났고 사회가 혼란에 빠져 백성들의 삶은 참담해졌지요. 그런데도 집권 세력은 대비책을 세우기보다는 한층 더 유교 교리에 빠져 적서 차별과 같은 신분적 위계질서를 강조했어요.

선조의 뒤를 이어 즉위한 광해군은 여러 개혁 조치를 실시해 나라를 안정시키고자 노력했습니다. 하지만 붕당을 조성한 조정은 그의

홍길동의 생가(전라남도 장성군)
『연산군일기』, 『중종실록』, 『선조실록』 등 『조선왕조실록』에는 홍길동에 관한 행적이 기록되어 있다. 허균은 실존 인물인 이 홍길동을 바탕으로 삼아 『홍길동전』을 쓴 것으로 보인다.

임꺽정
백정 출신이었으며 조선 중기 황해도, 함경도 등지에서 활동하던 도둑이다. 도적질을 하면서도 곡식을 백성들에게 나누어 주어 의적으로 불렸다.

뜻대로 잘 움직이지 않았어요. 선조 말엽부터 왕위 계승을 둘러싸고 말이 많아서 광해군의 왕권은 생각보다 강력하지 못했지요. 그러다 보니 광해군을 지지했던 대북파는 정적을 제거해 자신들의 입지를 강화하려고 했어요. 백성들은 이 답답한 상황을 잠시나마 잊기 위해 홍길동이나 임꺽정, 장길산의 이야기에 빠졌지요.

허균에게 큰 영향을 주었던 스승 이달은 서자 출신이었습니다. 자질이 뛰어났지만 벼슬길에 나아갈 수 없었던 이달은 술로 세월을 보냈는데, 허균은 이런 스승의 모습을 보며 많은 것을 깨달았어요. 당시 첩의 자식인 서얼은 문과에 응시할 수 없었을 뿐 아니라 제사나 재산 상속에서도 차별을 받았지요.

허균은 둘째 형인 허봉과 작은누나인 허난설헌이 요절하는 아픔도 겪었습니다. 1592년에는 임진왜란을 피해 어머니, 부인 김씨와 함께

70리를 걸어서 단천으로 갔어요. 부인 김씨는 이곳에서 첫아들을 낳았지만 산후 조리를 제대로 하지 못해 세상을 떠나고 뒤이어 아들도 죽고 맙니다.

이 같은 삶의 굴곡을 겪으면서 마음을 열게 된 허균은 천민이나 기생, 서얼 출신들의 재능을 아끼면서 그들과 교분을 맺었어요. 허균은 권필, 조위한 등과 같은 서얼 출신의 시인들 외에도 평민 출신의 화가인 이정, 천인인 유희경, 승려인 해안과 옥준, 기생인 계랑과 무옥 등과 교류하면서 그들의 처지를 동정했습니다.

게다가 허균은 "남녀 사이의 사랑은 하늘이 준 것이고, 인륜과 기강의 분별은 성인의 가르침이다. 하늘이 성인보다 더 높으니, 내 차라리 성인의 가르침을 어길지언정 하늘이 내려 주신 본성은 어길 수 없다."라고 말했어요. 이 말은 이상보다는 현실에 관심이 많았다는 것을 뜻하지요.

허균은 여러 차례에 걸쳐 관직에 등용되었다가 탄핵받아 파직되었는데, 그 이유는 대부분 기생과 가까이 지내거나 불교를 숭상했기 때문이었어요.

유교에서 말하는 천명사상은 천자도 하늘의 명에 의해 바뀐다는 사상입니다. 즉 백성의 뜻이 하늘이니 백성의 뜻을 잘 받들어야 한다는 것이지요. 만약 백성의 뜻을 거스르면 역성혁명도 가능하다는 뜻이에요. 이렇게 봤을 때 허균은 민본 사상에 기초해 유교를 받아들였다고 할 수 있지요.

허균이 글을 쓸 수 있었던 것은 광해군 2년(1610년), 전시(殿試)의 시관으로 있을 때 조카와 사위를 부정 합격시켰다는 이유로 전라도 함열로 귀양 가게 되어 시간적 여유가 생겼기 때문입니다. 허균은 유배

고석정(강원도 철원군)
신라 때 진평왕이 세운 정자다. 석굴 암벽에 시문을 새겨 풍경을 예찬한 구절의 흔적이 남아 있다. 조선
명종 때에는 임꺽정이 고석정 건너편에 석성을 쌓고 은거하면서 조공을 탈취해 빈민을 구제했다고 한다.

생활을 한 지 1년여 만에 방면되어 서울로 올라왔다가 다시 부안으로 내려가 『성소부부고』 일부와 『홍길동전』을 저술했어요.

허균은 『성소부부고』 「유재론」에서 "하늘이 인재를 낼 적에 귀한 집안에 태어났다고 하여 그 재주를 풍부하게 주지 않았고, 천한 집안에 태어났다고 하여 인색하지 않았다. …… 하늘이 인재를 냈는데도 사람이 스스로 버리면 이것은 하늘을 거스르는 것이다."라고 하여 신분 차별 없이 인재를 발탁해야 한다고 주장했지요.

또한 허균은 군자가 아닌 권신 같은 소인배가 권력을 휘두르면 폐해가 크지만 패거리를 지어 나타난 붕당의 해악에 비하면 아무것도 아니라고 지적했습니다. 그 이유로 권신 같은 소인배는 한 사람이기 때문에 그 사람이 물러가면 예전처럼 돌아갈 수 있지만, 붕당은 한 사람이 물러가더라도 바뀌지 않고 지속성을 지닌다는 점을 들었어요. 허균은 국방에도 관심을 기울이고 소견을 밝혔는데, 북쪽 방면의 침략을 걱정하면서 구체적으로 청의 침략을 예견하기도 했지요.

허균의 입장은 무엇보다도 「호민론」에서 잘 드러납니다. 그는 「호민론」에서 "세상에서 가장 두려워할 자는 백성"이라고 주장하면서 백성을 항민(恒民), 원민(怨民), 호민(豪民)으로 나누어 설명했어요. 항민은 어리석고 반항할 줄 몰라 항상 윗사람에게 부림을 당하는 존재이고, 원민은 한없는 요구를 하는 윗사람을 원망하며 못마땅하게 여기는 존재지요.

허균은 항민과 원민은 불평불만만 가질 뿐 행동으로 옮기지 않기 때문에 사회를 고칠 수 없다고 보았습니다. 하지만 호민은 사회의 부당한 대우와 부조리를 이해하고 때를 기다려 사회를 고치기 위해 도전할 수 있는 존재라고 보았어요.

한글 소설의 발달

한글 소설의 애독자는 여자들이었다. 돈 많은 상인이나 역관의 딸들, 또는 양반집 딸들이 주로 한글 소설을 탐독했다. 『홍길동전』, 『춘향전』, 『심청전』, 『장화홍련전』, 『콩쥐팥쥐전』, 『숙향전』 등이 많은 인기를 끌었다.

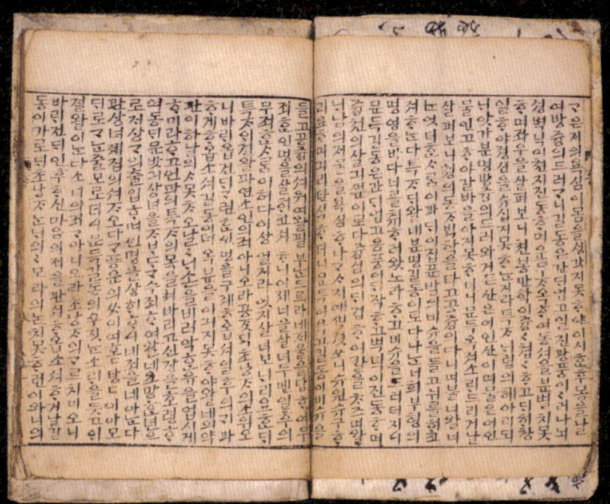

『홍길동전』(국립중앙박물관)
허균이 지은 최초의 한글 소설이자 양반 가문의 모순을 척결하고 서얼 차별의 불합리에 항거한 사회 소설이다. 이 판본은 19세기에 찍은 것으로 추측된다.

「책 읽는 여인」(서울대학교 박물관)

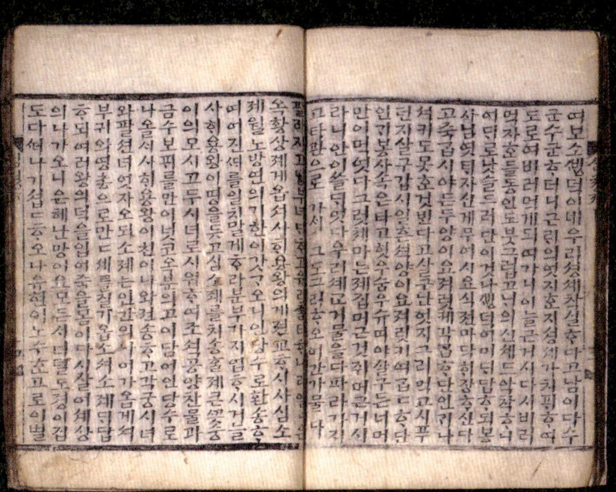

『심청전』(19세기 말~20세기 초, 국립중앙박물관)
효녀 심청이 아버지를 위해 공양미 300석에 인당수의 제물이 되었다가 용왕에 의해 구출되어 왕후에까지 올라 아버지의 눈을 뜨게 한다는 이야기다. 수십 종의 경판본(京板本) 계열과 완판본(完板本) 계열이 있는데, 이 책은 완판본 계열에 속한다.

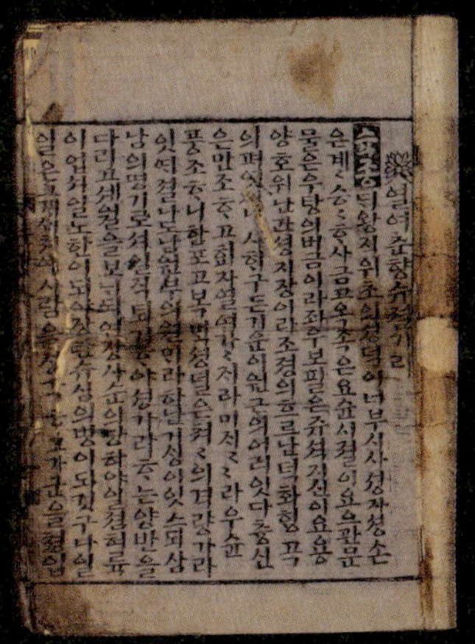

『열녀춘향수절가』(1911년, 국립중앙박물관)
고전 『춘향전』의 대표적인 이본(異本)이다. 성 참판의 서녀인 춘향의 신분이 기생으로 설정되어 있다. 춘향과 월매, 향단의 역할과 인간상이 개성 있게 그려져 있다.

바로 여기서 허균이 『홍길동전』을 저술한 의미를 찾을 수 있습니다. 『홍길동전』은 「호민론」에 대한 생각을 담은 소설이었어요. 홍길동 같은 호민이 선동하면 원민은 동조하고 항민도 살길을 찾아 그를 따르게 된다는 구조이기 때문이지요. 또한 서자 홍길동이 활빈당의 우두머리가 되어 토호라고 할 수 있는 합천 해인사와 가렴주구(苛斂誅求)를 일삼는 탐관오리 등을 응징하고, 그들로부터 빼앗은 재산을 백성들에게 나누어 준다는 내용이 이를 말하고 있어요. 허균은 이러한 「호민론」의 입장을 많은 백성들이 알기 쉽도록 소설의 형식을 빌려 한글로 기록했습니다.

허균은 「호민론」에서 "모든 나라의 기틀과 요체는 어디에 있는가."라고 물은 뒤 "그것은 왕의 한 몸에 달려 있다."고 대답했어요. 허균이 말한 호민은 나라를 창건한 왕건 같은 사람이 아니라 견훤과 궁예 같은 사람이었습니다. 따라서 호민이 싸워야 할 세력은 올바른 관리나 군주가 아니라 부패한 관리나 폭군이었던 것이지요.

이 점은 『홍길동전』에도 잘 나타나 있습니다. 홍길동은 서자였지만 왕의 부름을 받아 병조 판서를 역임한 다음 스스로 벼슬을 버리고 율도국으로 가서 이상 사회를 건설하려고 하지요. 이것은 백성을 위한 정치이기는 하지만 백성의, 백성에 의한 정치는 아니에요. 다시 말하면 왕도 정치에 머물러 있었던 것이지요.

6-2 조선의 사회

1 조선의 신분 구조

· **신분 구조** 양천제(자유민인 양인과 비자유민인 천민으로 나누는 것)와 반상제(지배층인 양반과 피지배층인 상민을 구분함)

· **양반** 문무 관료의 통칭(초기에는 관직을 가진 사람을 의미했으나 점차 신분 개념으로 자리 잡음)→가족이나 가문까지 포함, 지주층과 관료층으로 각종 국역 면제

· **중인** 서리, 향리, 기술관, 서얼(영 · 정조 서얼 등용) 등 양반과 상민 사이의 중간 계층. 전문 기술이나 행정 실무 담당

· **상민** 농민, 상인, 수공업자, 신량역천(신분으로는 양인이나 천역을 담당)

· **천민** 노비(재산으로 취급됨)가 대부분임. 공노비와 사노비, 외거 노비와 솔거 노비로 구분

2 신분제의 변화

· **신분제의 동요** 일부 양반에게 권력이 집중되어 많은 양반들이 몰락함. 향반(향촌의 군소 양반) 또는 잔반(상민 수준으로 몰락한 양반)으로 전락

· **양반 수의 증가** 정부는 부족한 재정을 확보하기 위해 공명첩(이름을 쓰지 않은 관직 임명장)을 발급하고, 납속책(굶주린 백성을 구제하기 위해 곡물과 돈을 받고 특전 부여)을 실시함. 상민의 신분 상승 허용

3 허균의 신분제 타파 노력

· **신분제 사회** 신라의 골품제부터 갑오개혁(1894년) 때 노비 제도가 폐지되기까지 우리나라 역사에서 신분제적 질서가 유지된 기간은 약 1,500년 정도임

· **허균의 『홍길동전』** 적서 차별의 불합리성과 사회 개혁의 사상을 백성들이 알기 쉽도록 한글 소설의 형식을 빌려서 씀. 신분 차별의 전면 폐지에 기여함. 허균은 대북파의 입장에 서서 인목 대비의 폐모론을 주장하다가 결국 역적으로 몰려 능지처참을 당함(1618년)

· **한글 소설의 발달** 『홍길동전』(허균, 광해군 때), 『구운몽』· 『사씨남정기』(김만중, 숙종 때), 『춘향전』· 『장화홍련전』· 『콩쥐팥쥐전』(18세기)

우리 사회의 고질적인 병폐 가운데 하나인 지역 갈등은 어떻게 극복할 수 있을까요?

신분 차별을 하는 곳에서는 지역 차별도 존재했습니다. 훈요십조 제8조에는 "차현(車峴, 지금의 차령) 이남 공주강(公州江, 금강) 밖은 산지(山地)의 형세가 모두 거스르는 방향으로 달리고 있으니, 그곳의 인심 또한 그러할 것이다. 따라서 그들을 등용해 권세를 쥐게 하면 혹 반란을 일으킬 수 있다."라고 기록되어 있어요. 이 내용에 대해 훈요십조가 조작되었다고 주장하는 사람도 있고, 여기에서 말하는 지역이 전라도가 아니라고 말하는 사람도 있습니다. 하지만 분명한 점은 고려 시대에도 지역 차별이 존재했다는 거예요. 조선 시대에도 서북 출신의 사람들을 차별했고, 이것이 홍경래의 난을 일으킨 주요 원인이었지요.

지역 갈등을 해결하려면 먼저 지역감정이라는 애매모호한 말부터 고쳐야 합니다. 지역감정이라는 단어를 사용하다 보면 지역 갈등의 본질적인 문제가 무엇인지 헷갈리기 때문이에요.

지역감정이라는 단어를 지역 정서라는 의미로 사용하면 결코 나쁘다고 할 수 없습니다. 각 지역마다 여러 정서가 있을 수 있기 때문이지요. 이러한 정서의 밑바탕에는 고향과 지역에 대한 애착이 담겨 있어요. 그러므로 지역 정서를 나쁘다고만 할 수는 없지요.

물론 지역 정서가 자기 지역만 좋고 남의 지역은 나쁘다는 식의 배타적인 의미로 변질되어서는 안 됩니다. 자기 민족을 사랑하는 게 잘못은 아니지만, 이로 인해 자기 민족에게만 우월한 지위를 부여하고 다른 민족을 차별하거나 침략하는 것은 큰 잘못이에요. 자기 지역을 사랑하는 게 문제가 아니라 다른 지역을 무시하고 지배하려고 하는 데서 문제가 생기는 것이지요.

이런 의미에서 지역 갈등은 지역 간의 정서가 달라서가 아니라 차별의 이유가 되기 때문에 문제가 됩니다. 따라서 지역감정이 아니라 지역 차별이라는 말을 사용해야 해요. 지역 갈등이 지역 차별의 문제로 분명하게 정의된다면 차별이라는 문제만 해결하면 됩니다. 인사 문제나 각 지역의 발전 문제에서 차별을 두지 않고

공평성을 확보하면 되지요.

우리나라에서는 지금도 선거철만 되면 일부 정치 세력이 지역감정에 대해 이러쿵 저러쿵하고 있어요. 자신들의 기득권을 유지하기 위해 자기 지역의 정서를 다른 지역과 대립시켜 이용하는 것이지요. 만약 지역 갈등이 나라를 망치는 문제라면 어떤 차별이 이루어지고 있으니 이렇게 고쳐 나가야 한다는 식으로 말해야 해요. 하지만 지역 갈등을 거론하는 사람들은 차별의 문제를 정서의 문제인 것처럼 교묘하게 변질시켜 자신들이 당선되지 않으면 안 된다는 식으로 주장하고 있어요. 이런 주장 자체가 지역 간의 갈등을 조장하는 원인이 되지요.

그러므로 지역 갈등을 해소하려면 지역감정이라는 말을 지역 차별로 바꾸어 사용하고, 일부 정치인들의 독단적인 발상을 철저히 외면하고 비판해야 합니다.

3 자본주의가 싹트다 |
조선 후기의 상품 화폐 경제

우리나라에 이앙법이 처음 보급된 것은 14세기 고려 공민왕 때였어요. 이후 17세기 후반에 전국적으로 확대 보급되었지요. 농법 개량을 통한 농업 생산력의 증대는 봉건적인 조선 사회에 큰 변화를 가져왔습니다. 자급자족 형태의 농업이 점차 상업적인 농업으로 바뀐 거예요. 아울러 상품 화폐(화폐의 기능을 했던 짐승 가죽, 곡물, 가축 따위) 경제가 확대되면서 봉건 사회의 해체가 촉진되었지요. 이 시기에는 상업과 수공업, 광업 분야가 활성화되었고, 상평통보가 전국적으로 사용되었어요. 그러면서 근대적인 자본주의 개념이 자리 잡기 시작했지요. 상품 화폐 경제의 발전은 사회 전반에 영향을 미쳤는데, 특히 종래의 성리학적 질서가 실학으로 대체되었어요. 이런 '자본주의 맹아론'에 맞서 일본의 조선 침략과 식민 지배가 한국의 산업화와 근대화에 이바지했다는 '식민지 근대화론'이 제기되기도 하지요.

- **1410년**　　상품을 통제하고 조정의 물품을 조달하기 위해 도성 안에 시전을 두다.
- **1678년**　　숙종 때 영의정 허적의 주장에 따라 상평통보를 전국에 유통시키다.
- **1708년**　　곡물 세액이 12말로 통일된 대동법이 전국에서 실시되다.
- **18세기 이후**　물주에게 자본을 조달받는 덕대가 광산을 경영하다.

농업 혁명이 상품 화폐 경제를 부추기다

상품 화폐 경제가 형성되려면 먼저 생산력이 발전해야 해요. 잉여 생산물이 있어야 물건을 팔 수 있으니까요. 이 방식은 조선 후기에 이앙법과 견종법이 널리 보급됨으로써 가능해졌습니다. 모내기법인 이앙법은 조선 후기에 처음으로 보급된 것이 아니에요. 이미 고려 공민왕 때인 14세기에 경상도 지방에서 시작된 것으로 알려져 있지요.

이앙법은 모내기 철에 물이 충분히 공급되지 않으면 그해 농사를 시작할 수가 없었습니다. 하지만 점차 수리 시설이 확충되면서 15세기부터는 중부 이남과 황해도 지방에서도 크게 발전했고, 17세기 후반에는 거의 전국적으로 보급되었어요.

이앙법은 직접 논에 씨를 뿌려 수확하는 직파법에 비해 노동력을 크게 줄이면서도 더 많은 수확을 올릴 수 있었습니다. 줄을 맞추어 심기 때문에 쉽게 잡초를 제거할 수 있었고, 충분한 양분으로 자라는 벼 덕분에 생산량도 늘어났지요. 또한 모내기를 하면 모판에서 벼를 기르는 동안 보리를 심어 수확하는 이모작이 가능했으므로 그만큼 더 많은 곡식을 확보할 수 있었습니다. 논에서 짓는 보리농사는 대체로 소작료를 내지 않아도 되었기 때문에 소작농들은 보리농사를 선호했어요. 당시 사람들은 지난해에 거둔 곡식이 다 떨어지고 보리는 아직 익지 않은 봄철의 배고픈 시기를 보릿고개라고 불렀답니다.

17세기에는 밭농사에서도 견종법이 널리 보급되었어요. 견종법은 밭두둑에 작물을 심는 농종법과 달리 밭고랑에 작물을 심는 방법을 말합니다. 밭고랑에 작물을 심어서 씨앗이 겨울 추위를 잘 견딜 수 있었어요. 또한 작물이 쉽게 수분을 확보해 가뭄에도 잘 버텼고, 유기질의 침전물을 거름으로 흡수해 잘 자랐지요. 김매기도 편리해 노동력

이 절감되었어요.

이렇게 적은 노동력으로 많은 곡물을 수확할 수 있게 되자 한 사람이 넓은 땅을 경작하는 광작 경영이 가능해졌습니다. 하지만 이 같은 발전은 결국 농민층을 분화시키는 결과를 가져오게 되지요.

분화된 농민층이 도시로 유입되어 수요층이 많이 생겼고, 그 수요를 공급해 줄 수 있는 광작 경영이 가능해 도시 시장이 더욱 활성화되었어요. 시장은 서로 부족한 물품을 현물로 교환하기 위해서 필요합니다. 하지만 시장의 활성화는 필연적으로 등가물에 의한 매매 형식으로 발전해 가게 마련이에요. 현물끼리 서로 교환하는 일은 실현 가능성이 매우 낮기 때문이지요.

예를 들어 사과를 팔아 고기를 사려고 한다면 고기를 팔아 사과를 사려고 하는 사람을 만나야 합니다. 이 같은 어려움을 해결하려면 기준이 되는 등가물을 받아 사과를 팔고, 다시 그 등가물로 고기를 사는 방법을 써야 해요.

이때 등가물은 생활필수품이면서도 기준 단위가 명확해 쉽게 교환

「풍속도」(10폭 병풍, 각 폭 31.5×115.5cm, 동아대학교 박물관)

조선 후기의 화가 이한철이 그린 풍속도다. 왼쪽 그림은 도리깨질과 태질 등 타작을 하는 장면이다. 가운데 그림은 쟁기질을 하는 장면인데, 아래에서 아낙들이 새참을 준비하고 있다. 오른쪽 그림은 벼 베기를 마무리하고 풍년을 만끽하며 농악 놀이를 하고 있는 장면이다.

될 수 있어야 합니다. 보통 쌀이나 무명, 베 등이 등가물로 많이 쓰였지요. 하지만 쌀 등은 운반하기 어려울 뿐 아니라 부패할 수도 있어 오랫동안 저장하기가 어려웠어요. 그래서 금속 화폐가 이를 대신하게 되었지요. 조선 후기에는 공물을 쌀이나 무명, 베로 대신 납부하는 대동법을 실시해 상품 유통과 상품 화폐 경제가 더욱 활발해졌어요.

공물을 쌀이나 동전으로 대납하다 – 대동법

임진왜란과 병자호란 이후 조선의 가장 큰 어려움은 농경지의 황폐와 전세 제도의 문란이었습니다. 임진왜란 직전에 전국의 토지 결수는 150만 결이었는데, 임진왜란 이후에는 약 30만 결로 크게 줄었지요. 이에 조정은 개간을 장려하면서 경작지 확충에 노력했어요. 또한 토지 조사 사업을 통해 토지 대장인 양안에서 빠진 토지를 찾아 전세의 수입원을 늘리려고 했지요.

조정에서는 농민들의 고통을 줄이기 위해 연분 9등법을 따르지 않고 풍년이건 흉년이건 관계없이 전세를 토지 1결당 미곡 4두로 고정시켰어요. 이를 영정법(永定法)이라고 합니다. 영정법은 '영원히 정한 법'이라는 뜻이에요. 이로 인해 전세의 비율이 낮아지기는 했지만 대다수 농민들에게는 크게 도움이 되지 못했습니다. 전세를 납부할 때 여러 명목의 수수료와 운송비, 자연적으로 소모되는 것들을 보충하는 비용 등이 함께 부과되었기 때문이지요. 이러한 비용이 전세보다 훨씬 많아서 때로는 전세의 몇 배가 되기도 했어요.

조정은 자신들이 필요한 물품을 각 지방에 배정해 공납하도록 했습니다. 그런데 농민들의 생산량이나 물품을 보고 공물을 요구한 게 아니라 국가의 수요품을 놓고 결정했어요. 농민들에게는 이 자체가

과중했을 뿐만 아니라 점점 한 지역에서 단절되거나 생산되지 않는 것
도 요구하는 경우가 생겼습니다. 그래서 공물을 대신 납부하는 방납이
성행하게 되었지요. 이 방납 과정에서 엄청난 폭리가 취해졌어요. 공
물을 수납하는 과정에서 불합격시키는 점퇴가 행해졌기 때문에 이를
피하려면 울며 겨자 먹기 식으로 방납에 응할 수밖에 없었지요.

　이로 인해 부담이 커진 농민들은 결국 농토를 떠날 수밖에 없었습
니다. 이에 조정에서는 임진왜란을 겪으면서 악화된 국가 재정을 보
완하고 농민의 부담을 덜기 위해 대동법을 실시했어요.

　대동법은 토산물로 징수하던 공물 납부 방식을 토지의 결수에 따라
쌀로 납부하게 한 제도입니다. 쌀로 납부할 수 없을 때는 삼베나 무
명, 동전 등으로 납부하게 했지요. 쌀로 납부하는 세금을 전세라고 했
으므로 대동법은 공납의 전세화라고 할 수 있어요. 또 세금을 돈으로
납부할 수도 있었으므로 조세의 금납화라는 의미도 있지요. 대동법은
경기도를 대상으로 시험적으로 시행되다가 점차 전국으로 확대되었
어요.

　농민은 대체로 토지 1결당 미곡 12두를 납부했습니다. 이 때문에
토지가 적거나 없는 농민에게 과중하게 부과되던 공물 부담이 어느
정도 줄어들었어요. 하지만 지주는 소유한 토지의 면적에 따라 미곡
을 납부해야 했으므로 부담이 크게 늘어났지요.

　대동법이 실시되면서 조정에서는 토산물을 확보하기 위해 토산물
대신 거둔 쌀, 포, 동전 등을 공인에게 미리 주고 토산품 구입을 의뢰
했어요. 공인은 조정에 토산물과 수공업 제품을 납품하던 어용상인이
랍니다. 이들은 공물에 대한 값인 공가를 관청에서 미리 받아 필요한
물품을 사서 납부했어요. 공인이 시장에서 많은 물품을 구매해서 상

방납
조선 시대에 백성이 바쳐야 할
공물을 대신 관가에서 납부해
주고 그 대가로 이윤을 붙여
받은 일이다.

품의 수요가 증가했지요. 공인은 물
품을 대량으로 취급하면서 큰돈을
벌어 도고(대형 도매상)로 성장할 수
있었어요. 농민도 대동세를 내기 위
해 토산물을 시장에 내다 팔아 쌀이
나 베, 돈을 마련했습니다. 이처럼
물품의 수요와 공급이 증가하면서
상품 화폐 경제가 한층 발전하게 되
었지요.

하지만 대동법은 방납 과정에서
이익을 챙겼던 양반 지주 세력의 적
극적인 반대로 약 100년이 지난 뒤
에야 전국적으로 실시될 수 있었습
니다. 대동법이 본격적으로 실시될
수 있었던 것은 농업 생산력이 높아
지고 상품 유통이 활발해졌기 때문
이에요. 이에 따라 수공업도 발전하
게 되었지요.

「송하한유도」(실학박물관)
1637년 김육(1580~1658년)이
중국에 사신으로 가 있을 때 명의
화가인 호병이 그린 작품이다.
오른쪽 상단에는 '김육이
대동법을 도모하고 계획하니
신통하다 하겠다. 후손들은
백대가 지나도 우러르고
공경하라'는 영조의 글이 쓰여
있다.

대동법이 농민들에게 도움을 주기는 했지만, 별공(특수한 토산물을 현
물로 받던 세)은 여전히 남아 있었으므로 현물 징수로 인한 폐단이 완
전히 사라진 것은 아니었어요. 악덕 지주는 소작인에게 대동세마저
전가하는 경우도 있었지요. 이처럼 대동법은 토지 제도와 신분 제도
까지 포함하는 전면적인 개혁이 아니었기 때문에 생활의 근본적인 안
정책이 될 수는 없었어요.

동전

우리 역사에서 금속 화폐가 등장한 시기는 매우 오래된 것 같으나, 동전은 996년(고려 성종 15년)에 주조된 철전인 건원중보가 최초다. 1102년(고려 숙종 7년)에는 구리로 만들어진 최초의 동전인 해동통보가 주조되었다. 조선 초기에는 조선통보, 1633년(인조 11년)에는 상평통보가 주조되어 200여 년 동안 유통되었다.

해동통보(화폐박물관)
고려 숙종 7년(1102년)에 주조된 최초의 구리 동전이다.

조선통보(화폐박물관)
세종 5년(1423년)에 주조된 조선 시대 최초의 동전이다.

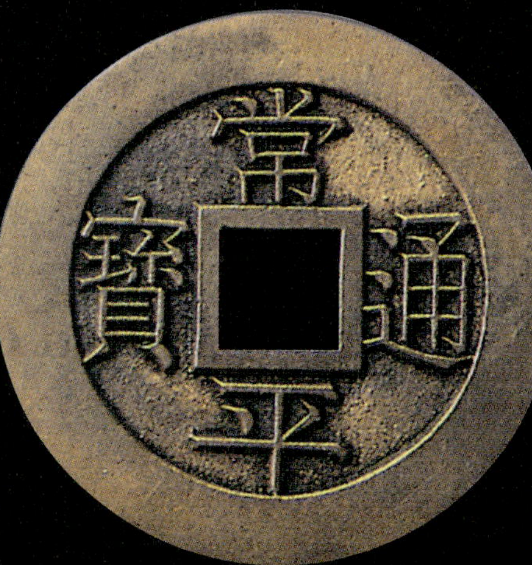

상평통보
숙종 때인 1678년에 발행한 조선의 대표적인 동전이다. 고종 때 근대 화폐가 발행되기 전까지 200여 년간 전국적으로 유통되었다. 상평은 상시평준(常時平準)의 준말인데, '동전의 유통 가치를 항상 같게 유지하겠다' 는 의미가 담겨 있다.

대동은전
1882년에 은으로 만든 최초의 근대적 화폐다.

대한 제국 동전
대한 제국(1897~1910년) 때 주조된 신식 동전이다.

군포를 쌀이나 돈으로 내다 – 균역법

17세기 말과 18세기 초에 백성들은 백골징포나 황구첨정 등 군포 수탈에 시달렸어요. 백골징포는 죽은 사람을 살아 있는 것처럼 하여 군적과 세부에 강제로 등록하고 군포를 받아 가던 일을 말하고, 황구첨정은 생후 3일 된 아기까지 군적에 등록시켜 세포(稅布)와 세미(稅米)를 거두던 일을 말합니다. 조정에서는 1750년(영조 26년)에 군포를 반감해 1년에 1필만 부담하면서 쌀이나 돈으로 내도록 하는 균역법을 실시했어요. 이는 금납화의 과정을 촉진시켰지요.

정유재란과 임진왜란 이후 5군영의 성립으로 모병제가 제도화되자, 군영의 경비로 쓰이는 포를 내는 것으로 군역을 대신하는 수포군이 점차 늘어났습니다. 그러나 5군영과 지방의 감영이나 병영까지도 군포를 징수하면서 장정 한 명이 이중 삼중으로 군포를 부담하는 경우가 많았어요. 임진왜란 이후 납속책이나 공명첩으로 양반이 되어 면역하는 자가 늘어나면서 군역의 재원이 점차 감소했습니다. 게다가 전국의 장정 수를 정확히 파악하지 못해 재정이 어려워지자 군포의 부과량이 점점 늘어날 수밖에 없었지요. 군역의 부담이 커지자 농민들은 도망가거나 노비나 양반으로 신분을 바꾸어 군역을 피하려고 했어요. 이러한 폐단을 바로잡기 위해 균역법이 시행된 것입니다.

균역법의 시행으로 감소된 재정은 어떻게 보충했을까요? 우선 지주에게 결작이라 하여 토지 1결당 미곡 2두를 부담하게 하고, 군포 부담이 면제된 일부 양반에게 선무군관이라는 칭호를 주고 군포 1필을 납부하게 했으며, 어장세나 선박세 등의 잡세 수입으로 보충했어요. 그러나 결작의 부담이 결국 소작 농민에게 돌아가고 군적 문란이 심해지면서 농민의 부담은 다시 커졌습니다.

한양의 사상 활동

조선은 고려 때보다 더 철저히 상업 활동을 통제했습니다. 또 유교적 관점에서 사농공상의 구별을 두어 차별했지요. 따라서 국가의 통제 아래 관허 상인을 중심으로 한 상업 활동이 이루어졌어요. 조선 후기에 와서는 통제를 일정 부분 풀어 주었지요.

한양의 관허 상인은 개경에서 이주한 시전 상인들이었어요. 시전 상인은 시전이라고 불렀던 종로 일대의 상점가에서 활동했기 때문에 붙여진 이름입니다. 시전 중에서 명주, 모시, 삼베, 무명, 종이, 어물의 여섯 가지 품목을 판매하는 점포가 특히 번성했는데, 이를 육의전이라고 했어요.

정부는 시전 상인들에게 점포세와 상세를 내게 하고, 왕실이나 관청에 물품을 공급하도록 했습니다. 대신 특정 상품에 대한 독점 판매권인 금난전권을 인정했어요. 난전은 국가의 허가를 받지 못했으므로 자유롭게 상업 활동을 할 수 없었지요. 그렇다고 시전 상인들이 직접 나서서 난전을 단속한 것은 아니었어요. 시전을 관리하고 물가를 조정하는 관청인 경시서에서 도량형 검사나 매점매석 단속 등 불법적인 상행위를 감시하거나 통제했지요.

17세기 초부터는 사상(私商, 난전)이 적극적인 상행위를 펼쳐 종루(종로), 이현(동대문 시장), 칠패(남대문 시장) 등에 근거지를 마련하고 시

보부상 도장과 도장함
(국립중앙박물관)
보부상은 보상(褓商, 봇짐장수)과 부상(負商, 등짐장수)을 말한다. 이들은 봇짐이나 등짐을 지고 행상하면서 생산자와 소비자 사이의 교환 경제를 매개했는데 흔히 장돌뱅이라고 불렸다.

종로 육의전 거리(1890년)
전차 선로가 부설되기 전에
종로의 육의전은 각종 보부상
들이 물건을 거래하는 도매상
역할을 했다.

전에 맞설 정도로 성장했습니다. 사상은 정부와 결탁해 새로 점포를 내고 송파(송파구와 경기도 광주군 일대) 등 도성으로 들어오는 길목으로 상권을 확대하면서 계속 시전과 맞섰지요.

조정은 지속적으로 무허가 상인을 단속했지만 농촌에서 유리된 백성들이 열심히 살아가려는 노력을 완전히 막을 수는 없었어요. 18세기 말에 이르러서는 더 이상 사상의 팽창을 막을 수가 없었지요. 상황이 이렇게 되자 정조는 1791년에 육의전을 제외한 시전의 금난전권을 폐지했어요. 이것은 사상 세력이 상품의 유통을 좌우할 만큼 커졌다는 것을 의미합니다. 이후 자유 상업이 발달하면서 일부 사상들은 독점 도매상인 도고로 성장할 수 있는 발판을 마련하게 되지요.

「**장시**」 장시의 모습을 그린 조선 시대의 민화다. 장시는 포구나 교통이 편리한 곳에 발달했다.

장시의 발달

지방의 상업 활동은 장시를 중심으로 이루어졌어요. 5일마다 열리는 정기 시장인 장시가 확대됨에 따라 상품 유통이 활발하게 이루어졌지요. 15세기까지만 해도 장은 정부의 금지 정책 때문에 부분적으로 발전할 수밖에 없었어요. 하지만 17세기에 들어와 장이 전국적으로 확대되자 정부도 더 이상 막을 것이 아니라 장세를 받는 것이 지방 재정에 더 유리하다고 판단하게 됩니다. 이에 숙종 때 장 금지령을 전면적으로 폐지하고 장세를 받게 되었어요. 18세기 중엽에 장시는 전국에 1,000여 개소나 개설되었지요. 18세기 말에는 광주 송파장, 은진 강경장, 덕원 원산장, 창원 마산포장 등의 장시가 전국적인 유통망을 연결하는 상업의 중심지로 발돋움했어요.

이렇게 장시가 발전하자 사상의 활동도 활발해졌습니다. 보부상은 활동 범위를 확대해 전국적인 유통망을 형성했어요. 장터를 돌아다니는 장돌뱅이 덕분에 조령과 죽령을 잇는 길, 청주와 상주를 잇는 고갯길, 괴산과 문경을 잇는 이화령길, 함경도의 삼방길 등 새로운 길이 생겼습니다. 이런 길목에는 어김없이 주막이 들어섰어요.

보부상은 생산자와 소비자를 이어 주는 역할을 한 행상이에요. 장날마다 돌아다니며 일정한 지역을 돌거나 진국의 장시를 누비며 활동했지요. 이 과정에서 경강상인이나 개성상인 같은 거상이 탄생했습니다. 경강상인은 선박을 이용한 운송업에 종사하면서 성장했고, 선박의 건조 등 생산 분야에까지 진출해 활동 분야를 넓히기도 했어요. 개성의 송상은 전국에 지점을 설치해 활동 기반을 강화했는데, 주로 인삼을 재배하거나 판매하고 대외 무역에도 깊이 관여해 부를 축적했지요.

도고 상업으로 갑부가 된 김만덕

광작 농업으로 이농 현상이 생기다 보니 자본주의적 생산 관계를 형성하기가 무척 어려웠습니다. 그리고 농업과 관계된 방직업이나 양조업 등이 우세해서 자본주의적 생산 관계가 지체되었어요. 신분 차별은 점점 허물어졌지만 정부와 관리, 지주들의 조세와 지대, 고리대 수탈이 더욱 심해져서 농민과 수공업자들은 자기 산업을 확장하기가 힘들었지요. 그 결과 생산자는 분화 과정을 겪으면서 상인이나 자본가로 성장하기보다는 대부분 상업 자본에 종속되어 종래의 생산 방식과 규모를 보존하는 데 머물렀어요.

결국 자본주의적 생산 관계가 얼마나 빨리 진척되는가는 상업 자본이 산업 자본으로 전환하는 방식에 달려 있게 되었습니다. 조선 후기에 가장 강력한 자본은 상업 자본이었고, 더 정확히 말하면 독점 도매 상업인 도고 상업이라고 할 수 있지요.

도고 상업의 발달은 유통 경제를 활성화시키고 상업 자본의 축적을

가져왔어요. 하지만 영세 상인의 몰락과 독점으로 인한 물가 인상과 같은 부작용을 낳기도 했지요.

당시 조선에서는 도고로 갑부가 된 사람이 많았습니다. 박지원의 소설 『허생전』에는 허생이 과일을 매점 매석(買占賣惜)해 큰돈을 버는 장면이 나오는데, 이는 당시의 시대상을 반영하고 있어요.

제주도에 살았던 김만덕 역시 도고로 갑부가 되었습니다. 김만덕은 양갓집에서 태어나 어린 나이에 부모를 잃은 뒤 기녀의 집에 맡겨졌어요. 이후 김만덕은 장삿길로 나아가 물가의 시세 변동을 이용해 큰돈을 벌었지요. 대상이 된 김만덕은 정조 18년(1794년) 제주도에 큰 흉년이 들자 천금을 들여 육지에서 쌀을 사들여 와 수많은 사람들을 구했어요. 이 소식을 들은 정조는 김만덕을 의녀로 임명하고, 그녀의 소원이었던 대궐 구경과 금강산 구경을 허락해 주었답니다. 당시에는 섬에 사는 여자가 섬 밖으로 나가는 일이 금지되어 있었으므로 파격적인 조치였다고 할 수 있지요. 후일 당대 최고의 정승이었던 영의정 채제공이 김만덕의 전기인 「만덕전」까지 썼다고 해요.

상도를 탄생시킨 대외 무역

조선 후기에는 포구가 새로운 상업 중심지가 되었습니다. 포구에서 이루어지는 상거래는 장시보다 규모가 훨씬 컸어요. 원래 포구는 세곡을 운송하는 기지 역할을 했으나 18세기에는 강경포, 원산포 등이 상업의 중심지로 성장했지요. 포구를 거점으로 선상, 객주, 여각 등이 활발한 상행위를 했어요.

선상은 선박을 이용해 각 지방의 물품을 구입했는데, 대표적인 선상으로 경강상인을 꼽을 수 있습니다.

이들은 한강을 근거지로 삼아 주로 서남 연해안을 오가면서 쌀, 소금, 어물 등을 거래했어요. 객주와 여각은 선상이 물건을 싣고 포구에 들어오면 그 물건의 매매를 중개하고 운송, 보관, 숙박, 금융 등의 영업도 했습니다. 객주와 여각은 지방의 큰 장시에도 있었지요.

국내 상업뿐만 아니라 대외 무역도 활발하게 이루어졌습니다. 17세기 이후부터 청이나 일본과의 무역이 확대되고, 조선은 중계 역할을 담당하면서 많은 이득을 보게 되었어요. 청과의 무역은 국경 지대를 중심으로 공적으로 허용된 개시와 사적으로 거래되던 후시가 있었습니다. 청에서 수입하는 물품은 비단, 약재, 문방구 등이었고, 수출하는 물품은 은, 종이, 무명, 인삼 등이었지요. 일본과의 무역은 관계가 점차 정상화되면서 왜관 개시를 통한 대일 무역이 활발하게 이루어졌어요. 조선은 인삼, 쌀, 무명 등을 팔고 청에서 수입한 물품을 넘겨주는 중계 무역을 하기도 했지요. 일본에서는 은, 구리, 황, 후추 등을 수입했어요.

여각과 객주(한국금융사박물관)
여각은 숙박, 화물 보관, 금융업 등을 위한 상업 시설이다. 조선 후기의 위탁 판매상인 객주는 상인들에게 숙소를 제공하면서 물건을 팔아 주거나 상인들의 물건을 담보로 돈을 빌려 주었다.

이 시기에 성장한 대표적인 상인으로 의주의 만상과 동래의 내상을
꼽을 수 있습니다. 최인호의 소설 『상도』로 잘 알려진 의주의 만상 임
상옥은 청과의 인삼 무역으로 큰돈을 벌었어요. 임상옥 밑에서 회계
업무를 보았던 사람만 70명이었다고 하니 그 규모가 얼마나 컸는지
짐작할 수 있지요. 집의 규모도 어마어마해서 평안 감사와 의주 부사
등 700여 명의 손님들이 방문했을 때 한 사람에 한 상씩 음식을 한꺼
번에 차려서 올렸다고 합니다. 개성의 송상은 의주의 만상과 동래의
내상을 중계하면서 큰 이득을 남겼어요.

금속 화폐의 등장으로 상품 유통이 활성화되고 거상이 등장하게 되
었습니다. 쌀이나 베, 무명 등은 무게와 양으로 인해 물물 교환이 어
려웠기 때문에 금속 화폐가 필요하게 된 거예요. 처음에는 은이 금속

화폐의 중요한 자리를 차지했습니다. 하지만 17세기 이후 상평통보를 적극적으로 주조하고, 18세기에는 세금과 소작료도 동전으로 대납할 수 있었어요. 누구나 상평통보만 가지고 있으면 물건을 살 수 있었으므로 상평통보가 일차적인 유통 수단의 지위를 차지하게 되었지요.

농민의 계층 분화

농업 생산 분야에서는 화폐 지대를 받는 경우도 있었지만 대개는 수확량의 절반이 넘는 현물 지대를 받았습니다. 양반은 토지를 소작농에게 빌려 주고 소작료를 받는 지주전호제를 운영했는데, 이런 현상은 18세기 말에 이르러 일반화되었어요. 나아가 지주들이 계속 토지를 사들여 천석꾼이나 만석꾼이 되면서 소작료를 수확량의 절반으로 매기는 병작제가 성행했지요.

상품 화폐 경제가 발전하면서 지주전호제도 점점 바뀌었어요. 양반은 지위를 이용해 소작료 등을 마음대로 강요했습니다. 이에 소작인들의 저항이 점차 심해지자 소작인의 소작권을 인정하고 소작료를 낮추거나 일정액으로 정하는 움직임이 나타났어요.

이전에는 일정한 비율로 소작료를 내는 타조법이 지대 납부의 일반적인 형태였습니다. 이는 수확량의 절반을 지주에게 납부하는 병작반수였으므로 작황에 따라 지주의 이익이 좌우되었어요. 이에 지주의 간섭이 심해지자 농민은 자유롭게 영농을 하기가 어려웠습니다. 심지어 지주는 전세, 대동세, 결작 등을 소작인에게 돌리기도 했어요.

조선 후기에는 생산력의 증대로 소작권의 비중이 커지게 되었습니다. 그러자 광작 형식의 영농을 하는 소작인들은 타조법에 반발하는 소작 쟁의를 벌였어요. 이 과정에서 소작권을 인정받아 지주가 함부

로 소작지를 빼앗지 못하게 되었지요. 소작인은 생산 증대의 능력이 있었기 때문에 지주에게 권리를 당당히 요구했고, 지주 또한 자신에게 이익이 될 것으로 판단했기 때문에 소작인의 요구를 수용한 거예요. 소작에서도 능력 본위의 사회가 형성되고 있었던 것이지요.

소작인의 지위가 향상되면서 수확량의 반을 내던 소작료도 일정 액수를 정해 곡물이나 화폐로 내도록 했습니다. 이를 도조법이라고 하는데, 풍흉에 관계없이 납부하는 정액 지대였어요. 소작인이 자신에게 유리한 도조법으로 지대를 계산할 수 있는 도지권이 등장한 것은 전호권이 성장했다는 것을 의미하지요. 이로써 지주는 풍흉에 신경 쓰거나 농경에 간섭할 필요가 없게 되었고, 소작인은 자유로운 영농으로 소득을 늘려 부를 축적할 수 있었어요.

소작인 중에는 토지를 개간하거나 매입해 지주가 된 사람도 있었어요. 지주전호제가 지주와 전호 사이의 신분적 관계를 벗어나 경제적 이해관계로 바뀌게 된 것이지요.

평민과 천민 중에는 재산을 모아 부농층이 된 사람이 많았습니다.

조선 후기에 등장한 부농층을 요호부민이라고 해요. 이들은 전지를 소유하면서 지방에서 일정한 영향력을 행사했지요. 경제력을 갖춘 부농층 중에는 향안에 이름을 올리거나 향임직에 진출해 상당한 지위를 확보한 사람도 있었어요. 반면에 양반 중에서도 토지를 잃고 몰락해 전호가 되거나 심지어 임금을 받고 노동을 하는 임노동자로 전락하는 경우도 있었답니다.

광작이 가능해지면서 대부분의 농토를 소작시키고 일부 농토만 직접 경영하던 지주도 소작지를 회수해 노비를 늘리거나 머슴을 고용해 직접 경영하기도 했어요. 이로 인해 소작농은 소작지를 얻기가 더욱 어려워졌지요.

지주나 일부 부농을 제외한 수많은 농민들은 열악한 소작농으로 전락하거나 농사를 지을 땅을 얻지 못해 농촌을 떠날 수밖에 없었어요. 농촌을 떠난 농민들은 도시에서 상공업에 종사하거나 광산이나 포구의 임노동자가 되었지요. 부농층의 대두와 임노동자의 출현은 이 무렵 농민의 분화를 의미합니다.

민영 수공업의 발달과 민영 광산의 증가

조선 후기에는 상품 화폐 경제의 발전이 판매 자체를 목적으로 하는 생산과 관련되어 진행되었습니다. 민영 수공업자는 장인세만 부담하면 비교적 자유롭게 생산 활동에 종사할 수 있었어요. 이들은 양반의 사치품이나 농민의 농기구 등을 만들어 공급했지만, 수공업자 명부인 공장안에 등록되지 않아 관청 수공업의 부역에는 동원되지 않았지요. 민영 수공업자의 작업장을 흔히 점(店)이라고 불러서 철기 수공업체는 철점, 사기 수공업체는 사기점이라고 했어요.

　민영 수공업자의 작업장과 자본은 대부분 소규모여서 원료의 구입과 제품의 처분에서 상업 자본의 지배를 받았습니다. 이들은 공인이나 상인에게 주문만 받은 게 아니라 자금과 원료를 미리 받아 제품을 생산하기도 했는데 이런 방식을 선대제 수공업이라고 해요. 18세기 후반에는 수공업자 중에서도 자신의 자본으로 상품을 대량 생산하고 직접 판매하는 사람들이 나타났지요.

　판매를 목적으로 하는 생산은 수공업뿐 아니라 농업과 광업에서도 나타났습니다. 이에 따라 곡류, 목화, 담배, 인삼, 채소 등의 상품 작물을 재배하는 상업적 농업이 발생했는데, 특히 쌀의 상품화가 활발했어요. 쌀은 이 시기에 수요가 크게 늘어나 장시에서 가장 많이 거래되었지요.

　임진왜란 이후에 들어온 담배도 인기가 좋은 상품 작물이었어요. 당시에 담배는 배 속의 회충을 없애는 데 효력이 있다는 소문이 나서 남녀노소 할 것 없이 담배를 피웠답니다. 그래서 당연히 담뱃값이 올랐고, 담배 농사는 큰 이익을 남겼지요.

　광업에서는 부유한 상인과 양반이 물주가 되어 광업에 투자하는 현상이 발생했습니다. 광산은 원래 정부가 독점했는데, 17세기 중엽부터는 정부가 광산 채굴을 허용하고 세금을 받는 방식이 보급되었어요. 이에 따라 민간인에 의한 광업이 활기를 띠게 되었지요.

　청과의 무역으로 은의 수요가 늘어나면서 은광의 개발이 활기를 띠었습니다. 17세기 말에는 70개소에 달하는 은광이 개발되었고, 18세기 말에는 상업 자본이 채굴과 제련이 쉬운 사금 채굴에 몰리면서 금광의 개발도 활발해졌어요. 이후 조정에서는 광업 금지 정책을 펼쳤고, 개인이 몰래 광산을 경영하는 잠채가 성행하게 되었지요.

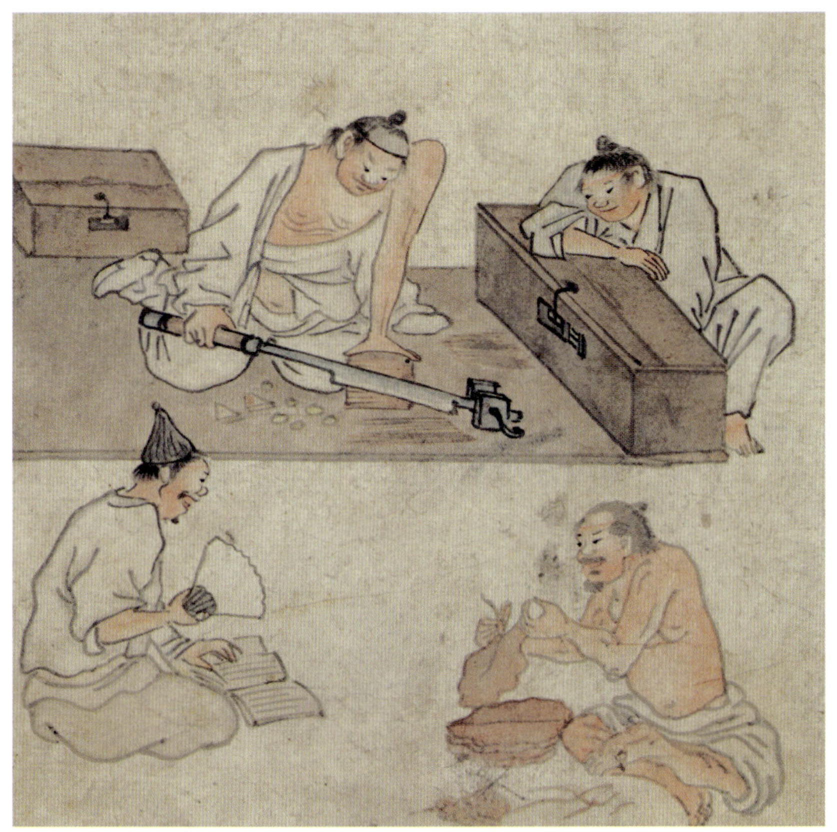

18세기 중엽에는 경상도 안동 등 일부 지역에서 현물 지대가 아닌 화폐 지대를 받았는데, 이는 지주와 농민의 관계가 신분적 예속 관계에서 벗어나 화폐에 의한 경제적 관계로 바뀌었음을 보여 주는 사례라고 할 수 있습니다. 이러한 변화는 특히 광업 분야에서 두드러졌지요.

18세기 말부터 잠채가 성행한 광업에는 각지에서 사람들이 몰려들었어요. 이는 신분적 구속에 의한 것이 아니라 자본주의적 발생에 의한 것이었습니다. 경영 전문가인 덕대가 상인 물주에게 자본을 조달받아 채굴업자와 채굴 노동자, 제련 노동자 등을 고용해 광물을 채굴하고 제련하는 방식이었지요.

덕대
광산의 주인과 계약을 맺고 광물을 채굴해 광산을 경영하는 사람을 말한다.

6-3 조선 후기의 상품 화폐 경제

1 농촌 경제의 변화

- **논농사** 이앙법(모내기법, 17세기 후반 전국 보급) 확대 → 노동력 감소, 벼와 보리의 이모작 가능, 논에서의 보리농사 성행
- **밭농사** 밭고랑에 씨를 뿌리는 견종법 확대 → 수확량 증가
- **지대 납부 방식의 변화** 일부 지방에서 타조법(지주와 소작농이 수확량을 절반씩 나누는 방식) 대신 도조법(일정 액수의 지대를 정해 놓고 곡물이나 화폐로 내는 방식) 등장 → 소작농의 자유로운 영농 가능 → 일부 농민은 토지 개간과 매입을 통해 지주가 되는 한편 몰락 농민도 증가
- **농촌 경제의 변화** 광작 유행(1인당 경작 면적 확대) → 지주가 소작지를 회수해 노비와 머슴을 늘려 직접 경영 → 소작농이 몰락하면서 일부 농민은 도시로 가서 상공업에 종사하거나 광산이나 포구의 임노동자가 됨
- **상업적 농업 발생** 시장에 팔기 위한 작물 재배(인삼 · 담배 · 채소 · 면화)로 높은 수익 축적

2 수취 제도의 개편

- **영정법(전세)** 풍흉에 관계없이 토지 1결당 미곡 4두로 고정 → 농민 부담 증가
- **대동법(공납)** 공물을 대신 납부하는 방납이 성행해 폭리를 취함 → 토산물 대신 토지 결수에 따라 쌀이나 무명, 삼베, 동전으로 납부하는 대동법 실시 → 공인은 관청에 필요한 물품을 조달하고 농민은 대동세를 내기 위해 토산물 판매 → 상품 화폐 경제의 발전
- **균역법(군역)** 군포 수탈(17세기 말, 백골징포와 황구첨정) → 군포를 1년에 1필만 징수하는 균역법 실시 (1750년) → 재정 보충을 위해 지주에게 1결당 미곡 2두의 결작 징수, 어장세와 선박세 징수

3 상업의 발달

- **배경** 농업과 수공업 · 광업의 생산력 증대, 대동법 시행, 도시 인구 증가
- **장시의 발달** 광주 송파장, 은진 강경장, 덕원 원산장, 창원 마산포장 등 장시(5일장)를 개설함. 보부상과 객주, 여각 등이 활약함
- **공인** 관청과 결탁한 특권 상인인 공인이 시전뿐만 아니라 전국의 장시를 중심으로 활동하며 도고 상인 (자본을 바탕으로 매점매석을 통해 이윤을 극대화한 상인)으로 성장 → 경강상인(운송업, 선박 건조), 개성 상인(인삼, 대외 무역)
- **사상** 종루(종로), 이현(동대문 시장), 칠패(남대문 시장) 등지에서 활약 → 시전의 상권 잠식 → 시전 상

인이 도성 안과 밖 10리 지역에서 난전을 금지하고 특정 상품을 독점 판매할 수 있는 금난전권을 폐지
· **대외 무역** 청과의 국경 지대를 중심으로 공무역인 개시와 사무역인 후시가 이루어짐. 의주의 만상(중국과 무역), 동래의 내상, 개성의 송상(중계 무역)

4 화폐의 유통
· **상평통보의 유통** 18세기에 상업 발달로 세금과 소작료도 상평통보(1678년 숙종 때 발행)로 대납함. 세금과 지대의 금납화로 상평통보가 전국에 유통됨. 환과 어음 등의 신용 화폐도 사용함
· **화폐 부족 현상** 화폐를 고리대나 재산 축적의 수단으로 이용하면서 동전 부족 현상인 전황(錢荒) 발생

5 민영 수공업의 발달
· **배경** 도시 인구 증가, 대동법 시행에 따른 제품 수요 증가, 관영 수공업 쇠퇴
· **민영 수공업의 증가** 농촌 경제 변화로 도시 인구 증가, 공인이 나라 물품 공급, 관영 수공업 쇠퇴로 민영 수공업 발달
· **선대제 수공업 성행** 상인이나 공인에게 주문을 받으면서 자본과 원료를 미리 받아서 제품을 생산하는 방식
· **독립 수공업자 출현** 독자적으로 제품을 생산하고 이를 직접 판매

6 광업의 발달
· **민영 광산의 증가** 수공업의 발달로 광물 수요 증대, 청과의 무역 증대 → 금과 은의 수요 증가 → 은광(17세기 말)과 금광(18세기 말)의 활발한 개발
· **설점수세** 17세기 이후 광산 채굴을 허용하고 세금을 징수
· **상업 자본의 참여** 18세기 이후 상인이 물주가 되어 시설과 자금을 투자하고 물주에게 자본을 조달받는 덕대가 광산을 경영 → 자본과 경영이 분리되는 자본주의적 경영 형태로 발전

중농주의 실학파의 토지 제도 개혁안은
오늘날에도 여전히 유효할까요?

조선 후기에는 농업 생산력의 향상과 상품 화폐 경제의 발달로 농민층의 분화 과정이 진행되었습니다. 이 과정에서 대다수의 농민들은 열악한 처지에 놓이게 되었고, 땅을 잃고 유랑하는 농민까지 생겼어요. 중농주의 실학자들은 사회 개혁의 핵심이 토지 문제에 있다고 보고 토지 제도의 개혁안을 제시했습니다. 대표적으로 유형원의 균전제, 이익의 한전론, 정약용의 여전제와 정전제 등이 있지요.

중농주의 실학파가 제시한 토지 제도 개혁안의 의의는 농민에게 땅을 주어야 한다는 경자유전의 원칙을 확립했다는 것입니다. 토지 문제의 핵심은 토지의 소유 관계에서 비롯되었어요. 전세나 조세, 지대 등의 수취 체계는 본질적으로 토지의 소유 관계에서 파생되는 문제이지요. 따라서 수취 체계를 완화하는 것은 미봉책일 뿐이지 근본적인 해결책이 될 수는 없습니다. 그러므로 농민에게 땅을 돌려주자는 주장은 토지 문제의 근본적인 해결 방향을 제시했다는 점에서 큰 의의가 있어요.

우리나라에서는 일제의 패망 이후 무상 몰수 무상 분배가 아니라 유상 몰수 유상 분배라는 방식을 취해서 많은 문제점을 드러냈습니다. 하지만 경자유전의 원칙은 헌법 제121조 제1항에 규정되어 있어요. 농지를 농민에게 주어야 한다는 원칙은 농민 문제 해결의 근간인 것이지요. 이런 점에서 볼 때 경자유전의 원칙은 지금 이 시대에도 여전히 유효합니다.

하지만 중농주의 실학파의 토지 제도 개혁안은 신분적 질서를 인정한 상태에서 제기되었기 때문에 오늘날에는 적당하지 않아요. 유형원은 집집마다 토지를 균등하게 나누어 주어야 한다는 균전제를 주장했지만 한편으로는 사농공상에 따라 차등 분배해야 한다고 주장했습니다. 이익과 정약용의 경우에도 강도의 차이는 있으나 신분 차별을 철저히 부정하지 않았다는 점에서는 마찬가지라고 할 수 있어요.

이익은 모든 토지를 몰수하는 것이 어려운 현실을 인정하여 토지 소유의 일정한 상한선을 정한 한전제를 주장했습니다. 여기에서 현실을 인정하는 것이 바로 신분 차별을 인정한다는 뜻이 되지요. 정약용은 마을 단위의 공동 농장을 만들어 함께

일하고 노동량에 따라 수확물을 나누어 갖자는 여전제를 주장하다가 땅을 똑같이 나눈 뒤 가운데 부분의 땅은 공동 경작해 나라에 경작물을 바치는 정전제를 다시 제기했어요.

중농주의 실학파의 토지 제도 개혁안은 정전제의 정신을 살리려는 방향으로 진행되어서 지금의 농업이 발전해 나가는 방향과 맞지 않을 수밖에 없습니다. 정전제는 왕도 정치를 실현하기 위한 방안으로 제기되었고, 인정(仁政) 정치를 펴려는 것이에요. 하지만 지금은 국민이 나라의 주인이므로 토지 소유의 문제는 인정 정치를 펴기 위한 방향이 아니라 농민들을 위한 방향에서 해결해야 합니다. 농업의 발전을 위해서는 균등하게 배분할 필요가 없는 것이지요. 기업적 영농이나 기계적 영농을 위해서는 일정 규모 이상의 토지를 갖는 것도 필요해요. 오늘날 농업은 식량 확보, 환경 보전, 홍수 관리 등과 관련이 있어서 토지의 중요성이 날로 커져 가고 있습니다. 따라서 농업 문제는 국가적인 차원의 대응책이 필요해요.

4 근대화의 문을 걸어 잠그다 |
흥선 대원군의 세도 정치 타파와 쇄국 정책

정조의 탕평 정치로 인해 왕에게 집중되었던 권력은 결과적으로 세도 정치의 빌미가 되었습니다. 정조가 죽은 뒤 외척이 권력을 행사하게 된 것이지요. 이 과정에서 철종이 죽고 조 대비에 의해 1863년 고종이 즉위하자, 고종의 아버지인 이하응이 흥선 대원군에 봉해지고 어린 고종을 대신해 섭정하게 되었어요. 흥선 대원군은 세도 정치를 타파하고 문란해진 삼정을 바로잡으며 왕권을 강화하고자 개혁 조치를 추진해 나갔습니다. 그러면서 쇄국 양이 정책을 견지했는데, 이로 인해 병인양요(1866년)와 신미양요(1871년) 등을 겪게 되었어요.

- **1805년** 어린 순조의 장인 김조순이 정권을 장악함에 따라 안동 김씨의 세도가 시작되다.
- **1860년** 최제우가 민간 신앙과 유교, 불교, 도교를 융합한 동학을 창시하다.
- **1866년** 제너럴 셔먼호가 평양 부근의 대동강에서 통상을 요구하다 들어주지 않자 약탈을 자행하다.
- **1866년** 프랑스가 병인박해 때 자국의 신부 9명을 처형한 책임을 물으며 강화산성을 점령한 병인양요가 일어나다.
- **1871년** 제너럴 셔먼호 사건을 구실로 로저스가 강화도를 공격한 신미양요가 일어나다.

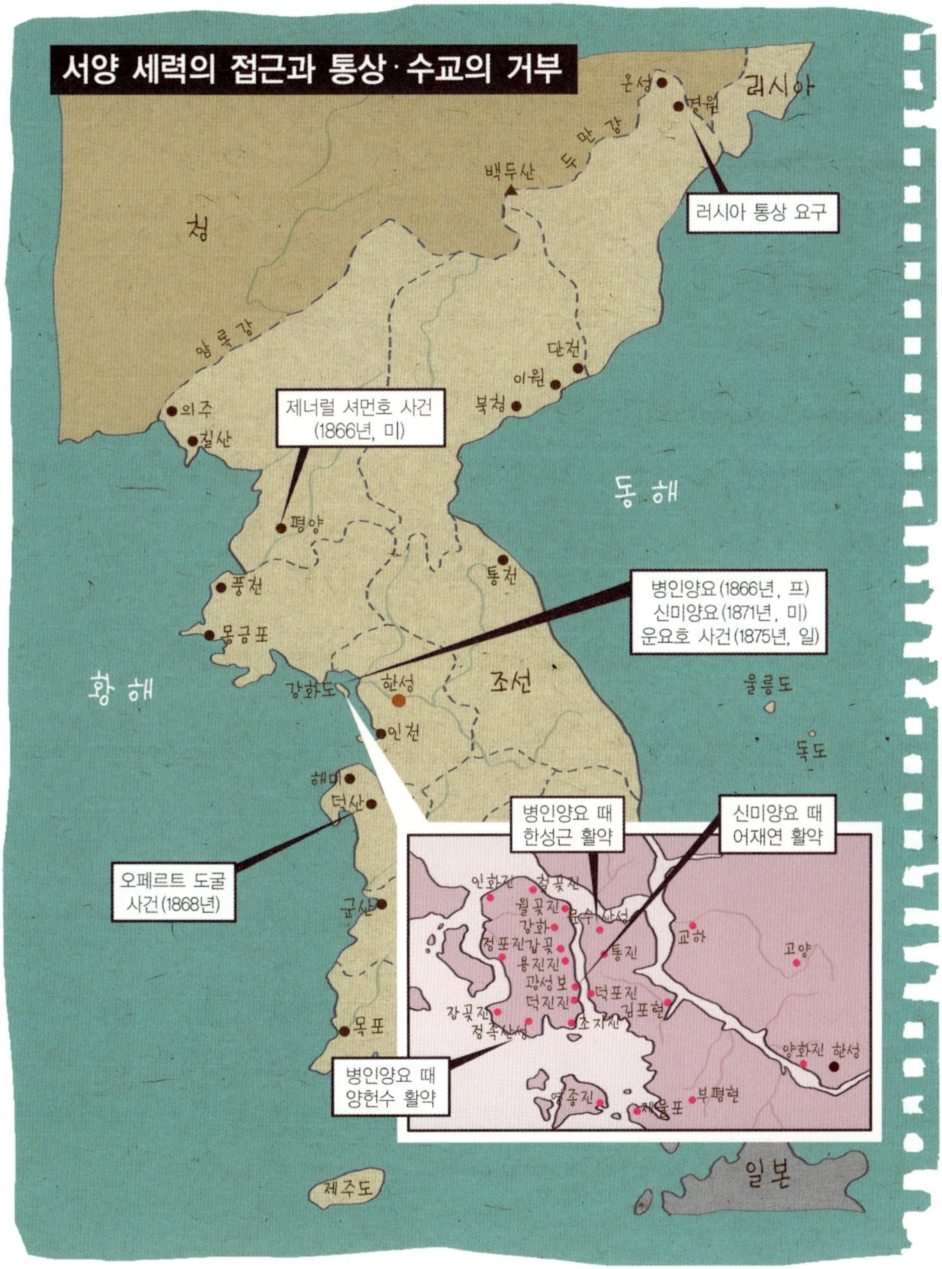

안동 김씨 사랑방은 벼슬의 산실

정조가 죽은 후 순조가 11세의 어린 나이로 즉위하면서 왕실과 혼인 관계를 맺은 몇몇 가문이 권력을 독점했습니다. 영조의 계비였던 정순 왕후는 어린 순조 대신 수렴청정을 했어요. 정순 왕후는 노론 벽파 쪽의 인물이었으므로 정조의 업적을 일시에 무화시켜 버렸지요. 장용영을 혁파해 각 군영의 운영을 예전처럼 환원한 후 핵심 군영인 훈련도감을 장악했어요. 또 남인 등의 시파를 몰아내기 위해 1801년 금지령이 내려진 천주교를 믿는 사람들을 대대적으로 탄압했는데, 이를 신유박해라고 합니다. 실학파인 정약용은 천주교도로 몰려 유배형에 처해졌고 이승훈은 순교했어요. 1803년 정순 왕후의 수렴청정이 끝난 뒤 순조의 장인인 김조순에게 권력이 넘어갔지요.

이후 안동 김씨나 풍양 조씨 같은 왕의 외척 세력이 높은 관직을 독점하고 국가 정책을 좌우했습니다. 왕은 제구실을 못하고 이들에게 끌려 다니는 처지가 되고 말았지요.

세도는 '세상의 도를 맡는 임무'라는 뜻을 지닌 세도지임(世道之任)에서 비롯된 말입니다. 세도 정치는 왕의 신임을 받는 인물이 왕권을 강화시키는 방편으로 시작되었지만 순조 이후 왕권이 급격히 약화되면서 안동 김씨라는 특정 집안의 권력 독점으로 그 의미가 변질되어 버렸어요. 세도 정치 시기에는 붕당은 물론 탕평파와 반탕평파 사이의 대립적인 구도도 없어졌지요.

김상헌의 후손인 김조순의 김씨 집안은 순조, 헌종, 철종의 3대에 걸쳐 60여 년 동안 권력을 잡았습니다. 순조 때에는 김조순이 영안 부원군을 맡고, 철종 때에는 아들 김좌근이 영의정을, 김좌근의 동생 김수근이 이조 판서를, 손자 김병기가 좌

찬성을 맡는 등 안동 김씨 일가가 모든 권력을 장악했지요. 이로써 과거 제도가 유명무실해졌고 관직은 공공연히 매매되었어요. 김씨의 사랑방이 인사를 결정하는 산실이었기 때문이지요.

세도 정권은 정조가 등용했던 재야 세력인 남인과 소론을 권력에서 배제해 사회 통합에 실패했어요. 임진왜란 이후 위상이 떨어진 의정부와 6조는 세도 정치 하에서 완전히 유명무실화되고 비변사가 세도 정치의 중심 기구가 되었지요. 왕권도 언론 활동도 개인적인 이익을 추구하는 세도 정권을 막을 수가 없었어요. 결국 매관매직과 조세 수탈이 만연해 농민의 불만이 극에 달하게 됩니다.

농민들이 유랑민이 되다 – 세도 정치의 폐해

흥선 대원군의 정책에 대해서는 여러 가지 평가가 있습니다. 세도 정치를 타파하고 여러 개혁 조치를 내놓은 것은 긍정적으로 보지만, 백성들의 원성을 사면서까지 경복궁을 중건한 일은 잘못이라고 지적하기도 해요. 특히 외국과의 문호를 닫고 쇄국 정책을 고수해 우리나라의 근대화가 늦어졌다고 평가하기도 하지요. 그렇다면 우리는 어떤 관점으로 흥선 대원군을 평가해야 할까요?

평가에 앞서 시대적 배경을 분명하게 파악해야 합니다. 그래야 흥선 대원군이 왜 그런 정책을 실시했는지를 파악할 수 있고, 이에 따라 종합적인 평가를 내릴 수 있기 때문이지요.

흥선 대원군이 집권할 당시 나라 밖의 정세는 매우 혼란스러웠어요. 서유럽 열강은 18세기 말에서 19세기 초에 산업 혁명을 거쳐 자본주의 체제를 확립한 후 식민지를 개척하는 데 혈안이 되어 있었습니다. 19세기 중엽부터는 조선에도 이양선을 보내 정세를 살폈지요.

이 시기에 조선은 안동 김씨가 거의 60여 년간 세도 정치를 펴고 있었어요. 국정이 한 가문의 손에 좌지우지되는 형국이었지요. 나라의 기강이 해이해진 틈을 타 탐관오리의 부정부패가 만연했어요. 뇌물로 관직을 사고파는 일이 공공연하게 이루어졌고, 과거 시험에서도 실력보다는 부정에 의해 합격이 좌우되는 일이 많았지요. 또 과거에 급제해도 세도가에 줄을 대지 않으면 좋은 관직에 오르기가 어려웠습니다. 많은 뇌물을 주고 관직을 산 관리들은 돈을 보충하기 위해 백성들로부터 더 많은 세금을 거두어들였어요.

당시 농민은 토지세인 전정(전세)과 군정(군포), 환곡을 부담했는데, 이를 삼정이라고 합니다. 삼정의 문란으로 극도에 달한 수령들의 부정은 중앙 권력과도 연계되어 있어 암행어사의 파견만으로는 막을 수 없었어요. 세금의 항목과 액수는 법으로 정해져 있었지만 관리들은 새로운 항목을 만들어 정해진 양의 몇 배 이상을 거두었지요.

군정은 한 집안의 생계를 책임진 16세에서 60세까지의 남자가 군대를 가는 대신 내는 포입니다. 그런데 안동 김씨와 풍양 조씨의 세도 정치 시기에는 어린아이에게도 포를 매겼어요. 당시 세금을 걷었던 지방관은 돈으로 벼슬을 샀기 때문에 백성들에게서 돈을 빼내기 위해 갖은 방법을 동원했지요.

환곡은 봄에 관청의 곡식을 농민에게 빌려 주었다가 가을에 약간의 이자를 붙여서 거두어들이는 구휼 제도입니다. 이때 받는 이자는 보관하던 곡물이 썩거나 쥐가 먹는 등 자연적으로 줄어든 양을 보충하고, 일부는 환곡 운영의 비용으로 충당했지요. 그런데 관청의 경비를 마련하기 위한 재원으로 이자를 사용하면서 세금처럼 변질되고 말았어요. 여기에 탐관오리의

암행어사 박문수
(1691~1756년)
조선 영조 때의 문신이다.
암행어사로 활약하면서 부정한
관리들을 적발해 가난한 백성을
구제하는 데 힘썼다.

천의 모습,
「이하응 초상 일괄」
(보물 제 1499-1호)

흥선 대원군 이하응의 전신 초상
6점이다. 국립중앙박물관에
1점(「금관조복본」), 서울역사
박물관에 5점이 소장되어 있다.
서울역사박물관에 소장되어 있는
5점은 모두 조선 후기의 화가인
이한철이 그렸다. 조선 후기
왕실의 격조 높은 초상화 문화를
엿볼 수 있는 작품들이다.

「금관조복본」

「흑단령포본」

「흑건청포본」

「와룡관학창의본」

「복건심의본」

운현궁(사적 제257호, 서울시 종로구)의 노락당

흥선 대원군이 사가를 증축해 살았던 곳이다. 고종이 태어나 왕위에 오를 때까지 머문 곳이기도 하다.
동쪽 편에는 남쪽에서 북쪽으로 사랑채인 노안당, 안채인 노락당, 별당인 이로당이 자리 잡고 있다. 운현궁
에서 가장 크고 중심이 되는 노락당은 흥선 대원군 일가의 중요 행사가 있을 때 사용되었다.

老樂堂
藏書惠遺光無任
宜室子孫洽中央
多賀君家受大福
忠孝傳家子又孫

토색질까지 겹쳐 실제로는 고리대 구실을 했지요. 그러자 양반 지주들은 환곡을 빌리는 것을 기피하고 가난한 농민들만 원치 않는 환곡을 떠맡아 높은 이자를 물어야 했어요.

세도 정치가 이어지자 삼정이 문란해지고 사회 곳곳에서 온갖 폐해가 나타났습니다. 신분 체제가 허물어지는 데는 돈이 주된 역할을 했어요. 이는 신분을 구성했던 비율에서 정확히 확인할 수 있지요. 조선 초기의 신분 구성 비율은 양반이 3%, 양인(평민)이 70%, 노비가 27% 정도였어요. 그러다가 사림 세력이 권력을 잡는 시기를 거치면서 점점 양반이 증가했고, 흥선 대원군 집권 시기에는 양반이 60%, 양인이 30%, 노비가 10%를 차지했지요.

세도 정치로 인한 삼정의 문란과 탐관오리의 착취로 빚에 몰린 많은 농민들은 고향을 버리고 정처 없이 떠돌아다니는 유랑민이 되었어요. 이들은 산간벽지로 들어가 화전민이 되거나 국경을 넘어 간도나 연해주로 이주했지요. 도시나 광산촌, 수공업촌에서 품을 팔아 생계를 꾸려 가는 사람도 많았어요. 엎친 데 덮친 격으로 헌종과 철종 때에는 계속 흉년이 들고 전염병이 돌았습니다. 이로 인해 농촌을 떠나는 사람은 갈수록 늘어났고, 떠난 사람들이 부담해야 할 세금은 친척이나 이웃 사람들의 몫이 되었어요.

홍경래의 난, 농민 전쟁으로 번지다

농촌 사회가 어려워지면서 농민들은 점차 불만을 표출하기 시작했습니다. 처음에는 관리의 부정을 입에서 입으로 전해 퍼뜨리거나 벽보를 붙여 경고를 하는 소극적인 방법을 썼어요. 그러나 상황이 개선되지 않자 농민들은 세금 납부를 거부하거나 집단적으로 항의 시위를

하고 수령에게 모욕을 주는 등 좀 더 적극
적으로 나섰지요. 더 나아가 관아를 습격
하거나 탐관오리를 폭행하는 사건도 일어
났어요. 일부 농민들은 도적의 무리에 가
담하기도 했지요. 이 중 규모가 큰 것은
평안도에서 일어난 홍경래의 난(1811년)
과 단성에서 시작되어 진주를 거쳐 전국
으로 확산된 임술 농민 항쟁(1862년)이었
습니다.

홍경래의 난은 세도 정치에 시달리던
농민들과 부당한 차별 대우에 불만을 품
어 오던 평안도 사람들이 홍경래를 중심
으로 해서 일으킨 농민 봉기예요. 홍경래
의 무리는 가산에서 난을 일으켜 선천, 정
주 등을 별다른 저항 없이 점거했지요. 관
군은 정주성 공격에 앞서 반란군의 밀정
을 가려낸다는 명목으로 농가를 불태우고
농민들을 닥치는 대로 죽였어요. 그러자
농민들은 관군의 폭압에 못 이겨 정주성
으로 속속 입성했지요. 이때부터 봉기는
농민 전쟁의 성격을 띠게 되었습니다.

싸움이 3개월이나 이어지자 관군은 광
산 노동자들을 동원해 성 밑에 땅굴을 파
고 화약으로 성을 무너뜨려 민란을 진압

「신미년 정주성 공위도」(서울대학교 규장각)
관군이 정주성을 점거한 농민군의 공격에 대비해 목책 안에 들어가 있다.

철종 어진(보물 제1492호, 202×93cm,
국립고궁박물관)
왕이 구군복(具軍服)을 입고 있는 초상화로는 유일한
자료다. 오른쪽 3분의 1이 소실되었다. 왼쪽의 글로
미루어 철종 12년(1861년)에 모사되었다는 것을 알 수
있다.

했어요. 조정은 민중도 봉건 왕정 체제를 거부할 수 있
다는 사실을 깨닫고 정치적 각성을 하게 되었지요. 전쟁
이 끝난 뒤 "정주성에서 죽은 홍경래는 가짜다. 진짜 홍
경래는 살아 있다."는 말이 퍼지면서 홍경래를 자처하
는 반란 지도자들이 도처에 나타나 동시다발적인 민중
항쟁으로 번지게 되었어요.

홍경래의 난은 평안도의 농민들이 하나로 뭉쳐 탐관
오리의 착취와 지방 차별에 반대하며 일어난 농민 항쟁
이었습니다. 이 난은 평안도 지역에 한정되어 일어났고,
지도자들이 농민층을 조직적으로 끌어들일 개혁안을 내
놓지 못해 실패로 돌아갔지요. 홍경래의 난은 실패로 끝
났지만 그 영향으로 전국 각지에서 크고 작은 봉기가 일
어났어요. 철종 때 농민 봉기는 삼남 지방을 중심으로
북으로는 함흥, 남으로는 제주도까지 확대되었습니다.

경상우병사 백낙신의 수탈에 견디다 못한 농민들은
몰락한 양반 출신인 유계춘을 중심으로 1862년(철종 13
년)에 진주 민란을 일으켰어요. 농민들은 한때 진주성을
점령하기도 했지요. 농민들의 이러한 항거는 단순한 봉
기가 아니라 삼정의 문란과 탐관오리의 횡포에 맞서 사
회적 불만을 드러낸 자각 운동이었어요. 이를 계기로 농
민 봉기는 함흥에서 제주도에 이르기까지 전국적으로
퍼졌는데, 이를 통틀어 임술 농민 항쟁이라고 합니다.
농민들의 항쟁으로 인해 양반 중심의 통치 체제도 점차
무너져 갔어요.

천주교가 전파되다

천주교가 처음 우리나라에 알려진 것은 임진왜란 때였습니다. 당시 일본군을 이끌고 온 고니시 유키나가 장군은 독실한 천주교 신자였어요. 당시 일본에는 네덜란드 상인들에 의해 천주교가 제법 널리 퍼져 있었지요. 고니시 유키나가는 출전할 때 천주교도 부하들을 위해 세스페데스라는 포르투갈 신부를 데리고 왔어요. 우리나라에 온 최초의 서양인 천주교 신부인 세스페데스는 조선인에게 별다른 관심을 갖지 않았지요.

임진왜란 후 명에 사신으로 갔던 이수광이 이탈리아 신부 마테오 리치가 쓴 『천주실의』라는 책을 가져왔어요. 병자호란 때에는 청에 인질로 잡혀갔던 소현 세자가 북경에서 독일인 신부인 아담 샬을 만나 천주교와 서양의 과학 문명을 소개받았지요.

소현 세자가 죽은 지 100여 년이 훨씬 지난 1784년 북경에서 한 조선 청년이 서양인 신부에게 세례를 받았습니다. 이 사람이 바로 우리나라 최초의 세례교인인 이승훈이에요. 이승훈은 실학자 정약용의 매부이기도 하지요. 그는 사신이었던 아버지를 따라 북경에 갔다가 서양 신부들을 만나게 되었어요.

천주교를 처음 접한 양반들은 서양 학문의 하나로 천주교를 연구했습니다. 세례를 받은 이승훈은 교리서, 십자고상, 묵주 등을 가지고 조선으로 돌아와 주변 사람들에게 천주교를 전파했어요. 이승훈은 이벽, 정약용 형제 등과 함께 서울 명동에 있는 김범우의 집에서 일주일에 한 번씩 모여 예배를 보고 교리 공부를 했습니다. 이것이 우리나라 최초의 천주교 교회인 셈이지요.

정약용 초상

정약용은 이벽, 이가환 등의 영향을 받아 천주교에 관심을 갖게 되었다. 신유박해 때 천주교도로 몰려 유배형에 처해진 정약용은 18년간 경상도 장기, 전라도 강진 등지에서 유배 생활을 하면서 『목민심서』, 『경세유표』 등을 저술했다. 둘째 형 정약전도 물고기의 생태를 기록한 『자산어보』라는 명저를 남겼다.

해미읍성(사적 제116호, 충청남도 서산시) 옥사

해미읍성은 왜구의 침입을 막기 위해 태종 17년(1417년)부터 세종 3년(1421년) 사이에 축성된 석축
읍성이다. 1790년에서 1880년까지 이 읍성 안에 있는 옥사에 천주교 신자를 가두었다. 수감된
천주교 신자들은 옥사 앞에 있는 회화나무 가지에 매달려 고문을 당했다고 한다.

해미읍성의 옥사

명동 성당
1898년 5월 29일에 준공한 성당이다. 왼쪽 사진은 남대문에서 바라본 명동 성당 원경이다.

조정은 천주교를 내버려 두면 저절로 사라질 것이라고 생각했어요. 그러나 교세가 확장되고 조상에 대한 제사를 거부하자, 이를 양반 중심의 신분을 부정하고 국왕에 도전하는 것으로 받아들여 사교로 규정하게 되었습니다.

1785년 이벽, 이승훈, 정약전, 정약용, 정약종, 권일신 등 남인 학자 수십 명이 김범우의 집에서 예배를 보다가 당국에 발각되고 말았어요. 대부분의 사람들은 양반 신분이라 풀려났지만 역관인 김범우는 중인이었기 때문에 충청도 단양으로 유배되었다가 그곳에서 죽게 됩니다. 우리나라 최초의 순교자가 된 것이지요. 김범우가 살던 집터에 성당이 들어섰는데, 이 성당이 바로 명동 성당이랍니다.

1801년에는 천주교에 대한 대대적인 박해가 시작되었어요. 이 사건으로 천주교 전파에 앞장섰던 실학자와 많은 양반이 교회를 떠나게 됩니다. 천주교는 안동 김씨의 세도 정치 시기에 탄압이 완화되면서 백성들에게 활발히 전파되었어요. 조선 교구가 설정되고 서양인 신부가 몰래 들어와 포교하면서 교세가 확장되었지요.

천주교의 교세가 커진 것은 세도 정치로 인한 사회 불안과 어려운 현실에 대한 불만, 그리고 신 앞에 모든 인간은 평등하다는 논리, 내세 신앙 등의 교리가 백성들의 공감을 얻었기 때문이에요.

흥선 대원군이 집권했을 때 국내에는 상당수의 천주교 신자가 있었고, 프랑스 선교사가 각지에서 비밀리에 선교 활동을 하고 있었어요. 흥선 대원군은 처음에는 천주교에 대해 비교적 관대한 편이었습니다.

동학이 서학에 대항하다

사회가 혼란스럽고 민심이 불안한 가운데 당시의 종교는 제구실을 다하지 못했습니다. 불교는 산중에 머물러 사회와 떨어져 있었고, 유교는 공리공론만 일삼고 있었어요. 새로 전파된 천주교는 서민과 여성들 사이에서 전파되고 있었으나 서양 세력의 침략으로 생각하고 경계하는 사람도 많았지요.

이 시기에 경주 지방의 몰락한 양반인 최제우가 전통적인 민간 신앙과 유교, 불교, 도교를 융합해 동학을 창시했습니다. 동학은 서양 세력의 침략과 천주교의 전파가 우리 것을 해치고 사회를 위태롭게 한다는 생각에서 출발해 우리 것을 지키고 고통 받는 사람들을 구원하고자 했어요.

이렇게 볼 때 동학 운동은 단순한 신앙 운동이 아니라 어지러운 세상을 바로잡으려는 사회 운동이라고 할 수 있습니다. 동학은 서학, 즉 천주교로 대표되는 서양 세력의 침략으로부터 나라를 구하고 백성을

체포된 해월 최시형
(1827~1898년)
먼 일족이었던 최제우의 수제
자가 된 뒤 그를 이어받아
동학의 제2대 교주가 되었다.
탁월한 조직력을 보여 주었던
최시형은 동학군을 이끌고
공주에서 싸웠으나 참패했다.
이후 피신했다가 1898년 원주
에서 체포되어 처형되었다.

편안하게 하려는 반외세적인 성격도 지니고 있었어요. 동학이라는 이름도 서학인 천주교에 대항한다는 의미에서 붙여진 것이지요.

동학의 중심 교리는 '사람이 곧 하늘'이라는 인내천(人乃天)입니다. 이는 '인심이 곧 천심이므로 사람을 섬기는 것이 곧 하늘을 섬기는 것'이라는 뜻이지요. 동학의 평등사상은 억압받는 농민들의 환영을 받아 농촌 사회에 급속히 퍼지게 되었어요. 그러자 흥선 대원군은 동학이 세상을 어지럽히고 백성을 속이는 종교라 하면서 교조인 최제우를 처형합니다.

최제우의 뒤를 이은 최시형은 교세를 확대하면서 『동경대전』과 『용담유사』를 펴내 교리를 정리하고, 의식과 제도를 정착시켜 교단 조직을 정비했습니다. 최시형은 백성들에게 다음과 같이 가르쳤어요.

"동학은 호미나 지게를 든 사람들 중에서 많이 나올 것이다."

"부자와 높은 사람, 글 잘하는 사람은 바로 그것에 막혀 도를 통하기 어렵다."

"아이를 때리는 것은 하느님을 때리는 일이니 하지 마라."

다시 교세가 커진 동학은 경상도, 충청도, 전라도는 물론 강원도와 경기도 일대까지 급속히 퍼져 나갔어요. 동학은 최제우가 처형된 지 30년 뒤인 1894년에 동학 농민 운동으로 나라를 뒤흔들게 되지요. 동학은 1905년에 천도교로 이름을 바꾸어 오늘날까지 이어지고 있답니다.

"백성을 해치는 자는 용서하지 않겠다"
– 흥선 대원군의 개혁

임술 농민 항쟁의 기운이 채 가시기도 전인 1863년 12월에 철종이 죽었어요. 이에 따라 60여 년간 지속되었던 안동 김씨의 세도 정권도 무너지게 되었지요.

철종에게는 아들이 없어 고종이 왕위에 올랐는데, 그때 고종의 나이가 12세여서 신정 왕후(조 대비)가 수렴청정을 했어요. 그런데 조 대비는 수렴청정의 대권을 고종의 아버지인 흥선 대원군에게 위임했습니다. 이것은 안동 김씨의 독선적 행위에 불만을 품어 왔던 조 대비와 흥선 대원군이 의기투합해 벌인 일이었어요.

흥선 대원군은 3번에 걸쳐 섭정을 합니다. 1차 섭정 시기는 1863년부터 최익현의 상소로 탄핵되는 1873년까지예요. 군인들이 난을 일으키는 임오군란 후 1개월 동안 2차 섭정을 하지요. 임오군란이 청에 의해 진압된 후 흥선 대원군은 청에 압송됩니다. 다시 돌아온 흥선 대원군은 갑오개혁 후 4개월 동안 3차 섭정을 하지요. 이렇듯 흥선 대원군이 기회가 있을 때마다 등장한 것은 며느리인 민비로부터 아들을 지키기 위해서였는지도 모릅니다.

김씨와 조씨의 세도 가문은 자기 가문의 딸을 왕비로 내세워 세도 정치를 펼쳤어요. 이를 잘 아는 흥선 대원군은 유력 가문에서는 며느리를 들이지 않기로 결심하지요. 민비는 여흥 민씨 집안의 딸로서 여덟 살 때 부모를 여의었어요.

흥선 대원군은 세도 정치를 방지하기 위해 부모와 제대로 된 친척이 없는 아이를 데려옵니다. 이렇게 해서 민비(명성 황후)가 신데렐라처럼 등장하지요. 하지만 아이러니하게도 흥선 대원군은 나중에 자신이 선택한 며느리에 의해 쫓겨나게 됩니다.

홍선 대원군은 안동 김씨의 세도 정치 하에서 그들의 주목을 피하기 위해 철저히 숨을 죽이고 살았어요. 그러다가 기회가 오자 갈고 있던 칼을 서서히 빼 들었지요. 하지만 대권을 거머쥔 홍선 대원군에게는 해결해야 할 과제가 많았습니다. 안동 김씨를 몰아내 왕권을 확립해야 하고, 삼정의 문란으로 일어난 민란도 수습해야 하고, 외세의 침략에도 대비해야 했지요.

이런 문제들을 해결하려면 먼저 권력부터 단단히 다져야 했습니다. 그러기 위해서는 안동 김씨를 몰아내는 것이 급선무였지요. 하지만 홍선 대원군은 조 대비와 동맹 관계에 있었고, 김병학과 김병국 등 일부 안동 김씨 세력으로부터 지원을 받았기 때문에 무조건 안동 김씨를 몰아낼 수는 없었어요. 그래서 집권 초기에는 일부 안동 김씨 세력을 축출했지만 안동 김씨를 중심으로 권력층의 명문 양반가를 포섭하

삼군부 총무당(서울시 성북구)
고종 5년(1868년)에 지어진 삼군부의 중심 건물이다. 삼군부는 조선 초기의 군무(軍務)를 통할하던 관청이었는데, 고종 2년(1865년)에 다시 설치되어 군무를 통솔하고 변방에 관한 일체의 사항까지도 관장했다. 이후 고종 17년(1880년)에 통리기무아문이 설치되면서 폐지되었다.

면서도 당파에 관계없이 인재를 기용하며 정권을 유지해 나갔습니다.

그러다가 흥선 대원군은 비변사에 손을 대기 시작했어요. 비변사가 권력을 장악하고 행사하는 원천이었기 때문이지요. 흥선 대원군은 1864년 1월 비변사의 기구를 축소해 군국사무(軍國事務)만을 관장하게 하고, 대신 의정부가 정부의 모든 사무를 주관하게 했어요. 다음 해 3월에는 의정부와 비변사를 통합해 비국(備局)을 설치했고, 1868년에는 삼군부를 설치해 축소된 비변사가 가지고 있던 군사 통솔권까지 아예 삼군부로 이전했습니다. 이로써 안동 김씨의 세력은 크게 약화되었어요.

또한 흥선 대원군은 인재를 고루 등용하기 위해 노력했습니다. 능력 있는 인재라면 평민도 관직에 오를 수 있게 했지요. 이러한 조치는 자신의 권력 기반을 강화하기 위해서이기도 했어요.

그러나 개혁을 위한 흥선 대원군의 노력은 당쟁의 근원인 서원이 있는 한 한계를 지닐 수밖에 없었습니다. 서원은 지방 양반이 세력을 확장시킬 수 있는 기반이자 각종 경제적 폐단의 온상이었고, 국가 재정을 크게 악화시키는 요인이기도 했어요. 이에 흥선 대원군은 과감히 서원 정리에 나섰습니다. 1864년 서원의 실태를 조사하면서 보유 토지의 면세를 축소하고, 소속 노비의 신분을 바로잡아 군포 수입을 늘렸어요. 1868년에는 서원에 정원 이외로 끼어든 사람을 골라내고 서원 전결에 세금을 내도록 했으며, 수령이 서원의 장이 되어 사무를 주관하도록 했지요.

1871년에는 "백성을 해치는 자라면 공자가 다시 살아난다고 하더라도 용서하지 않겠다."라고 선언한 뒤 47개소의 서원만 남기고 나머지 1,000여 개의 서원을 모두 철폐했습니다. 흥선 대원군은 여기에 그치지 않고 만동묘도 폐지했어요. 명이 임진왜란 때 도와준 의리를 지킨다고 존재하지도 않는 나라의 왕을 우리가 모시고 있었던 거지요. 조선에서는 사대주의가 이처럼 뿌리 깊었습니다.

이후 흥선 대원군은 민란에 대한 대책을 세웠어요. 흥선 대원군은 민란의 원인을 삼정의 문란으로 보고 이것을 바로잡아 농민의 불만을 수습하려고 했지요. 물론 왕권을 위협하는 행위에는 단호하게 대처했어요. 한 예로 동학을 세상을 어지럽히는 종교로 보고 동학의 창시자인 최제우를 1864년(고종 1년)에 처형한 일을 들 수 있습니다.

또한 흥선 대원군은 삼정을 바로잡기 위해 전정의 경우에는 1864년 토지 조사 사업인 양전 사업을 실시해 양안에 올리지 않은 많은 은결을 찾아내고, 부당한 세 징수를 고쳐 나갔어요. 군정에서는 1871년에 호(戶)를 단위로 면포를 징수하는 호포법을 실시해 양반에게도 호포세를 부과했지요.

많은 양반들이 반발했지만 당시 양반이 사회 구성원의 60%를 차지하고 있었기 때문에 그대로 추진할 수밖에 없었어요. 조선 초기에는 양반이 전체 구성원의 2~3%에 불과해 세금을 면제해 주어도 큰 문제가 없었습니다. 하지만 이 시기에는 양반에게 세금을 전가하지 않으면 국가 재정 수입이 줄어들고, 모자라는 세금이 소수에게 전가되어 부담이 커질 수밖에 없었어요.

흥선 대원군은 환정의 폐단을 막기 위해 일종의 빈민 구호 제도인 사창 제도를 도입했습니다. 이(里)를 단위로 설치한 사창은 경제적 여유가 있는 사람에게 운영하게 했으므로 탐관오리의 부정이 줄어들었어요. 그리고 향촌 사회를 안정시키기 위해 토호의 무단을 막고, 토색과 주구를 일삼는 탐관오리를 처벌했지요. 아울러 궁방전(宮房田)에도 세금을 물리면서 무명잡세나 진상 제도를 폐지하고 은 광산의 개발을 허용하는 등 경제 개혁과 재정 개혁을 단행했어요.

홍선 대원군의 핵심 사업은 강력한 왕권을 확립하는 일이었습니다. 1865년에는 『대전회통』, 1867년에는 『육전조례』 등을 간행해 법전과 운영 규칙을 마련했어요. 『대전회통』은 성종 때 만든 『경국대전』과 영조 때 만든 『속대전』을 서로 통하게 하나로 연결해 만든 조선 법전의 완성본입니다. 『육전조례』는 6조(이·호·예·병·형·공)가 해야 할 일을 법전으로 만든 거예요.

또 홍선 대원군은 왕실의 권위를 과시하기 위해 경복궁을 중건했어요. 하지만 비용이 만만치 않아 전국에서 거목과 거석을 징발하고, 재원을 마련하기 위해 원납전을 징수했지요. 그러나 이것으로도 부족해 1866년 상평통보의 100배의 가치에 해당하는 당백전을 주조하게 됩니다. 그런데 당백전의 실질 가치는 상평통보의 5~6배밖에 되지 않았어요. 결국 물가가 상승하는 등 경제에 온갖 부작용이 생기면서 백성들의 원성이 높아졌지요.

당백전(화폐박물관)
1866년(고종 3년)에 홍선 대원군이 부족한 국가 재원을 채우기 위해 주조한 동전이다. 당시 왕권을 강화하려는 목적으로 시작한 경복궁 중수에는 천문학적인 경비가 소요됐는데, 이를 해결하기 위해 당백전을 주조했다. 액면 가치가 보통 상평통보 하나의 100배여서 당백전이라는 이름이 붙었다. 당시 화폐 가치가 무려 20% 이상 떨어지는 등 부작용이 심해지자 이듬해 주조를 중단했다.

김대건 신부(1821~1846년)
한국 천주교 최초의 신부이자
순교자다. 1846년 선교사의
입국을 위한 비밀 항로를 열기
위해 백령도 부근을 답사하다가
체포되었고, 혹독한 고문 끝에
26세에 순교했다.

절두산 순교기념관
1866년 서울시 마포구에 있는
한강 변의 언덕인 절두산에서
천주교도들이 처형되었다.
절두산 순교기념관은 1966년
병인순교 100주년을 기념해
건립되었다. 1984년 교황
바오로 2세가 한국 천주교
200주년을 기념해 방문했을 때
공항에서 바로 절두산 순교
성지로 와서 참배했다.

"화친은 나라를 파는 행위다"
– 병인양요와 신미양요

흥선 대원군은 내정 개혁에만 전념할 수 있는 형편이 아니었어요. 외세가 호시탐탐 침략의 기회를 엿보고 있었으므로 이에 대한 대비도 필요했지요.

1860년 청의 북경이 서양 세력에 의해 함락되고 두만강을 사이에 두고 러시아와 국경을 맞대게 되자 조선에서는 서양 세력과 러시아에 대한 경계심이 높아졌습니다. 흥선 대원군은 러시아의 침투를 막기 위해 프랑스 선교사들을 이용해 프랑스와의 관계 개선을 시도했어요. 하지만 선교사들이 이에 소극적으로 나서자 흥선 대원군은 실망할 수밖에 없었지요. 때마침 국내에서 천주교를 반대하는 기운이 높아지자, 흥선 대원군은 1866년 9명의 프랑스 선교사와 수많은 천주교도를 체포해 처형했는데, 이를 병인박해라고 합니다.

이 사건은 조선을 엿보고 있던 프랑스에게 좋은 침략의 빌미가 되었습니다. 기독교는 제국주의가 다른 나라를 침략할 때 상품, 대포 등과 함께 사용하는 세 가지 무기 중 하나예요. 선교라는 명목으로 선교사를 파견하고 이에 대한 탄압을 구실 삼아 무력으로 침공하는 수법이었지요. 병인박해를 계기로 프랑스는 1866년 9월 강화도에 군대를 보내 강화산성을 점령했어요. 이 사건이 바로 병인양요입니다.

프랑스는 자국의 신부를 살해한 일에 대한 배상금 지급과 책임자 처벌, 통상 조약의 체결 등을 요구했지만 조선 조정은 이를 침략으로 받아들이고 대응했습니다. 120여 명의 프랑스군이 문수 산성을 정찰하다가 매복 중이던 한성근 등 조선군의 공격을

척화비(국립중앙박물관)
흥선 대원군이 1871년(고종 8년)에 쇄국 정책에 대한 의지를 나라 안팎으로 알리기 위해 전국 주요 도시에 세운 비다. 비석 표면에 '洋夷侵犯 非戰則和 主和賣國(서양 오랑캐가 침입하는데 싸우지 않으면 화친하자는 것이니, 화친을 주장함은 나라를 파는 것이다)'라는 글자가 새겨져 있다.

받고 27명의 사상자를 내고 물러났어요. 강화부를 점령한 160여 명의 프랑스군은 정족산성의 공략을 시도했으나 매복 중이던 양헌수 휘하 조선군 포수 500여 명의 공격을 받아 6명이 사망하고 30여 명이 부상을 입었습니다. 그러자 프랑스군의 사기는 크게 저하되었지요. 로즈 제독은 상황이 불리함을 깨닫고 강화성내의 관아에 불을 지르고 외규장각 의궤, 은괴, 무기, 보물 등을 약탈한 뒤 청으로 철군했어요.

병인양요 후 독일인 오페르트와 서양인들이 흥선 대원군의 아버지인 남연군의 무덤을 도굴하려다 실패하고 달아나는 사건이 발생했습니다. 이로 인해 조선에서는 서양인들을 배척하는 분위기가 더욱 팽배해졌어요.

병인양요에 앞서 1866년 미국의 상선 제너럴 셔먼호가 대동강을 거슬러 올라와 평양까지 다가왔습니다. 이 배에 탄 서양 사람들이 통상을 요구하자, 관리들은 외국과의 통상을 나라에서 금지하고 있다며 물러갈 것을 요구했어요. 하지만 서양 사람들은 배에서 내려 민가를 약탈하고 관리를 잡아 가두는 등 행패를 부렸지요. 이에 분노한 평양의 관민은 제너럴 셔먼호를 불살라 버렸어요.

미국은 이 일을 구실로 통상을 요구하면서 불평등 조약의 체결을 강요했습니다. 조선이 응하지 않자 미국은 1871년 4월 강화도를 침략했는데, 이 사건이 바로 신미양요예요.

미군 상륙 부대 해병대원 644명이 포함 2척을 앞세우고 강화도 초지진에 상륙했고, 이어서 덕진진을 점령했습니다. 어재연 장군 이하 600여 명의 조선군이 지키고 있던 광성보 전투에서 조선군은 수와 무기에서 우세한 미군에 맞서 치열하게 싸웠어요. 하지만 어재연 장군을 포함한 243여 명이 전사하고 100여 명이 바다에 빠져 죽었지요. 미군 측의 전사자는 3명, 부상자는 10명이었다고 합니다. 하지만 군인 정신에서는 조선군이 미군에 뒤지지 않았어요. 조선군은 미군에게 돌을 던지고 창칼로 대적하다가 무기를 놓치면 흙을 던져 눈에 뿌렸고, 부상병은 포로가 되기 싫어 스스로 목숨을 끊기도 했지요.

조선 정부도 통상 교섭 자체를 거부하는 자세를 유지했어요. 조선군의 결사 항전과 정부의 통상 거부로 더 이상 오래 머물 수 없었던 미군은 결국 청으로 철수하지요. 서양의 침략을 물리친 조선 정부는 서양과의 통상 수교를 반대하는 정책을 백성들에게 널리 알리기 위해 전국 각지에 척화비를 세웠습니다. 조선의 통상 수교 거부 정책으로 인해 서양의 새로운 문물을 받아들이는 시기가 늦어진 점도 있지만, 이 정책은 외세의 침략을 막으려 한 자주적 성격을 지니고 있어요.

흥선 대원군의 아버지인 남연군 이구의 무덤이다. 원래 경기도 연천에 있던 묘를 충청남도 예산군으로 이장했다. 1868년 독일 상인 오페르트가 남연군의 묘를 도굴하려다 실패했다.

병인양요

1866년(고종 3년)에 프랑스 함대가 흥선 대원군의 병인박해를 구실로 강화도에 침범한 제국주의적인
전쟁이다. 프랑스가 병인양요를 일으킨 진짜 이유는 천주교의 탄압을 구실로 삼아 조선의 문호를
개방해 통상 조약을 맺게 하려는 것이었다. 이 사건으로 인해 조선의 쇄국 정책은 한층 강화되었다.

프랑스 해군을 지휘한
로즈 제독

1865년에 일본 나가사키항 주변에 머물고 있는
프랑스 함대

문수 산성(사적 제139호, 경기도 김포시)
갑곶진과 함께 강화도 입구를 방어하던 성이다. 병인양요 때 120여 명의 프랑스군이 문수 산성
을 정찰하다가 매복 중이던 한성근 휘하 조선군의 공격을 받고 27명의 사상자를 내고 물러갔다.

「외규장각도」

외규장각과 고려궁지(사적 제133호, 인천시 강화군)
강화 고려궁지에는 외규장각과 강화 유수부가 있었다. 1782년에 지어진 외규장각은 1866년 병인양요가
일어나면서 소실되었고, 이곳에 보관되어 있던 의궤는 프랑스군이 약탈해 갔다.

강화도의 프랑스 군인들
1866년 프랑스 해군 장교였던 앙리 쥐베르가
그린 그림이다. 병인양요 때 강화도를 점령한
프랑스군이 외규장각 주변을 행진하고 있다.

양헌수 승전비(인천시 강화군)

양헌수 장군(1816~1888년,
강화역사박물관)

140

정족산성 전투 디오라마(강화역사박물관)
병인양요 때 정족산성(삼랑성)에서 진지를 구축하고 있던 양헌수 장군과 조선군이 프랑스군을
맞아 벌인 전투 장면이다. 이 전투를 계기로 프랑스군은 패퇴하게 된다.

신미양요

1871년(고종 8년) 6월 10일에 미국 함대가 조선과의 통상 조약을 체결할 목적으로 강화도를 침략한 사건이다. 이 전투에서 조선군이 패하고도 교섭에 응하지 않자 병력 부족으로 대규모의 침략 전쟁을 감행할 수 없었던 미국 함대는 통상 조약 체결을 이루지 못한 채 돌아갔다. 조선은 이를 계기로 쇄국 정책을 더욱 고수하게 되었다.

강화 초지진 조선군은 초지진에서 우수한 근대식 무기로 무장한 프랑스 · 미국 · 일본의 함대와 맞서 싸웠다.

강화 초지진(사적 제225호)
1866년 병인양요 때 천주교 탄압을 구실로 침입한 프랑스의 극동 함대와 1871년 신미양요 때 무역을 강요하며 침입한 미국 아시아 함대, 그리고 1875년 개항을 강요하며 침공한 일본 군함 운요호를 맞아 조선군이 치열하게 전투를 벌인 곳이다.

로저스 제독의 작전 회의

콜로라도 호에서 로저스 제독이 강화도 점령을 위한 작전 회의를 주재하고 있다. 로저스는 남북 전쟁 당시 북군 해군으로 활약했던 군인이다.

미군의 초지진 상륙 작전 기록화

1871년 대포와 총으로 무장한 미군들이 초지진 상륙 작전을 감행하는 장면을 그린 기록화다.

초지진을 점령한 미군

1871년 신미양요 때 미군들이 강화도 초지진을 점령하고 포대지에서 휴식을 취하고 있다.

파괴된 초지진

미군의 포격과 총격으로 초지진 포대지가 쑥대밭이 되었다.

강화도 덕진진을 점령하고 돈대(墩臺) 위에 늘어서 있는 미군들

1871년 신미양요 때 조선군이 미국 함대와 치열한 포격전을 벌인 곳이다. 덕진진은 초지진에 상륙한 미국 군대에 의해 점령당했다. 덕진진에 소속된 남장포대에는 건립 당시 약 15문의 대포가 설치되어 있었다. 1866년 병인양요 때에는 양헌수의 군대가 덕진진을 거쳐 정족산성으로 들어가 프랑스 군대를 무찔렀다.

어재연 장군(1823~1871년)
조선 후기의 무신이다. 병인양요와
신미양요 때 광성진을 수비했다. 신미양요
때 사력을 다해 싸웠으나 우세한 무기를
가진 미군에게 패하고 미 해병의 총검에
찔려 전사했다.

강화 광성보(사적 제227호)

조선 시대에 덕진진, 초지진, 문수 산성 등과 더불어 강화 해협을 지키던 중요한 요새다. 효종 9년(1658년)에 처음으로 설치되었다. 신미양요 때에는 가장 치열한 격전지였는데, 이 전투에서 조선군은 열세한 무기로 싸우다가 몇 명을 제외하고 대부분이 순국했다.

광성보의 손돌목 돈대

외적의 침입을 관찰하고 대비할 목적으로 접경 지역이나 해안
지역에 쌓은 작은 방어 시설물을 돈대라고 한다. 다른 돈대는
사각 모양이지만 광성보의 손돌목 돈대는 원 모양으로 만들어
졌다. 병인양요와 신미양요 때 이곳에서 외국 함대들과 치열한
전투가 벌어졌다. 특히 신미양요 때 미군 측에서는 해군 중위
1명과 2명의 수군이 전사했지만 조선군 측에서는 어재연 장군
을 비롯한 수비군 53명이 전사했다.

신미양요 때 광성보 손돌목 돈대에서 전사한 조선군

(위) 콜로라도호

1871년 남양 앞바다에 모습을 드러낸 아시아
함대 사령관 로저스 제독의 기함이다.

(왼쪽) 조선의 협상 대표

미국과 통상 문제를 협의하기 위해 콜로라도
호에 승선한 조선의 관리들이다. 미군 측은
파견된 관리의 품계가 낮다는 이유로 협상을
거부했다.

(위) 광성보 전투의 전리품

미군들이 광성보 전투에서 노획한 어재연
장군의 수자기(帥字旗)를 군함 위에 걸어 놓고
부동자세를 취하고 있다.

(오른쪽) 어재연 장군의 수자기

1871년 신미양요 때 미군 함대와 맞서 싸우
다 전사한 어재연 장군의 수자기다. 이 수자
기는 당시 미군이 전리품으로 가져가 미국
해군사관학교 박물관에 보관되어 있었으나
2년간의 임대로 10년까지 연장할 수 있다는
조건을 달고 빌려 왔다.

6-4 흥선 대원군의 세도 정치 타파와 쇄국 정책

1 흥선 대원군이 집권할 무렵의 정세

- **세도 정치의 등장** 정조가 죽은 뒤 어린 순종이 즉위하면서 정치 세력 간의 균형 붕괴→안동 김씨(순조), 풍양 조씨(헌종), 안동 김씨(철종)로 권력이 이어짐
- **권력 구조의 변화** 권력 집중, 세도 가문이 주요 관직과 군영 장악→의정부와 6조의 유명무실화, 왕권 약화 초래
- **삼정의 문란** 전정은 각종 부가세로 법에 정해진 것보다 많은 액수를 부과. 군정은 군포 부담 증가로 농민이 노비가 되거나 양반으로 신분 상승을 꾀해 군역 회피, 남아 있는 농민의 부담 증대. 환곡은 춘궁기에 빌려 주고 추수 때 갚게 한 제도, 환곡을 강제로 배당하고 대여하지 않은 농민에게도 이자 납부 강요
- **홍경래의 난(1811년)** 세도 정치의 폐단과 서북 지역(평안도)에 대한 차별→몰락한 양반 가문 출신인 홍경래가 주도→평안도 가산에서 봉기→청천강 이북 지역을 장악→5개월 만에 관군에 의해 진압됨
- **임술 농민 항쟁(1862년)** 삼정의 문란 등 지배층의 탐학→진주 민란(경상우병사 백낙신의 탐학이 원인)을 시작으로 전국으로 확산

2 천주교와 동학의 성립

- **천주교의 전파** 17세기에 청에 다녀온 사신을 통해 서학으로 소개됨→정조 때 이승훈이 북경에서 세례를 받고 돌아온 후 명동의 김범우 집에 조선 교회 창설, 훗날 명동 성당이 됨
- **천주교 탄압** 18세기 후반에 남인 계열의 학자(정약전, 정약종 등 정약용의 형제들과 권일신)들을 중심으로 신앙으로 수용됨→제사를 거부하자 정부는 사교로 규정→신유박해(1801년, 순조 때 제사 거부 등 성리학적 질서를 부정한 이유로 이승훈 등 천주교 신자 300여 명을 처형)→황서영 백서 사건(청의 북경 주교에게 조선에 군대를 보내 도와 달라는 내용의 청원서를 보내려다 발각됨)으로 탄압 강화
- **동학의 성립** 최제우가 민간 신앙과 유교, 불교, 도교를 융합한 동학을 창시(1860년)→혹세무민을 이유로 최제우 처형→최시형은『동경대전』과『용담유사』를 펴내고 교단 조직 정비

3 흥선 대원군의 정책

- **정치 개혁** 안동 김씨 세력을 몰아내고 능력 위주로 인재 등용, 비변사를 축소·폐지하고 의정부와 삼군부 부활,『대전회통』·『육전조례』를 편찬해 통치 규범 재정비, 청과 일본의 문호 개방 후 수시로 출몰하는 이양선에 대비해 수군을 강화하고 훈련도감의 군사력 증강
- **수취 체제 개혁** 삼정의 문란을 시정하기 위해 일부 지역에 양전 사업 실시, 양반에게도 군포를 징수하

는 호포법 실시, 환곡제를 폐지하고 사창 제도 실시
· **경복궁 중건(1872년)** 원납전(일종의 기부금으로 고을 단위로 할당량 부과) 징수와 당백전(상평통보의 100배의 가치를 지님) 발행으로 화폐 가치가 하락하고 물가가 폭등, 도성 문을 출입하는 사람에게 통행세 징수, 백성의 노동력 강제 징발 등으로 원성이 고조됨
· **서원 철폐** 면세와 면역의 특권을 누리던 서원을 47개소만 남기고 철폐 → 양반 유생의 반발 → 흥선 대원군 퇴진의 원인이 됨

4 쇄국 정책과 양요

· **병인박해(1866년)** 흥선 대원군은 초기에 천주교에 관용적, 프랑스 선교사를 이용해 러시아 견제를 도모하나 실패 → 청에서의 천주교 탄압 소식 전파 → 유생들의 탄압 요구 고조 → 프랑스 신부 9명과 8,000여 명의 천주교 신자 처형
· **제너럴 셔먼호 사건(1866년)** 대동강으로 들어가 평양 부근에서 통상 요구 → 조선의 퇴거 요구에 불응, 약탈과 인명 살상 → 평양 관민들의 공격 → 제너럴 셔먼호 소실
· **병인양요(1866년)** 병인박해를 이유로 강화산성 점령 → 한성근(문수 산성), 양헌수(정족산성)가 프랑스군 격퇴 → 프랑스군 철수, 외규장각 도서 약탈
· **오페르트 도굴 사건(1868년)** 독일 상인 오페르트의 통상 요구를 조선 정부가 거절 → 미국 자본가와 프랑스 선교사의 지원을 받아 덕산군 관아 습격, 남연군 묘 도굴 시도 → 지역 주민들의 저항으로 실패 → 서양인에 대한 조선인의 반감 확대
· **신미양요(1871년)** 제너럴 셔먼호 사건을 구실로 배상금과 통상 요구 → 로저스가 강화도 공격 → 초지진, 덕진진, 광성보 함락 → 어재연 항전(광성보 전투)
· **척화비 건립** 서양의 침입에 대한 투쟁 의지와 민심의 결속 강화, 이항로와 기정진 등 위정척사 세력으로부터 큰 지지를 받음 → 세계정세의 변화를 인식하지 못해 근대화 지연

흥선 대원군의 쇄국 정책이 근대화를 가로막았을까요?

흥선 대원군이 서양과의 수교를 단호히 거부해 우리나라의 근대화가 늦어졌다고 평가하는 사람이 많습니다. 일본은 미국과의 수교로 빠르게 근대화를 달성했다는 것이지요. 지금은 외국과의 수교를 당연한 것으로 생각하지만 외세의 침략에 대비해야 했던 당시에는 무턱대고 문을 열어 줄 수는 없었을 거예요. 그렇다면 당시에는 서양 세력에 어떻게 대응했어야 할까요?

문호의 개방은 자국의 이익에 기초해 판단해야 합니다. 이런 점에서 보면 흥선 대원군의 쇄국 정책은 불가피했던 측면이 있었다고 볼 수도 있어요. 척화비에는 '서양 오랑캐가 침입하는데 싸우지 않으면 화친하자는 것이니, 화친을 주장함은 나라를 파는 것이다'라고 쓰여 있습니다. 이것을 무조건 틀렸다고만 할 수 있을까요? 아마 당시에 문호를 개방했다면 불평등 조약이 이루어졌을 것이고, 또 다른 침략의 아픔을 겪게 되었을지도 모르는 일이지요.

그렇다면 계속 문호를 개방하지 말아야 했을까요? 어느 한쪽으로 결정을 내리기 어려운 문제이지만 적정 수준을 정해서 풀어나가야 합니다. 문호의 개방은 자국의 이익에 유리한가, 불리한가에 따라 결정되어야 하기 때문이에요. 그런데 이런 결정을 내리려면 외세의 움직임을 정확하게 연구하고 간파해야 합니다. 하지만 당시에는 서양을 오랑캐라고 생각하고 그들의 침입을 막는 데만 급급했어요. 그러다 보니 자국의 이익에 맞게 탄력적으로 대응하지 못했을 뿐만 아니라 외세의 침략까지도 막아 내지 못했지요.

흥선 대원군은 호포법의 실시나 서원 철폐, 능력 있는 중인 인사의 기용 등을 추진했습니다. 이것은 엄밀히 말해서 신분제 해체에 근거해 실시한 것은 아니었어요. 흥선 대원군의 주된 목적은 왕실의 유지와 왕권의 강화였으니까요.

결국 흥선 대원군은 왕권 강화를 위해 당쟁의 근원이자 면세와 탈세로 재정적 기반을 약화시켰던 서원을 정리했습니다. 또 양반에게도 군포를 징수했고, 자신의 권력 기반을 다지기 위해 인재를 등용했어요. 이런 측면은 신분제를 해체해야 하

흥선 대원군은 서양의 새로운 사상을 배격해
나라 멸망의 비운을 초래했어요.

는 시대적 추세를 일정하게 반영하고 있다는 점에서 긍정적 의미를 지니지요.

하지만 경복궁을 중건한 정책은 민심을 이탈시킨 요인이 되었습니다. 흥선 대원군은 경복궁의 중건 같은 데에만 관심을 가졌을 뿐 백성의 삶을 안착시키는 것에 역점을 두지 못했어요. 이에 따라 『정감록』 같은 예언서나 미륵 신앙 등이 유행하게 되었고, 왕조를 부정하는 광양 민란이나 이필제의 난이 일어나게 되었지요.

또 흥선 대원군은 시대의 흐름을 어느 정도 반영하고 있는 새로운 사상에 대해서도 그것이 사회의 개혁에 도움이 되는지 고민하지 않고 단지 왕조나 신분제를 부정한다고 보고 무조건 배격했습니다. 그 결과 선진 사상의 연구는 물론이고 서유럽 열강에 대한 이해도 부족하게 되었어요. 그래서 열강의 침략을 맞아 나라가 멸망하는 비운을 초래한 것이지요.

5 근대화의 첫 단추를 잘못 끼우다 |
강화도 조약과 조선의 개방

아편 전쟁을 겪고 난징 조약과 베이징 조약을 체결한 중국은 양무운동을 일으켰고, 미국과 미일수호통상조약을 체결한 일본은 메이지 유신을 일으켰어요. 중국은 서양의 기술은 받아들이되 자국의 전통을 지키자는 입장을 고수해 실패한 것으로 평가되고, 일본은 자국의 전통까지 통째로 바꾸자는 입장을 견지해 성공한 것으로 평가됩니다. 서양에 문호를 개방했다는 점에서는 크게 다르지 않았지요. 강압에 못 이겨 일본과 강화도 조약을 체결한 조선은 일본에 수신사를 파견하고 청에는 영선사를 파견하는 등 개화 정책을 추진해 나갔어요. 하지만 일본의 침략적 속성을 파악하고 대처 방안을 마련하는 데는 소홀했지요.

- **1876년** 강화도 조약을 체결하다. 일본은 강화도에 불법 침입한 운요호 사건(1875년)을 구실로 문호 개방을 강요하다.
- **1876년** 조선은 문호 개방 후 일본에 수신사를 파견하다.
- **1881년** 박정양, 어윤중, 홍영식 등 조사 시찰단을 일본에 파견하고, 김윤식과 학생, 기술자 등 영선사를 청에 파견하다.
- **1882년** 서양과 체결한 최초의 수교이자 불평등 조약인 조미수호통상조약을 체결하다.

민씨 일파, 세도 정치를 되살리다

조선 말기의 최대 과제는 신분제 사회를 혁파하고 근대 사회를 이룩하는 것이었어요. 이양선이 출몰하는 등 열강의 침략이 본격화되는 상황에서 주권을 지키면서 자주적인 발전을 이루기 위해서라도 더 이상 미룰 수 없는 과제였지요. 하지만 안타깝게도 첫 단추부터 잘못 끼우는 상황이 발생했어요. 1876년 일본과 체결한 강화도 조약이 불평등 조약으로서 열강의 침략을 정당화하는 수단으로 악용된 것이지요. 이렇듯 외국과 처음 체결한 조약이 왜곡되자 한반도는 열강의 각축장으로 전락하고 말았어요.

그렇다면 왜 이런 일이 벌어진 것일까요? 가장 큰 이유는 당시의 집권층이었던 민씨 일파가 백성을 중심으로 정책을 편 것이 아니라 오직 자신들의 이해관계에 따라 대응했기 때문이에요. 나라의 주권을 지키기 위해 노력하기보다는 자신들의 권력을 유지하기 위해 외세의 침탈을 허용한 것이지요.

그렇다면 강화도 조약을 체결할 수밖에 없었던 시대적인 배경은 어떠했을까요? 어린 고종이 1863년에 즉위하자 흥선 대원군은 세도 정치로 문란해진 사회를 바로잡기 위해 대대적인 개혁을 단행했어요. 이 개혁의 목적은 왕권 강화를 통한 왕실의 유지였고, 결국 실패로 끝나고 말았지요. 개혁의 실패는 내정에만 그치지 않고 외세에 대한 대응에도 여러 문제점을 드러내게 되었어요.

흥선 대원군은 병인양요와 신미양요 등을 포함한 열강의 침탈에 단호하게 맞섰습니다. 서양 열강은 이미 1840년 청과 아편 전쟁을 일으켜 난징(南京)을 점령한 뒤 1842년

흥선 대원군(1820~1898년)
1863년 고종이 열두 살에 즉위하자 흥선 대원군이 집권해 대대적인 개혁을 단행했다. 하지만 왕실의 유지를 위한 왕권의 강화라는 한계에서 벗어날 수는 없었다.

에 불평등 조약인 난징 조약을 체결했지요. 1853년에는 미국이 일본을 침략해 1858년 불평등 조약인 미일수호통상조약을 맺었어요. 이렇듯 서양 열강이 아시아를 식민지 무대로 만들고자 본격적으로 나서고 있던 상황이었지요. 이에 청은 1861년에 양무운동을 추진했고, 일본은 1868년에 메이지 유신을 단행한 것입니다.

메이지 유신(1868~1889년)
일본 메이지 천황이 교토에서 도쿄로 이동하고 있다. 19세기 후반 일본 메이지 천황 때 에도 막부가 무너지고 중앙 집권 통일 국가가 형성되었다. 메이지 유신을 계기로 자본주의 형성의 토대를 마련한 일본은 제국주의의 후발 주자로 발돋움하게 되었다.

하지만 흥선 대원군은 대외 정책의 기조를 왕조의 유지에서 찾았기 때문에 외국과의 수교가 도움이 되지 않는다고 생각했어요. 그래서 서양 세력을 오랑캐라 부르며 통상을 거부했지요. 이는 실질적인 대책을 세우는 데 도움이 되지 못했어요. 결국 흥선 대원군의 대내외 정책은 시대의 흐름을 제대로 반영하지 못한 관계로 백성들의 지지를 받을 수 없었습니다. 게다가 호포법의 실시와 서원 철폐로 지배층인 유생들까지도 불만을 품게 되었지요.

명성 황후가 왕비에 오른 1866년부터 권력 기반을 다져 온 민씨 일파는 이런 상황을 이용해 흥선 대원군을 공격하기 시작했습니다. 민씨 일파의 보호 속에서 최익현은 흥선 대원군의 실정을 비판한 상소를 올렸지요. 이에 흥선 대원군은 변변히 대항하지도 못하고 고종이 친정을 한다는 명목 아래 1873년 11월 권좌에서 물러나게 되었어요.

흥선 대원군을 몰아내고 권력을 장악한 민씨 일파는 자신들의 이익을 챙기기에 급급했습니다. 흥선 대원군은 왕조 유지를 위해 개혁 정책을 실시했지만 민씨 일파는 자신들의 권력 장악과 유지에 도움이 되는 정책을 추진해 나갔지요.

민씨 일파는 유생의 지지를 얻기 위해 1874년 2월 이미 철폐되었던 만동묘를 복구하고 서원을 되살려 놓았습니다. 그러자 서원을 거점으로 한 유생들과 토호들의 전횡이 다시 시작되었어요. 민씨 일파에 의해 세도 정치가 되살아나는 상황으로 전개된 것이지요.

물론 민씨 일파도 개국 정책을 추진했습니다. 이것은 흥선 대원군의 대외 정책보다 진일보한 것처럼 보였지만 사실은 그렇지 않았어요. 이들의 개국 정책은 국가의 발전보다는 자신들의 권력 유지에 뜻이 있었기 때문이에요.

일본은 메이지 유신 이후 동방에서 유일하게 자본주의 국가로 발전하고 있었습니다. 하지만 부족한 개혁 준비, 국내 원료와 자원의 빈약, 협소한 국내 시장 등의 내부적 조건이 서양 열강의 식민지 쟁탈전이 본격화되는 외부적 상황과 맞물려 군사적이고 침략적인 속성을 가지게 되었어요. 그래서 1872년에는 오키나와 제도를 정복했고, 1874년에는 대만을 침공하기 시작했습니다. 이 연장선상에서 조선을 직접적인 침략의 대상으로 삼았지요.

운요호 사건과 강화도 조약

일본은 흥선 대원군 집권 시기에 국교 개선이라는 명목으로 수차례 침략적 요구를 제기했으나 흥선 대원군이 완강한 쇄국 정책을 펴자 점차 정한론(征韓論, 조선을 정벌하자는 주장)을 펼치기 시작했어요. 하지만 1873년 10월 일본 내에서 정변이 일어나 급진파가 물러나고 점진파가 권력을 잡으면서 직접적인 조선 출정 계획은 철회되고 대신 변형된 형태의 정한론이 추진되었습니다. 이 계획에 따라 운요호 사건이 일어났지요.

일본은 조선을 침략할 명분을 찾기 위해 고의적으로 1875년 8월

운요호를 파견했어요. 그러고는 서남해안 일대를 마음대로 항해하면서 측량과 무력시위를 벌이다가 강화 해협을 침입했지요. 이때 강화 해협은 병인양요와 신미양요를 겪은 이래로 어떤 함대도 사전 허가 없이 통과할 수 없었어요. 그런데도 운요호는 아무런 예고도 없이 침입했을 뿐만 아니라 해로를 탐사한다는 명분을 앞세워 강화도 초지진 포대로 접근해 들어오려고 했지요. 당연히 초지진에서는 포격을 가했고, 일본은 이를 계기로 무력 침공을 개시했어요. 일본의 화력이 우세해 조선군의 피해가 막심했지요. 일본은 이때 초지진만 포격한 것이 아니라 방위력이 좀 더 약한 영종진도 포격한 뒤 상륙해 살인과 약탈, 방화, 파괴 등을 저지르고 달아났어요.

일본은 적반하장 격으로 포격 공격을 받았다면서 1876년 1월 강화도 일대를 침입해 무력 시위를 벌였습니다. 그리고 회담에 응하지 않으면 곧바로 경성으로 침략하겠다고 협박하면서 굴욕적인 조약 체결을 강요했지요.

이때 행해진 일본의 무력 시위는 미국의 경우와 조금도 다르지 않았습니다. 주일 미국 공사 빙엄은 몰래 일본 사절단에게 『페리의 일본 원정 소사』라는 책을 건네주었어요. 이 책에는 자신들이 일본을 침략할 때 썼던 수법이 상세하게 기록되어 있었지요. 흥선 대원군의 강력한 대응으로 수교에 실패했던 미국은 일본을 등에 업고 조선과의 수교를 성사시키기 위해 일본의 조선 침략을 부추겼던 것입니다. 청도 조선 정부가 일본의 요구를 수락하도록 권유했어요. 일본을 끌어들여 서양 세력과 러시아를 견제하려는 의도가 있었기 때문이지요.

일본의 요구에 대해 조선 정부에서는 대체로 신중론이 우세했지만 박지원의 손자인 박규수와 같이 개항의 불가피성을 주장하는 사람도 있었습니다. 민씨 일파는 일본의 억지 협박에 너무 쉽게 굴복해 버렸어요. 1876년 2월 일본이 내놓은 초안을 거의 그대로 승인하는 강화도 조약(조일수호조규)을 체결한 것이지요. 그해 8월에는 조일수호조규부록과 조일무역규칙에 합의했어요.

강화도 조약 체결 당시의 강화성

이런 점에서 보면 흥선 대원군의 쇄국 정책은 열강의 침탈에 철저하게 대비하지 못한 측면이 있지만 외세를 막으려고 했다는 점에서는 의의가 있습니다. 하지만 민씨 일파의 개국 정책은 외세의 부당한 침탈을 막으려는 노력조차 하지 않았다는 섬에서 더 큰 문제를 안고 있었어요.

민씨 일파의 이런 정책은 흥선 대원군 때부터 철저히 대비하지 못해서 일어난 것이기도 합니다. 또 문호를 개방하지 않을 수 없었던 상황도 작용했지요. 하지만 문호를 개방하더라도 자국 스스로 여는 것과 강압에 의해 여는 것은 큰 차이가 있어요. 스스로 문호를 개방하는 것은 자국의 이익을 실현하기 위한 것이지만, 강압에 의해 문호가 개방되는 것은 침략의 길을 열어 주는 것이니까요.

일본은 운요호 사건을 일으키기 전부터 남해와 동해 일대에 걸쳐 무력 시위를 일삼았습니다. 이에 대해 조선에서는 적극적인 방위책을 세울 것을 주장하는 상소가 빗발쳤어요. 그런데도 단지 항의라는 차원에 머물러 있었기 때문에 결국 운요호 사건을 불러일으킨 것이지요.

민씨 일파는 일본의 강압적인 조약 체결 요구에 적극적으로 맞서지 않았습니다. 일본과 싸울 것을 요구하는 상소가 빗발쳤고, 심지어 일부 군인들과 백성들이 자발적으로 의병 부대와 결사대를 조직해도 민씨 일파는 이런 움직임을 외면했어요. 오히려 흥선 대원군에게 기회를 주지 않기 위해 서둘러 조약을 체결하기까지 했지요.

그 결과 강화도 조약은 일본이 조선을 침략할 수 있도록 길을 열어 준 불평등 조약이 되어 버렸어요. 강화도 조약의 내용을 살펴보면 이는 더욱 분명하게 드러납니다. 조약은 총 12개의 조항으로 되어 있는데, 조선이 자주 국가로서 일본과 평등한 권리를 가진다는 내용도 들

페리(1794~1858년)
미국의 해군 사령관이다. 일본에도 시대에 함대를 이끌고 와서 미일화친조약(1854년)을 맺었다. 이로써 일본은 문호를 개방하게 되었다.

박규수(1807~1876년)
조선 후기의 개화 사상가이자 연암 박지원의 손자다. 박영효, 김옥균 등의 개화사상에 큰 영향을 미쳤다. 특히 최익현 등이 주장한 척화에 맞서 일본과의 수교를 주장해 강화도 조약을 맺게 했다.

어 있어요. 이것만 보면 공평한 입장에서 조약이 체결된 듯한 인상을 줍니다. 하지만 다음 내용을 살펴보면 얼마나 주권을 침해한 내용으로 일관하고 있는지 확인할 수 있어요.

강화도 조약의 주요 내용

제1관 　조선은 자주의 나라이며, 일본국과 평등한 권리를 가진다.

　　　　(청의 종주권 배제)

제2관 　일본국 정부는 지금으로부터 15개월 후 조선국 서울에 수시로

　　　　사신을 파견한다.

제4관 　조선국은 부산 외에 두 곳(원산, 제물포)을 개항하고 일본인이 왕

　　　　래 통상함을 허가한다.

제7관 　조선국은 일본국의 항해가가 자유로이 해안을 측량하도록 허가

　　　　한다.

제10관 　일본국 인민이 조선국 지정의 각 항구에서 머무르는 동안 죄를

　　　　범한 것이 조선국 백성과 관계되는 사건일 때에는 모두 일본 관헌

　　　　이 심판한다. (치외 법권 규정)

조일수호조규부록

제4관 부산 항구에서 일본 국민들이 다닐 수 있는 거리는 부두로부터 계산해 동서남북 각 직경 10리로 정한다. (거류지 범위에 관한 규정)

제7관 일본 국민은 본국에서 통용되는 여러 화폐로 조선 국민이 보유하고 있는 물자와 교환할 수 있다.

조일무역규칙

제6칙 조선의 항구에 거주하는 일본인은 쌀과 잡곡을 수출할 수 있다.

제7칙 일본 정부에 소속된 선박들은 항세를 납부하지 않는다. (무관세 규정)

일본이 조선을 집어삼키기 위해서는 어떻게든지 청의 종주권을 배제시켜야만 했어요. 그래서 일본은 이미 1871년에 청과 청일수호조규를 체결해 청과 대등한 관계라는 사실을 분명히 명시해 두었습니다. 그리고 강화도 조약에도 조선이 자주 국가라고 밝혀 청이 개입할 수 있는 근거를 미리 없앤 것이지요.

그다음 강화도 조약과 부속 협정에 의해 부산뿐만 아니라 인천과 원산에 개항장을 설치해 침략의 발판을 마련하고자 했습니다. 원래 조선은 개항장 두 곳의 후보지로 함경도 북청과 전라도 진도를 지정했는데, 일본은 조선을 침략하기에 유리한 인천과 원산을 강요했어요. 그리고 조선 정부의 통제를 받지 않고 마음대로 장사할 수 있도록 하기 위해 개항장의 일본인들에게 치외 법권을 적용했습니다. 또한 수출입 상품에 대해서도 관세를 면제받고, 일본 화폐도 마음대로 사용할 수 있게 했어요.

게다가 침략 준비의 일환으로 조선의 해안을 자유롭게 드나들며 측량까지 할 수 있게 했습니다. 한마디로 강화도 조약은 문호 개방이 아니라 철저한 불평등 조약이었어요.

일본의 경제적 침투를 수월하게 하는 내용은 강화도 조약의 이행을 위해 후속 조치로 체결된 부속 조약들에도 규정되어 있습니다. 강화도 조약은 조일수호조규라고도 하는데, 조일수호조규의 부록에는 일본 외교관의 자유로운 여행, 일본 거류민의 거주지 설치, 일본 화폐의 유통 등을 허용하는 내용이 담겨 있어요. 별도로 체결된 조일무역규칙에는 일본의 수출과 수입 상품에 대한 비과세, 양곡의 무제한 유출이 규정되어 있었지요. 조선은 관세 정책을 사용할 수 없게 되었고, 가격이나 품질 면에서 조선의 상품을 압도하는 일본 상품의 무분별한 유입을 막을 방법이 없어 경제적으로 큰 피해를 입게 되었어요. 또 양곡이 무제한으로 유출됨에 따라 곡물 가격이 폭등해 농민과 도시 빈민도 큰 고통을 겪게 되었지요.

조일무역규칙의 독소 조항은 미국과의 수교를 계기로 부당함이 드러나 1883년에 새로 조일통상장정이 체결되었어요. 관세 부과가 인

개항 무렵의 제물포항 부산과 원산에 이어 1883년에는 제물포도 개항했다. 강화도 조약이 체결된 이후 일본은 부산, 인천, 원산 등의 개항장에 자국민을 위한 거류지를 설치했다.

개항 무렵의 원산 천혜의 항구인 원산은 완만한 구릉을 따라 시가지가 형성되어 있다.

정되었고, 방곡령을 통해 수출을 제한할 수도 있게 되었지요. 하지만 관세 부과는 조선의 수공업을 보호할 수 있는 정도로만 인정되었고, 방곡령도 일본 상인이 대처할 수 있도록 시행 1개월 전에 미리 일본 영사관에 통보해야 한다는 내용을 담고 있어 만족할 만한 것이 아니었어요.

이렇듯 문호가 강제로 개방되자 백성들의 생활은 더욱 어려워졌습니다. 세도가의 수탈에다 일본의 경제적 침탈까지 받게 되었기 때문이에요. 일본의 자본주의 상품이 조선으로 유입되면서 자급자족적인 상태에 머물러 있던 조선의 경제가 파산된 것이지요. 문호가 개방된 뒤 조선은 개화파와 수구파로 나뉘어 숱한 싸움을 벌이게 됩니다.

모양새만 갖춘 개화 정책

강화도 조약이 체결된 이후 조정 내에서는 우려의 목소리가 점점 높아졌습니다. 그러자 민씨 일파는 강화도 조약이 체결된 해에 김기수를 외교 사절인 수신사로 임명해 일본에 파견했어요. 김기수는 일본에서 접한 서양의 새로운 문명과 근대화된 일본의 모습에 크게 놀라 이를 조선 정부에 보고했습니다. 김기수는 일본을 돌아본 소감을 다음과 같이 말했어요.

"전국에 도시가 한둘이 아니었다. 내가 직접 본 도쿄와 요코하마, 고베 등은 민가와 점포들로 넘쳐났다. 이런 장관을 보고 나만 놀란 것이 아니었다. 청을 여러 번 갔다 온 이용숙 같은 이도 풍성함과 넉넉함이 청보다 훨씬 낫다고 칭송했다."

이로 인해 개화에 대한 관심이 점점 커졌고, 연장선상에서 1880년 5월 김홍집을 제2차 수신사로 일본에 파견했습니다. 김홍집은 일본의 눈부신 발전과 급변하는 세계정세의 동향을 인식하게 되었어요. 그리고 조선으로 돌아올 때 주일 청국 공사관의 참찬관인 황준헌이 지은 『조선책략(朝鮮策略)』을 가지고 왔지요. 『조선책략』에는 조선이 부강해지려면 서양의 제도와 기술을 배워야 하고, 러시아의 남침을 막기 위해 친중국(親中國), 결일본(結日本), 연미방(聯美邦)해야 한다는 내용이 담겨 있었어요.

조선 땅은 실로 아시아의 요충을 차지하고 있어 열강들이 서로 차지하려고 할 것이다. 그렇다면 오늘날 조선이 세워야 할 책략으로 러시아를 막는 것보다 더 급한 일이 없다. 러시아를 막는 책략이란 무엇인가? 중국과 친하고, 일본과 맺고, 미국과 이어짐으로써 자강을 도모할 뿐이다.

이후 조선의 개방 정책은 급물살을 타게 됩니다. 조선은 개화파 인물들을 기용하고 이들을 중심으로 개화 정책을 추진해 나갔어요. 이때 기용된 양반 출신의 개화파 인사들은 초기 개화 사상가였던 박규

요코하마에 도착한 1차 수신사 김기수 일행(왼쪽)과 김기수(오른쪽)

김기수는 1876년 일본에 20일간 머물면서 일본 문물을 관람하고 귀국했다. 강화도 조약 이후 조선에서 일본에 파견한 외교 사절인 수신사는 1876년부터 1882년까지 3차에 걸쳐서 파견되었다.

수의 지도를 받은 사람들이었지요.

　조선 정부는 청의 양무운동과 일본의 메이지 유신에 자극을 받아 본격적인 개화 정책을 추진했습니다. 1880년 12월 민씨 정권으로부터 개화의 주도권을 넘겨받은 김홍집은 청의 정책을 모방해 군사와 외교를 총괄하는 통리기무아문을 설치했어요. 통리기무아문은 개화를 전략적으로 추진하기 위해 별기군 창설, 조사 시찰단과 영선사의 파견 등 굵직한 일을 해내지요. 하지만 임오군란 때 흥선 대원군은 한 달간 2차 섭정을 하면서 통리기무아문을 폐지해 버립니다.

　1881년 4월에는 신식 군대인 별기군을 창설하고 일본인 장교를 초빙해 신식 군사 훈련을 시행했고, 그해 12월에는 군제 개혁의 일환으로 구식 군대인 5군영을 무위영과 장어영의 2영으로 개편했어요.

　조선은 일본의 행정 기관과 산업 시설을 두루 시찰하기 위해 1881년 4월 비밀리에 조사 시찰단(신사 유람단)을 파견했습니다. 박정양, 어윤중, 홍영식 등으로 구성된 시찰단 일행은 다양한 정부 기관 및 세관, 교육 시설 등 메이지 유신이 낳은 성과를 시찰하고 귀국했어요. 수행원으로 갔던 윤치호, 유길준 등은 일본에 남아 최초의 일본 유학생이 되었지요.

　1881년 9월에는 청의 신식 무기 제조법과 사용법을 배우기 위해 영선사 김윤식을 파견했어요. 영선사는 무기 제조법과 군사 훈련법을 동시에 배우기 위해 파견되었지만 실제로는 무기 제조에 한정되었지요. 영선사가 돌아온 뒤 무기를 제조하는 기기창이 설치되었어요.

2차 수신사 김홍집
(1842~1896년)
일본에서 황준헌의 『조선책략』을 가지고 돌아와 개화 정책을 폈다. 임오군란과 갑신정변이 일어났을 때 나라의 일을 살폈고, 청일 전쟁 후에는 갑오개혁을 단행했다. 을미사변 후에는 일본의 압력에 의해 개혁을 실시했으나 의병의 항거로 내각이 붕괴되었다.

청이 미국과의 수교를 알선하다

이런 상황에서 청은 일본을 견제하기 위해 미국을 이용했습니다. 강화도 조약에서 종주권을 부인당한 청은 러시아 침략 방지, 일본 견제, 종주권 승인 등을 위해 미국과의 수교를 알선했어요. 그래서 조선은 서양 열강 중 미국과 처음으로 1882년 조미수호통상조약을 체결하게 됩니다. 이 조약에는 양국 중 한 나라가 제3국의 압박을 받을 경우 서로 원조한다는 내용이 있었지만 치외 법권과 최혜국 대우의 규정도 포함되어 있었어요. 최혜국 대우는 조선이 다른 외국에 유리한 조치를 취할 경우 미국에게도 자동으로 그 권리를 인정하는 것을 말합니다.

　더 큰 문제는 이 조약에 조선이 중국의 속국이라는 문구를 삽입해 조선과 일본이 맺은 강화도 조약 가운데 '조선은 자주 국가'라는 조항을 무효화시키려고 한 사실이에요.

조미수호통상조약

제4조　미국 상인이 해안이나 상선에서 조선 상인을 때리거나 재산을 훼손하면 미국 영사관이나 미국에서 파견한 관원에게 넘겨 미국 법률에 따라 조사하고 체포해 처벌한다. (치외 법권 규정)

제5조　무역을 목적으로 조선에 오는 미국 상인과 상선은 모든 수출입 상품에 대해 관세를 지불해야 한다.

제14조　조약을 체결한 뒤에 통상 무역, 상호 교류 등에서 본 조약에 부여되지 않은 어떠한 권리나 특혜를 다른 나라에 허가할 때에는 자동적으로 미국의 관민, 상인, 공민에게도 똑같이 주어진다. (최혜국 대우 규정이 처음으로 등장)

1882년 조미수호통상조약의 체결로 1883년 주한 미국 공사 푸트가

조선에 부임했습니다. 이에 고종은 임오군란 이후 비대해진 청의 세

력을 견제한다는 뜻에서 정사에 민영익, 부사에 홍영식, 그 외에 수행

원을 대동시킨 사절단인 보빙사를 서양에 파견했어요. 보빙사는 태평

양을 건너 샌프란시스코에 도착해 미국 대륙을 횡단했습니다. 워싱턴

을 거쳐 뉴욕에서 미국 대통령 체스터 아서와 회동하고 국서를 전했

지요. 이때 민영익 일행이 전통 예법에 따라 절을 하자 미국인들은 당

황해하는 모습을 보였다고 합니다. 이후 이들은 보스턴 등지를 순회

하고 대서양을 건너 유럽 각지를 여행한 다음 귀국했어요.

　조선은 영국, 독일과 잇따라 조약을 체결하고, 1884년에는 러시아

보빙사 일행

조선 정부는 1882년 조미수호
통상조약을 맺은 뒤 1년 후인
1883년 미국의 외교 사절 파견
에 대한 답례로 민영익 일행을
보빙사로 파견했다. 앞줄 오른
쪽에서 두 번째가 서광범, 세
번째가 민영익이고, 뒷줄 왼쪽
에서 네 번째가 유길준이다.

와 직접 수교했어요. 이탈리아, 프랑스, 오스트리아와도 통상 관계를 맺었지요. 러시아와 프랑스는 다른 열강에 비해 수교가 늦어졌습니다. 러시아는 청의 반대를 무릅쓰고 수교해야 했고, 프랑스는 수교 조건으로 천주교 신교의 자유를 인정할 것을 요구했기 때문이에요. 이로써 조선은 중국 중심의 동아시아 질서에서 벗어나 국제법에 기반을 둔 세계 질서로 편입되었습니다.

조미수호통상조약을 근거로 민씨 일파가 불가피하게 문호를 개방해 어느 정도 근대화를 추진했다고 평가할 수도 있어요. 하지만 자신들의 권력 유지를 위해 문호 개방을 추진했던 만큼 민씨 일파의 개화 정책을 실질적인 근대화 과정으로 보기는 어렵습니다. 그저 형식적으로 모양새만 갖추었을 뿐이지요.

역사의 발전에 역행한 위정척사 운동

조정에서 급진적인 개화 정책을 추진하자 재야 유생들은 위정척사론을 펴며 맹렬히 비판하기 시작했습니다. 위정(衛正)은 정학인 성리학을 옹호하는 것이고, 척사(斥邪)는 성리학 이외에 사악하다고 판단되는 모든 종교와 사상을 배격하는 거예요. 이런 위정척사론은 성리학자들에게 신앙처럼 숭상되었지요.

초기의 위정척사 사상은 서유럽 종교인 천주교를 배격하는 것에 초점이 모아졌습니다. 이는 이항로와 기정진 등 주리론자들이 주도했는데, 이후 이항로의 문인인 유인석, 최익현에게 계승되었어요. 이들은 1860년대 서양의 통상 요구에 대항해 통상 반대 운동을 펼쳤고, 더 나아가 프랑스와 미국의 침략 행위에 대해 척화 주전론을 표방했습니다. 흥선 대원군의 수교 통상 거부 정책의 이론적 뒷받침을 한 셈이지요.

1870년대 일본에 문호를 개방할 무렵에는 최익현을 중심으로 왜양 일체론을 들어 개항 반대 운동을 전개했어요. 최익현 등은 일본인의 공산품과 우리의 농산품을 교환하면 나라가 황폐해질 것이라고 주장하면서 개화에 반대했습니다. 최익현은 『면암집』에 개항을 하면 안 되는 다섯 가지 이유를 실었어요.

1. 억지로 개항을 하면 앞으로 저들의 어떤 요구도 다 들어주어야 한다.
2. 유한한 우리 물화를 무한한 사치품과 바꾸면 나라가 망한다.
3. 일본과 서양은 똑같다. 천주교가 확산되어 전통 윤리가 무너질 것이다.
4. 일본인들이 재산과 부녀자들을 약탈할 것이다.
5. 일본인은 탐욕스럽고 도리를 모르는 짐승과 같다. 어찌 인간이 짐승과 교류를 하겠는가.

최익현 초상

위정척사론의 거두인 최익현은 서원을 철폐한 흥선 대원군을 실각시켰고, 그 뒤 외국과의 통상을 논의하기 시작한 민씨 정권과도 마찰을 빚었다. 1905년 을사늑약 체결을 계기로 최익현은 공개적으로 의병을 모집해 거병했다. 하지만 관군에게 패해 대마도에 유배되었고, 그곳에서 74세의 나이로 사망했다.

위정척사 운동은 1890년대 이후 일본의 침략이 차츰 노골화되면서 유인석, 이소응의 항일 의병 운동으로 계승되었습니다. 하지만 위정척사 사상이 낳은 결과에 대해서는 준엄한 역사적 심판이 따라야 해요. 이 사상은 반외세보다는 전근대적, 반개혁적 성격을 띠고 있기 때문이지요. 성리학적 사상에 입각해 조선 왕조의 전제주의 정치 체제와 양반 중심의 봉건 사회를 옹호하는 것이 위정척사 사상의 궁극적인 목표였습니다.

강화도 조약이 체결된 후 조선의 무역은 일본의 독무대가 되었고, 특히 일본 상인들에 의해 대량의 쌀이 일본으로 빠져나가 쌀값이 폭등했어요. 이 과정에서 쌀을 수출해 이익을 챙긴 일부 지주들은 사치를 누릴 수 있었지만 대부분의 농민들은 땅을 잃고 몰락해 생계의 위협까지 받게 되었지요.

  조선 정부는 어려워지는 현실을 타개하려고 노력하기보다 유생들을 설득해 개화의 정당성을 홍보할 요량으로 『조선책략』을 배포하기 시작했습니다. 하지만 이것이 너 큰 반발을 불러일으켜 1881년 2월에는 경상도 유생 이만손, 강진규 등이 연명으로 된 영남만인소를 올렸어요. 이를 시작으로 각 지역의 유생들이 반일 상소 투쟁을 이어 갔지요. 조선 정부는 주모자 이만손을 유배시키며 탄압에 나섰습니다. 영남만인소에는 일본이 미일수호통상조약에서 미국이 하던 예를 따라서 할 것이라고 우려하는 대목이 있어요.

  수신사 김홍집이 가지고 와서 유포한 황준헌의 『조선책략』이라는 책을 보면 어느새 머리카락이 곤두서고 쓸개가 떨려서 크게 소리 내어 울며 북받치는 눈물을 그칠 수 없습니다. …… 러시아, 미국, 일본은 모두 오랑캐여서 어느 누구를 후하게 대하거나 박하게 대하기가 어렵습니다. 만일 저들이 일본에서 미국이 조약을 맺어 하던 예를 따라서 토지를 요구하면서 살려고 들어오거나 통상을 요구하면 전하는 장차 어떻게 이를 막으려 하십니까.

  『조선책략』은 청의 입장에서 기록한 것이므로 그들의 이익을 대변하는 것에 지나지 않았습니다. 즉 청은 러시아의 남하를 막을 목적으로 조선이 일본이나 미국과 가깝게 지내길 바랐어요. 그런데 조선이 점차 일본의 독무대로 변질되자 일본을 견제하기 위해 미국과 수교할 것을 적극 권장한 것이지요. 자신들의 목적을 달성하기 위해 얼마든지 상황에 따라 달리 행동할 수 있었던 것입니다.

6-5 강화도 조약과 조선의 개방

1 강화도 조약(1876년)

· **통상 개화론의 대두** 박규수, 오경석, 유홍기 등이 개항의 불가피성을 주장

· **체결 과정** 대원군의 하야(1873년) → 고종의 친정 체제 수립, 민씨 세력이 정권 주도 → 청과 전통적인 외교 관계 유지, 일본에 유화 정책을 폄 → 일본에서 정한론 대두 → 운요호 사건을 구실로 문호 개방 강요 → 강화도 조약 체결(최초의 근대적 조약, 불평등 조약)

· **운요호 사건(1875년)** 일본은 메이지 유신 이후 자본주의 발전에 필요한 해외 진출을 이루고 근대화 과정에서 소외된 무사 계급의 불만을 밖으로 돌리기 위해 조선 개항에 나섬 → 미국과 조약을 체결한 방식을 빌려 군함 운요호를 강화 해역에 접근시켜 무력 도발을 이끌어 냄 → 강화도 초지진과 영종진을 파괴하고 노략질함

· **강화도 조약의 주요 내용** 조선을 자주국으로 인정(청의 간섭을 배제해 침략을 쉽게 하려는 의도), 부산, 원산, 인천 등 3개 항구 개항(정치적, 외교적, 군사적 거점을 마련하려는 의도), 해안 측량권과 치외 법권 허용(조선의 주권 침해)

2 조일수호조규부록과 조일통상장정

· **조일수호조규부록(부속 조약)** 일본 외교관의 자유로운 여행, 개항장에 일본인 거류지인 조계지 설정, 일본 화폐의 유통 허용

· **조일통상장정(무역 규칙)** 조일무역규칙(1876년)은 양곡의 무제한 유출 허용(곡물의 가격 상승을 가져와 곡물 유출을 금지하는 방곡령을 선포하는 계기가 됨), 일본 수출입 상품에 대한 무관세 규정 → 조일통상장정 개정(1883년)으로 무관세 규정 시정(협정 관세로 관세 자주권을 부정했으므로 여전히 불평등), 최혜국 대우 규정 삽입

· **결과** 일본에 경제적 침략의 발판을 마련해 줌, 조선은 국내 산업을 보호할 기회를 잃게 됨

3 개화 정책의 추진

· **정부의 개화 정책** 김윤식, 박정양, 어윤중, 김홍집, 김옥균, 홍영식 등용, 강화도 조약 체결 후 일본에 수신사 파견(1차 1876년 김기수, 2차 1880년 김홍집), 통리기무아문 설치(1880년, 개화 추진의 핵심 기구, 그 아래 12사를 두어 개화 정책 담당), 5군영을 무위영·장어영의 2영으로 개편, 신식 군대인 별기군 창설

· **조사 시찰단 파견** 박정양, 어윤중, 홍영식 등을 일본에 파견(1881년) → 개화 정책의 추진을 뒷받침함

· **영선사 파견** 김윤식과 학생, 기술자 등을 청에 파견(1881년) → 근대식 무기 제조 기술과 군사 훈련법

습득 → 근대식 무기 제조 공장인 기기창 설치(1883년)

4 조미수호통상조약(1882년)
- **체결 배경** 일본과 러시아를 견제하려는 청이 조선에 대한 종주권 확인을 위해 중재함. 『조선책략』(청의 외교관 황준헌이 러시아의 남하를 막으려면 미국과 연합해야 한다고 주장)의 유포로 러시아를 견제할 필요성을 인식
- **주요 내용** 불평등 조항(치외 법권, 최혜국 대우 인정), 관세 조항(수출입 상품에 대한 관세 부과, 일본과는 무관세), 거중 조정 조항(양국 중 한 나라가 다른 나라의 핍박을 받으면 서로 돕는다는 내용)
- **의미** 서양과 맺은 최초의 근대적 조약, 불평등 조약
- **영향** 미국에 조선 최초의 외교 사절단인 보빙사를 파견, 서양 열강(영국, 독일, 러시아, 이탈리아, 프랑스 등)과의 조약 체결에 영향을 줌

5 위정척사 운동
- **의미** 정학인 성리학을 지키고 사학인 서양 문물을 배격하자는 운동으로, 보수적인 양반인 유생층이 주도
- **통상 반대 운동** 이항로, 기정진의 척화 주전론(서양의 통상 요구를 배척하고 서양 침략 세력을 물리치자는 주장)
- **개항 반대 운동** 최익현의 왜양일체론(일본과 서양은 같다는 주장), 개항 불가론
- **개화 반대 운동** 이만손, 홍재학의 영남만인소 사건(안동과 상주 등 영남의 유생들이 『조선책략』 유포 등의 개화 정책에 반대해 올린 상소)
- **항일 의병 운동** 유인석, 이소응의 항일 의병 운동(일반 민중과 결합)

박규수, 오경석, 유홍기 등의 통상 개화론을 어떻게 평가해야 할까요?

강화도 조약은 불평등 조약이어서 서양 열강 침탈의 서막이 되었습니다. 하지만 굳게 닫힌 문호를 개방해 근대화의 계기를 마련하는 시발점이 되기도 했지요. 강화도 조약이 일본의 침략에 의해서만 이루어진 것이 아니라, 조선 내부에서도 통상 개화를 주장하는 사람이 있었기 때문이에요. 대표적인 인물로 박규수가 있습니다. 흥선 대원군 집권기부터 통상 개화의 필요성을 강조했던 박규수는 최익현 등의 상소를 물리치고 강화도 조약을 맺을 것을 적극적으로 주장했어요.

박지원의 손자였던 박규수가 통상 개화를 주장하게 된 까닭은 중상주의 실학파들이 상공업 발전을 강조했던 것과 사상적으로 일맥상통한다고 볼 수 있습니다. 개화사상은 중상주의 실학파의 전통을 계승하는 과정에서 탄생한 것이지, 단순히 외세의 침략을 받는 과정에서 형성된 것이 아니라는 거예요. 이미 박규수뿐만 아니라 오경석, 유홍기 등이 통상 개화를 주장한 것도 이런 맥락으로 볼 수 있지요.

하지만 통상 개화 자체가 긍정적인 것은 아닙니다. 주체적인 입장으로 통상 개화를 통해 근대화를 추진하는 것과 외세의 압력에 굴복해 통상 개화를 추진하는 것은 의미가 달라요. 전자는 통상 개화의 실질적인 목표를 실현하는 것이지만, 후자는 의도와 관계없이 열강의 침략에 속수무책으로 당할 수밖에 없기 때문이지요.

이런 점에서 볼 때 박규수의 통상 개화론은 상황과 조건에 따라 다르게 평가할 수밖에 없습니다. 박규수가 흥선 대원군의 집권 시기에 통상 개화를 주장했을 때는 긍정적인 평가를 받을 수 있었어요. 문호를 닫고 있다고 해서 외세의 침탈을 받지 않는 것도 아니고, 근대화를 이루어야 하는 시대적 과제가 해결되는 것도 아니었기 때문이지요. 따라서 주체적인 입장에서 통상 개화를 주장하는 것은 선견지명의 안목을 갖춘 주장이라고 할 수 있어요.

반면 일본이 운요호 사건을 일으킨 후 통상 개화를 주장했을 때는 전혀 다른 평가를 받았습니다. 일본과 강화도 조약을 맺음으로써 조선이 열강의 각축장으로 전락했기 때문이에요.

일본의 침략적 속성에 대한 대처 방안도 함께
마련해야 했어요.

물론 박규수는 이런 결과를 바란 것이 아니었습니다. 그도 외세의 침략에 맞서 싸웠던 인물 중 한 사람이었어요. 미국 상선인 제너럴 셔먼호의 통상 요구를 거절하고 격침시킨 장본인이 바로 박규수였지요.

그렇다면 박규수는 일본의 압력에 의해 통상 개화가 되더라도 조선의 개화에 도움이 될 것이라고 판단한 것일까요? 하지만 그것은 오산이었어요. 자본주의 열강의 침투 수법은 상품을 앞세우면서 뒤로는 대포를 숨기고 있게 마련이지요. 제너럴 셔먼호도 통상을 요구하면서 다른 한편으로는 대포를 쏘아 댔어요. 그런데 왜 일본만 대포를 숨기지 않았다고 생각했는지 알 수가 없습니다. 실제로 일본과 강화도 조약을 체결하는 과정에서도 대포가 동원되었지요.

결과적으로 박규수의 주장은 상품 뒤에 숨겨져 있던 대포를 명확히 가려내지 못한 것으로 평가할 수 있어요. 통상 개화는 자주적 발전을 위한 과정에서나 의미를 갖는 것이지, 열강의 침략을 불러일으키는 것으로 작용할 때는 결코 정당한 역사적 평가를 받을 수 없습니다. 만약 박규수가 진정으로 통상을 통해 개화를 꿈꾸었다면 일본의 침략적 속성을 파악하고 대처 방안을 마련했어야 했어요.

6 근대화된 일본에 사로잡히다 |
임오군란과 갑신정변

고종은 외세의 침략에 맞서기 위해 서양의 신문명과 근대적인 기술을 받아들이고, 1881년 신식 군대인 별기군을 창설했습니다. 그런데 구식 군대를 낮은 처우로 차별하고 월급을 제때에 주지 않아 폭동이 일어났지요. 이 사건은 하급 군병과 서울 빈민층이 가담하는 대규모 폭동으로 이어졌는데, 이것이 바로 임오군란이에요. 임오군란 이후 청의 내정 간섭이 심해지자 친일 성향을 띤 개화파는 민씨 일파의 사대 정책에 반대하며 갑신정변을 일으켰습니다. 이들은 국민 주권 국가를 건설하려는 목표로 일본의 메이지 유신을 본받아 적극적인 개화 정책을 추진하려고 했어요. 이에 민씨 일파를 제거하고 14개조의 혁신 정강을 공표했지만 청의 개입으로 실패로 끝나고 맙니다.

- **1882년** 일본식 신식 군대와의 차별에 불만을 품은 구식 군대가 봉기한 임오군란이 일어나다.
- **1884년** 김옥균, 박영효 등 개화파가 우정국 개국 축하연에서 갑신정변을 일으키지만 청군의 개입으로 삼일천하로 끝나다.
- **1885년** 한반도에서 부동항을 구하려는 러시아를 견제하기 위해 영국이 거문도를 불법 점령한 거문도 사건이 일어나다.

임오군란으로 흥선 대원군이 복귀하다

임오군란은 개화에 반대하는 입장이고 갑신정변은 개화를 적극적으로 찬성하는 입장이므로 두 사건은 서로 대비됩니다. 이런 현상이 발생한 이유는 집권층이 자신들의 정치적 이해관계에만 매달렸기 때문이에요. 아무것도 믿을 수가 없게 된 백성들이 자신들의 이익을 지키기 위해 스스로 나선 것이지요.

이런 모습은 민씨 일파의 집권기에 가장 적나라하게 나타났습니다. 권력 유지를 위해 강화도 조약까지 체결한 민씨 일파는 탐욕적인 수탈을 자행해 지탄을 받았어요. 명성 황후의 오빠인 민승호는 지방 수령이 뇌물로 위장해 보낸 폭탄 테러로 죽고, 병조 판서 민겸호는 군비를 착복해 자신의 집을 서양식으로 개조하는 데 사용했지요. 명성 황후 또한 미신과 향락에 빠져 무당을 궁궐로 불러들여 굿판을 벌이며 재정을 축냈어요.

이 무렵 흥선 대원군은 민씨 일파에게 빼앗긴 권력을 되찾고자 정변을 계획했어요. 1881년 5월 개화 정책에 불만을 품은 유생들과 연락을 취해 서장자인 이재선을 왕으로 옹립하려는 거사를 추진한 것이지요. 하지만 뜻을 이루기 전에 발각되어 이재선 등 30여 명이 처형되었어요. 거사의 주모자인 흥선 대원군은 고종의 아버지라는 점이 감안되어 처벌을 받지는 않았지요.

흥선 대원군의 거사는 실패했지만 불만이 극에 달한 상황에서 새로운 거사가 일어났는데, 이것이 바로 임오군란입니다. 임오군란은 예견된 일이었어요. 관직을 가진 사람들은 모두 사리사욕을 채우는 데 혈안이 되어 있었고, 개항 이후 대량의 미곡이 일본으로 유출되었기 때문에 국가 재정은 고갈될 수밖에 없었어요. 이런 상황에서 군제를

이재선(?~1881년)

흥선 대원군의 서자이자 고종의 이복형이다. 1881년 이재선을 왕으로 추대하려는 음모 사건에 연루되어 제주도에 유배되었다가 사사되었다.

개편한다고 해 놓고 구식 군대를 차별하면서 13개월이 넘도록 월급을 주지 않았으니 불만이 이만저만이 아니었지요. 더욱이 군제 개편을 통해 군대를 축소한다는 소문까지 돌고 있었어요.

이런 상황에서 1882년 6월 9일 밀린 월급 가운데 한 달분이 쌀로 지급되었습니다. 그런데 쌀이 썩은 데다 모래와 겨까지 잔뜩 섞여 있어 분노가 폭발하게 되었어요. 구식 군대는 창고에 돌을 던지며 창고지기와 군관을 폭행하고 시위를 벌였지요.

그런데 이 소식을 들은 민겸호는 책임자로서 이를 바로잡고 자신들의 농간을 반성하기는커녕 소동을 일으킨 주모자를 체포해 사형에 처하려고 했습니다. 그러자 군인들은 민겸호의 집으로 쳐들어가 닥치는 대로 물건을 부수고 흥선 대원군을 찾아가 도움을 청했지요. 그들은 흥선 대원군을 민씨 일파를 몰아내고 외세의 침략을 막아 줄 수 있는 유일한 희망으로 보았어요.

홍선 대원군은 군인들을 자신의 권력을 잡기 위한 방편으로 활용하기 위해 받아들였습니다. 이에 군인들은 더욱 기세를 높이며 민씨 일파를 배척하는 일과 반일 운동을 확대해 나갔어요. 군인들은 먼저 무기고를 습격해 병기를 탈취하고, 포도청과 의금부를 습격해 죄수들을 방면하기도 했습니다. 그리고 동별영(東別營)의 무기고를 습격해 무기를 탈취하기도 했지요.

이들 중 일부는 민태호를 비롯한 민씨 일파의 집을 습격했고, 다른 무리는 별기군 병영에 몰려가 일본인 교관 호리모토를 무참히 살해하고 경기 감영과 일본 공사관을 습격했어요. 이 과정에서 일본의 침탈과 민씨 일파의 수탈에 분노하고 있던 일반 군중도 합세했습니다.

다음 날에는 군중의 수가 늘어나면서 점점 기세가 커졌습니다. 결국 성난 군중은 민씨 일파의 우두머리인 명성 황후를 죽이려고 궁으로 쳐들어갔어요. 이때 명성 황후는 교묘하게 몸을 숨겨 충주로 탈출한 뒤였지만 때마침 입시해 있던 민겸호와 경기 감사 김보현이 그 자리에서 죽임을 당했지요.

사태가 걷잡을 수 없이 커지자 고종은 홍선 대원군에게 정권을 넘겼습니다. 이런 상황에서 홍선 대원군이 가장 먼저 처리해야 할 일은 민씨 일파와 외세의 반격에 대비하는 것이었어요. 하지만 홍선 대원군은 반란이 더 이상 확대되지 않도록 진정시킨 뒤 권력을 장악하는 일에 힘을 기울였습니다. 명성 황후가 죽은 줄 알고 국장을 선포했고, 민씨 일파를 정부 요직에서 몰아낸 후 자신의 세력을 등용했어요. 그리고 군제를 개편해 2영과 별기군을 없앤 뒤 5군영을 부활시키고, 통리기무아문을 폐지하는 등 행정 기구와 군제를 개화 이전의 상태로 되돌려 놓는 작업을 단행했지요.

진짜 명성 황후는 누구인가?

『민비와 서의(西醫)』(1926년, 신민사)에서 애니
엘러스는 민비의 모습을 이상적인 조선
여인상으로 묘사했다. 황후께서는 황공하오나
그야말로 조선 여성으로의 모든 아름다움을
구비하신 미인이셨습니다. 크지도 작지도 않은
키, 가느다란 허리, 희고 갸름하신 얼굴, 총명과
자애의 상징인 흑진주 같은 눈, 옷칠같이 검고
구름 같은 머리, 이 모든 영자(英姿)가 아직도 내
눈에서 사라지지 않습니다. 취미에 부유하심은
우리 미국 여성을 엿볼 수 있었습니다. 옷, 화장,
음악 감상 등 취미가 다양했습니다.'

명성 황후로 알려져 왔지만 궁녀로 추정되는 사진

(위) 이승만 전 대통령의 『독립정신』에 실린 사진

(오른쪽) 영국인 수집가 테리 베넷이 2006년에 '시해된
왕비'라고 주장하며 공개한 사진

민씨 일파의 반격과 청의 내정 간섭

민씨 일파는 외세의 힘을 빌려 반격에 나섰습니다. 비밀리에 청에 가 있던 김윤식 등과 연락을 취해 청에 군대의 파견을 요청하고, 김홍집을 통해 일본의 무력 개입을 요청한 거예요. 청과 일본은 자국의 이익에 도움이 되는 일이므로 흔쾌히 받아들였지요.

그런데 흥선 대원군은 결사 항전을 준비하지 않고 스스로 청의 군영을 찾아갔어요. 일본의 군사적 대응에 맞서 청의 군대를 이용하려는 생각에서였지요. 하지만 청 또한 일본과 똑같은 침략군에 불과했어요. 어이없게도 흥선 대원군을 군란의 책임자로 몰아 톈진으로 즉각 압송했던 것입니다.

이에 임오군란의 반란군은 위기를 맞게 되었어요. 하지만 그들은 투항하지 않고 시가전을 벌이며 완강하게 저항했지요. 그러나 결국 청의 우세한 군사력으로 인해 많은 사상자를 내며 굴복하게 됩니다. 이로써 군인들의 반란으로 촉발되어 점차 외세의 침탈에 항거하는 과정으로 확대되었던 임오군란은 막을 내리게 되었어요. 그리고 다시 민씨 일파가 정권을 되찾았지요.

민씨 일파는 정권을 유지하기 위해 친청 정책으로 기울어졌어요. 청이 군사를 보낸 것은 조선을 속국으로 만들어 침탈하려고 했기 때문이었지요. 청은 임오군란을 진압한 뒤에도 군대를 철수하지 않고 계속 주둔

청으로 압송된 흥선 대원군
임오군란의 진압 과정에서 흥선 대원군은 청에 압송되었다. 사진은 1883년 톈진에서 찍은 것이다.

시키며 자신들의 침략적 요구를 관철시켜 나갔어요.

청의 위안스카이는 군사 부문에서, 마건충과 묄렌도르프는 내
정과 외교 부문에서 간섭을 하기 시작했습니다. 청에 고용된 독
일인 묄렌도르프는 1882년 8월에 청 상인의 통상 특권을 허용
하는 조청상민수륙무역장정이라는 불평등 통상 조약을 체결해
조선이 청의 속국임을 분명히 했어요. 그러면서 치외 법권의 행
사 등 온갖 특혜를 보장받고, 조선의 내정에도 적극 관여하기 시
작했지요.

묄렌도르프(1848~1901년)
독일 출신의 외교 고문이었다.
1882년(고종 19년) 청의 정치가
이홍장의 추천으로 조선에
서양인 고문으로 부임해
통리아문의 외무협판이 되어
외교와 세관 업무를 담당했다.

조청상민수륙무역장정

전문 …… 이번에 체결한 수륙 무역 규정은 중국이 속국을 우대한 것이고, 우
호 관계를 가진 각 나라들도 마찬가지로 다 이득을 보도록 하는 것은 아니다.

제2조 중국 상인이 조선 항구에서 억울한 사정을 호소하면 중국 상무위원
이 처리한다. (치외 법권 규정)

제4조 조선 상인이 베이징에서 규정에 따라 물건을 팔고 사도록 하며, 중
국 상인이 조선의 양화진과 서울에 들어가 영업소를 차릴 수 있도록
하되, 만일 두 나라 상인들이 각각 상대측의 내륙 지방에 가서 토산
물을 구입하려고 할 때에는 상무위원이 지방 관리와 함께 공동으로
날인해 화물을 구입할 지방 이름을 밝힌 증명서를 발급해 준다. (청
상인이 조선의 내륙 시장까지 진출)

이렇게 전문에서는 조선을 속국으로 규정하고, 제2조에서는 치외
법권을 명시했어요. 제4조에서는 청 상인이 서울과 지방에서 마음대
로 장사를 할 수 있는 특권을 부여했지요. 또한 청 상인에게 통상 특

권을 허용해 우리나라에 중국 화교가 진출하게 되었습니다. 전문에서는 조선과 청 사이에서만 효력이 있다고 했지만 장정에서 청에게 부여된 특권은 최혜국 규정에 따라 모든 열강에 적용되었어요.

그렇다고 일본의 침탈이 완전히 배제된 것은 아니었습니다. 일본은 일본 공사관 피습과 소실, 일본인 피살 등을 구실로 조선 정부에 대해 폭동군의 엄벌과 막대한 배상금 지불 등을 요구했어요. 이를 거부하면 전쟁을 벌이겠다고 위협까지 가했지요.

하지만 청이 흥선 대원군을 체포해 군란을 진압한 데다 아직 청에 맞서 일전을 벌일 준비가 부족했던 상황이어서 협상을 유예하며 정세를 관망하고 있었습니다. 하지만 이 기간이 오래 지속되지는 않았어요. 조선은 결국 1882년 8월 일본과 제물포 조약을 맺고 배상금 지급과 일본 경비병의 공사관 주둔을 인정하게 됩니다.

제물포 조약

제4조 흥도의 폭거로 일본이 입은 피해 및 공사를 호위한 육해군 군비 가운데 50만 원은 조선이 채워 준다. 이 돈은 해마다 10만 원씩 5년 동안 완납한다.

제5조 일본 공사관에 약간의 병사를 두어 경비하게 하며, 그 비용은 조선이 부담한다.

여기에서 주목할 점은 일본 경비병의 주둔이에요. 일본 공사관이 습격당한 것을 구실로 일본 군대가 처음으로 조선에 주둔하게 되었음을 의미하니까요. 결국 백성들은 일본과 청의 침탈을 동시에 받아야만 하는 상황에 처하게 되었습니다.

온건 개화파와 급진 개화파

이 시기에 급진 개화파이자 개화 독립당인 김옥균, 박영효, 홍영식, 서광범 등이 등장했어요. 이들은 개항 이후 일본의 급속한 발전에 영향을 받고, 적극적인 개화 정책을 추진하며 실질적인 근대화를 이루려던 세력이지요. 급진 개화파는 일본의 메이지 유신을 모델로 삼아 낙후된 조선을 근대적인 국가 체제로 개혁하고자 했어요. 또한 이들은 서양의 기술뿐만 아니라 근대적인 제도와 사상까지도 받아들여야 한다고 주장했지요.

이에 반해 온건 개화파인 김홍집, 김윤식, 어윤중 등은 중국의 자강 운동인 양무운동을 모델로 삼아 점진적인 개화를 추진하려고 했습니다. 양무운동은 중체서용(中體西用)과 동도서기(東道西器)라는 말에서 알 수 있듯이 중화사상을 유지하면서 서양의 기술을 받아들여 개혁을 추진하자는 입장이었어요. 동도서기론은 동양의 정신문화와 서양의 물질문화를 조화시키자는 주장입니다. 이 주장은 유교를 본질로 하고 서양의 과학 기술을 사용하자는 중체서용론과 사실상 같은 의미예요. 그러나 양무운동은 군사 중심의 근대화에만 치중했을 뿐, 사회와 정치 체제의 근대화를 무시해 비판을 받고 쇠퇴했지요.

여기에서 중요한 점은 온건 개화파가 민씨 일파와 결탁해 청에 대한 사대를 수용했다는 사실입니다. 그래서 급진 개화파는 민씨 일파

급진 개화파(왼쪽부터 김옥균, 박영효, 홍영식, 서광범)
개항 이후 일본의 급속한 발전에 영향을 받아 적극적인 개화 정책과 실질적인 근대화를 추진하려고 했던 세력이다. 이들은 일본의 메이지 유신을 모델로 삼아 조선을 근대적인 국가 체제로 개혁하려고 했다.

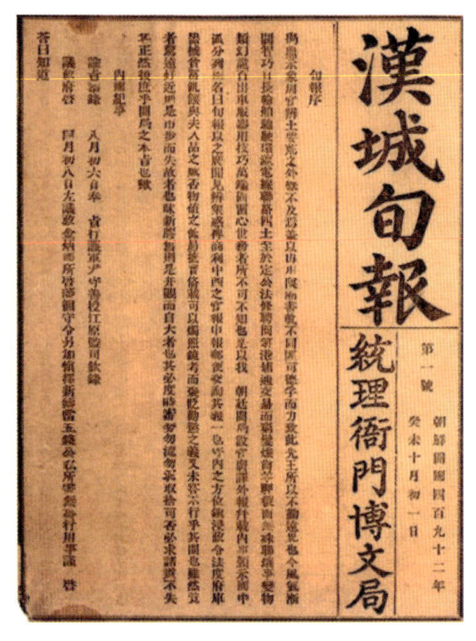

〈한성순보〉

1883년(고종 20년)에 창간된 우리나라 최초의 근대적 신문이다. 10일마다 간행하는 순간(旬刊)이었으며 순 한문으로 쓰였다. 1884년 갑신정변으로 박문국이 불타자 발행이 중단되었다가 1886년 1월 〈한성주보〉로 맥을 이었다.

와 온건 개화파를 사대수구당이라고 불렀어요.

소장파에 속하는 김옥균, 박영효, 홍영식, 서광범 등은 청의 내정 간섭과 정부의 사대 정책에 비판적이었어요. 청의 내정 간섭이 개화 정책의 발목을 잡고 있다고 생각했기 때문이지요. 이들은 청의 간섭에서 벗어나 자주독립을 이룩하고 일본의 메이지 유신을 본받아 급진적인 개혁을 추구하는 것을 궁극적인 목표로 삼았어요. 또한 이들은 문화가 발전한 상태에서 개화를 해야 한다는 문명개화론을 주장했기 때문에 조선의 문화를 발전시키기 위해 급히 서두를 수밖에 없었지요. 그래서 이들을 급진 개화파라고 불렀어요.

급진 개화파는 처음에 정부 내에서 개혁을 추진하려고 하다가 한계에 부딪치자 1882년 말부터 개혁을 위한 비용을 마련했습니다. 그리고 군사력 보강과 인재 양성, 여론 조성, 국왕 설득 등 다양한 계획을 수립해 여러 방면으로 밀고 나가려고 했어요.

그 결과 근대적 인쇄소인 박문국을 설치해 최초의 근대 신문인 〈한성순보〉를 발행했으며, 근대적 우편 업무의 도입을 위해 우정국을 설치했어요. 또한 신식 군사 기술을 습득하기 위해 일본에 유학생 50여 명을 파견하기도 했지요.

하지만 민씨 일파와 급진 개화파의 대립이 점차 심해지면서 당시 집권 세력이었던 수구파의 방해로 성과를 이루지 못합니다. 박영효는 한성부 판윤에서 해직되었다가 1883년 3월에 광주 유수로 임명되자 이를 기회로 삼아 1,000명의 신식 군대를 훈련시키려고 했어요. 하지만 민씨 일파의 방해로 뜻을 이루지 못했지요. 김옥균은 부족한 국가 재정을 극복하고 정치 자금 부족도 해결하기 위해 일본으로부터 300만 원의 차관을 도입하려 했어요. 하지만 역시나 수구파의 방해와 일본인들의 농락으로 17만 원만 겨우 구할 수 있었지요.

이러한 상황에서 급진 개화파는 더욱 궁지에 몰릴 수밖에 없었습니다. 그러다가 1884년 들어 국내 정세가 이들에게 유리하게 전개되기 시작했어요. 1884년 3월 청에서 정변이 일어나 서태후가 공친왕 일파를 파면하고 청 황제의 친아버지인 순친왕에게 권력을 넘겨주었는데, 이것이 순친왕과 처지가 같은 흥선 대원군에게 유리하게 작용한 것입니다. 이에 흥선 대원군의 귀국설이 나돌면서 민씨 일파는 불안에 떨었지요.

1884년 4월 청과 프랑스 간의 긴장이 고조되면서 조선에 주둔한 청의 병력 중 절반이 철군했고, 청이 프랑스에게 연전연패를 당함으로써 위세가 한풀 꺾이게 되었습니다. 이런 상황에서 일본이 프랑스와 동맹을 맺어 청과의 전쟁을 개시할 것이라는 풍문까지 나돌았어요. 이에 다급해진 고종과 민씨 일파는 비밀리에 일본 공사관 측과 교섭을 시작했지요.

급진 개화파는 이런 상황을 이용하려고 했지만 군사적 역량이 턱없이 부족했습니다. 급진 개화파의 움직임을 지켜보던 일본은 청을 몰아내고 자신들의 세력을 심으려고 했어요. 1884년 9월에 일시 귀국했다가 다시 서울에 온 일본 공사 다케조에 신이치로는 직접 급진 개화파 사람들을 만납니다. 그래서 수구파 정권을 전복하기 위해 정변을 일으킨다면 군사적 원조는 물론 경제적 지원까지 해 주겠다는 제안을 하지요.

김옥균의 삼일천하, 갑신정변

급진 개화파는 다케조에 신이치로의 제안을 철석같이 믿었어요. 이들은 조선이 청의 속국에서 벗어나야 한다고 주장하면서도 문명개화라는 자신들의 이상과 민씨 일파의 제거라는 욕망에 사로잡히고 말았습니다. 그래서 일본의 침략적인 속성조차 제대로 파악하지 못한 채 또 다른 외세의 힘을 빌리려고 했어요.

결국 급진 개화파는 일본의 지원을 받아 1884년 9월 중순부터 정변을 준비했습니다. 그러다가 1884년 10월 17일 고종에게 개화에 대한 허락을 받아 정변을 일으켰지요. 먼저 홍영식이 우정국 총판이 되어 우정국 청사의 개업 축하연을 열었을 때 수구파를 일시에 제거하려고 했어요. 개업 축하연에 각국의 외교관과 수구파 대신들을 초청해 놓고 별궁에 불을 지른 뒤 매복시켜 놓은 행동 대원들에게 불을 진압하는 과정을 틈타 그들을 암살하라고 지시한 것이지요.

그런데 방화 대원의 실수로 별궁의 방화가 실패로 돌아가고, 우정국 이웃집에 불을 질러 거사를 치르게 되었어요. 민영익이 소리를 듣고 먼저 밖으로 나갔다가 자객에게 칼을 맞았습니다. 그는 피투성이가 된 채 연회장으로 돌아와 쓰러져서 거사는 실패로 돌아간 듯했어요.

하지만 급진 개화파는 미리 매복시켰던 대원들에게 화약을 터뜨리라고 지시해 위급한 상황을 연출했습니다. 그런 뒤 청의 군대가 쳐들어왔다고 떠들면서 고종에게 일본 공사와 일본 군대에 보호를 요청하자고 강요해 고종과 명성 황후를 경우궁으로 옮기는 데 성공했어요. 경우궁을 선택한 이유는 대동한 군사가 소수여서

갑신정변의 주역들
(왼쪽부터) 박영효, 서광범, 서재필, 김옥균이다.

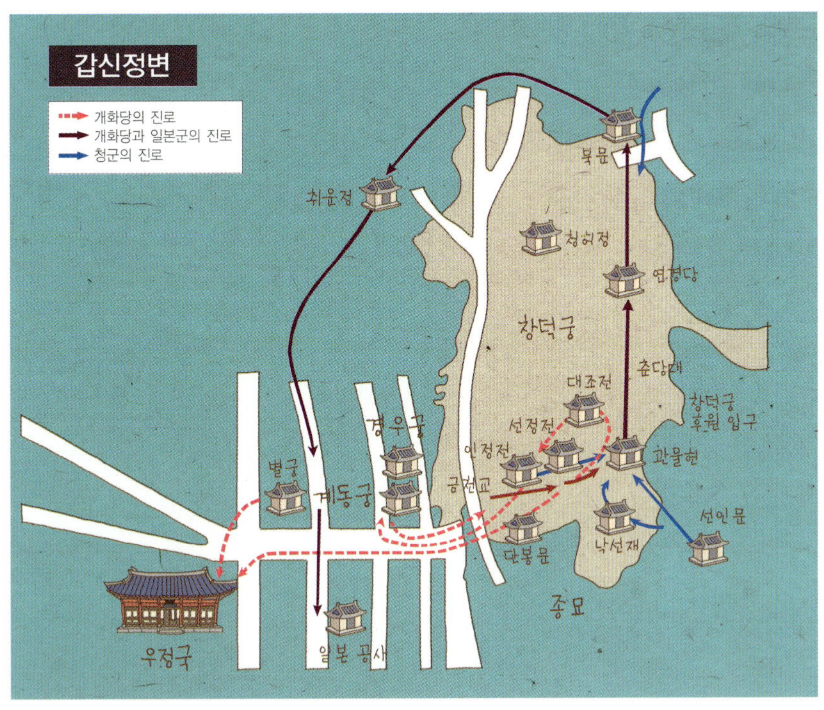

넓은 창덕궁에 비해 방어하기가 더 수월했기 때문이지요. 이들은 경우궁에 남아 있다가 뒤이어 들어온 민태호, 민영목, 조영하 등 수구파 대신들을 암살했어요. 이로써 급진 개화파는 수구파 정권을 전복시키고 권력을 장악하는 데 일단 성공했습니다.

급진 개화파는 다음 날 재빨리 새 정부를 조직한 다음 청과의 속국 관계를 끊고 조선이 완전히 독립했다고 선포했습니다. 그리고 정변 사흘째 되던 날 14개조로 이루어진 새 정부의 정강을 공표했어요. 여기에는 청과의 사대 관계를 청산한다는 내용과 평등권 제정 및 능력에 따른 인재 등용, 행정 조직 개편, 조세 제도 개혁 등이 담겨 있었지요. 특히 제13조에 대신과 참찬은 의정부에 모여 정령을 의결하고 반포한다는 조항을 포함해 근대 국민 국가를 실현하려는 의지를 표명했습니다.

갑신정변의 14개조 정강(일부)

- 청에 잡혀간 흥선 대원군을 돌아오게 하고, 청에 행하던 조공의 허례를
  폐지한다.
- 문벌을 폐지해 평등의 권리를 세우고, 능력에 따라 관리를 임명한다.
- 토지의 수익에 대해 매기던 조세법을 개혁해 관리의 부정을 막고 백성을
  보호하며 국가 재정을 넉넉하게 한다.
- 부정한 관리 가운데 죄가 큰 자는 치죄한다.
- 급히 순사를 두어 도둑을 방지한다.
- 대신과 참찬은 의정부에 모여 정치상의 명령이나 법령을 의결한다.

하지만 갑신정변의 주체 세력은 이를 지켜 나갈 힘이 없었어요. 정변 이틀째 되던 날 명성 황후는 책략을 써서 고종과 함께 경우궁에서 창덕궁으로 거처를 옮길 수 있었지요. 그리고 명성 황후의 요청으로 청의 군대가 출동해 개화파 정권은 삼일천하로 막을 내리게 되었습니다.

당시 서울에 주둔해 있던 일본군은 고작 200여 명이었지만 청의 군대는 1,500여 명에 육박했어요. 수십만 명의 군대도 물리친 우리 민족의 운명을 불과 몇 백 명의 외국 군대가 좌우한 것이지요. 왕은 국민의 신망을 받지 못하고 관료들도 서로 단합하지 못했으니 일사불란하게 움직이는 소수의 정예병에게 대적할 수 없는 것은 분명한 사실이었습니다.

일본의 속셈은 갑신정변의 실패 이후 뚜렷하게 드러났습니다. 일본은 갑신정변을 일으키는 데 공모했으므로 공동 책임을 져야 할 상황이었어요. 그런데도 책임은커녕 육군 2개 대대의 병력을 서울로 이동

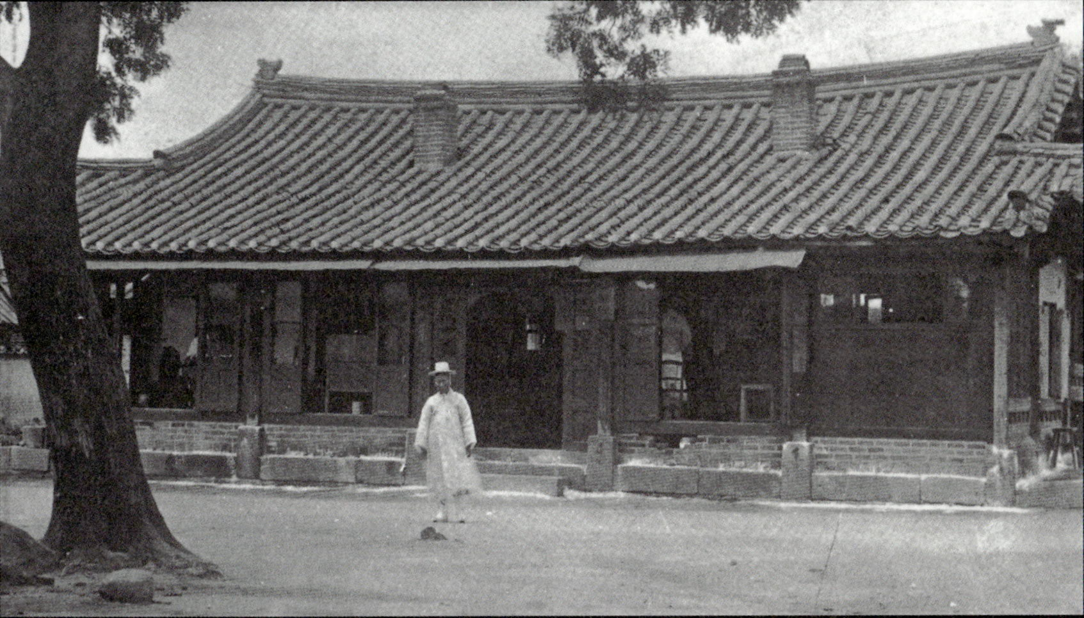

조선 후기에 우편 업무를 담당하던 관청인 우정국은 한국 최초의 우체국이다. 갑신정변은 우정국 청사 개국 축하연 때 일어났다.

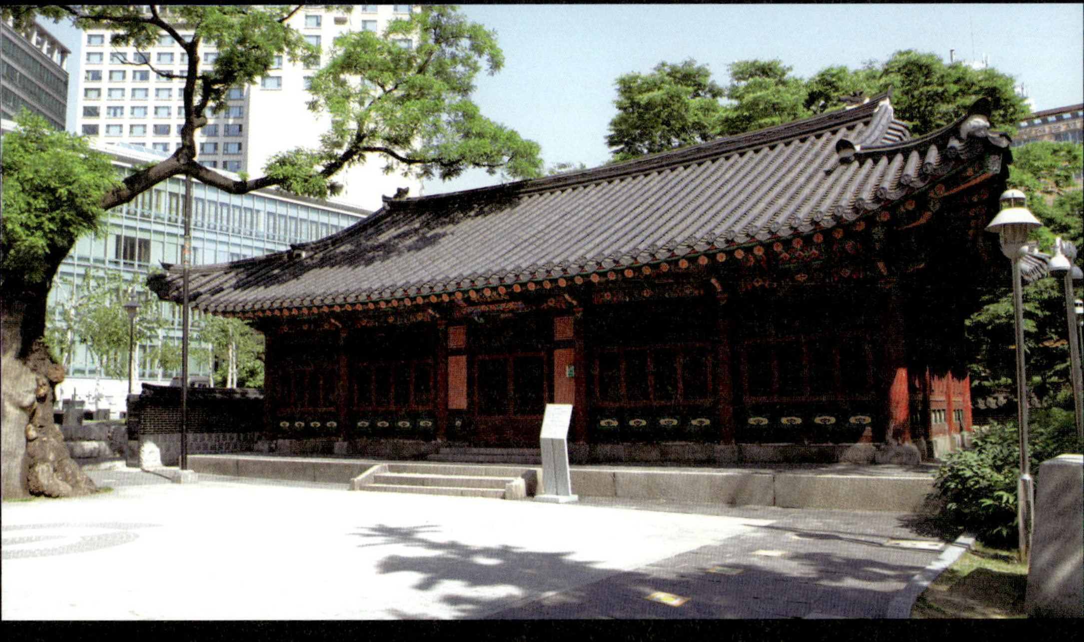

(왼쪽) 홍종우의 김옥균 암살

한국인 최초로 프랑스에서 유학한 홍종우는 조선의 근대화를 위해 노력했지만 유교적 전통과 나라에 대한 충성심을 중요하게 생각했다. 홍종우는 일본에 망명해 있던 김옥균에게 개화파의 일원으로 가장해서 접근했고, 이듬해 상하이로 가는 김옥균을 따라가 그곳에서 김옥균을 저격해 살해했다. 파리의 키메박물관에서 직원으로 일할 때 프랑스인과 함께 『춘향전』을 번역해 『향기로운 봄』이라는 제목으로 출간하기도 했다.

(오른쪽) 능지처참된 김옥균

일본 정부의 처사에 실망한 김옥균은 상하이로 갔으나 1894년 3월 28일 홍종우에게 피살되었다. 조선으로 인도된 시신은 양화진에서 능지처참 되었다.

시켜 일본 공사관 소실 및 일본인 피살 등에 관한 배상을 요구했습니다. 민씨 일파는 이 요구에 굴복해 결국 1884년 11월 일본과 또다시 한성 조약을 맺었어요.

일본의 행보는 여기에서 멈추지 않았습니다. 갑신정변이 청의 개입으로 실패했으므로 청의 입김이 더 세게 작용하는 것을 막기 위해 이토 히로부미를 청에 파견해 1885년 3월 톈진 조약을 체결했어요. 당시 청이 프랑스와 전쟁을 하고 있는 상황을 이용한 것이지요.

톈진 조약에는 청과 일본의 양국 군대가 4개월 이내로 조선에서 공동 철병하고 향후 조선 군대에 훈련 교관을 파견하지 말 것과 양국이 출병할 때 서로 통고할 것 등의 내용이 들어 있었습니다. 일본은 조선을 침탈하기 위해 조선에서 청이 우세해진 상황을 다시 동등한 상황으로 돌리려 했던 거예요.

갑신정변의 실패 이후 민씨 일파의 정권은 더욱 강화되었고, 청의 간섭 또한 더욱 심해졌습니다. 백성들은 민씨 일파의 수탈과 외세의 침탈까지 가중되어 생활이 극도로 피폐해지자 동학 농민 운동을 일으키게 되었어요.

고종은 갑신정변 이후 청의 지나친 내정 간섭에서 벗어나기 위해 러시아와의 외교 관계를 강화하려 했습니다. 조선에 대한 러시아의 세력 확장에 불안을 느낀 영국은 1885년 거문도를 불법으로 점령했어요. 부동항을 얻기 위해 러시아가 남하하는 지역마다 쫓아다니며 방해하던 영국이 조선에서도 러시아와 충돌한 것이지요. 영국은 조선의 항의와 청의 중재로 러시아로부터 침략 의사가 없다는 확약을 받고 나서야 물러났어요. 청은 흥선 대원군을 환국시키고 위안스카이를 파견해 고종을 견제했지요.

임오군란, 갑신정변 등 정변이 연이어 발생한 상황에서 고종은 에디슨에게 요청해서 전기 기술자를 초청했습니다. 그래서 1887년 3월

거문도항

거문도는 여수와 제주도 중간 지점에 위치한 다도해의 최남단 섬이다. 조선에 대한 러시아의 세력 확장에 불안을 느낀 영국은 1885년에 거문도를 불법으로 점령했다. 사진은 당시의 거문도항 전경이다.

6일 저녁 무렵 경복궁에 전깃불을 밝히게 했어요. 조선이 일본이나 중국보다 먼저 전기를 들여온 것이지요. 선진 문물을 받아들이기 위한 조치였지만, 고종이 혼란스러운 정국으로 인한 불안감을 없애기 위해 궁궐을 밝히는 전기를 들여왔다고 보기도 합니다.

어쨌든 전기 도입을 계기로 개화 정책에 박차를 가했다면 조선은 새로운 개혁의 기회를 맞을 수도 있었을 거예요. 하지만 외세를 끌어들여 타율적인 개혁에 매달림으로써 조선은 점점 어려움에 빠지게 됩니다.

이렇듯 열강의 조선 침략이 격화되자 조선 주재 독일 외교관인 부들러나 미국에서 돌아온 유길준은 조선을 중립국으로 하자는 논의를

풍속화가 이남호가 그린 작품이다. 1887년 3월 6일 저녁 무렵 고종과 명성 황후를 비롯한 많은 사람들이 경복궁의 건천궁과 향원지 사이의 마당에서 점등하는 장면을 보고 놀라고 있다. 향원지에서 끌어들인 물로 증기를 만들어 발전을 했는데, 사람들은 '물에서 불이 나온다'고 생각하여 '물불'이라고 불렀다.

유길준(1856~1914년)
1883년 보빙사의 일원으로 미국에 건너가 우리나라 최초의 미국 유학생이 되었다.

구상하기도 했습니다. 부들러의 중립안은 청과 일본의 충돌을 방지하기 위해 조선의 독자적 중립 선언을 제안한 거예요. 반면에 유길준은 『유길준 전서』에서 아시아 각국의 이익을 위해서라도 우리나라가 중립국이 되어야 한다고 주장했지요.

대저 우리나라가 아시아의 중립국이 된다면 러시아를 방어하는 큰 기틀이 될 것이고, 또한 아시아의 여러 대국들이 서로 보전하는 전략도 될 것이다. …… 이는 비단 우리나라만을 위한 것이 아니라 중국의 이익도 될 것이고, 여러 나라가 서로 보전하는 계책도 될 것이니 무엇이 두려워서 하지 않겠는가.

6-6 임오군란과 갑신정변

1 임오군란(1882년 6월)

· **전개 과정** 개항 후 일본의 곡식 유출로 인한 쌀값 폭등으로 구식 군인과 도시 빈민층의 불만 고조 → 구식 군인에 대한 차별 대우 → 민씨 일파의 고관 집을 습격 → 일본 공사관 공격 → 대원군 재집권 → 민씨 일파의 원군 요청으로 청군 출병 → 청은 흥선 대원군을 군란의 책임자로 지목해 톈진으로 압송 → 민씨 일파 재집권

· **청의 내정 간섭** 위안스카이가 조선에 부임해 군대를 주둔시킴. 마건충과 묄렌도르프(우리나라 최초의 서양인 고문)를 고문으로 파견해 내정과 외교 간섭

· **제물포 조약** 일본에 배상금 지급, 일본군이 공사관 호위 명목으로 서울에 주둔하는 것을 허용

2 청 상인들의 진출

· **조청상민수륙무역장정 체결(1882년 8월)** 임오군란 이후 청 상인이 조선에서 마음대로 장사할 수 있는 내지 통상권을 부여받음, 면제품 판매에 역점 → 최혜국 대우에 따라 다른 나라 상인들도 내륙 진출이 가능해짐, 치외 법권 인정 → 조선 상권에 위협이 됨

· **상권 확대** 군함을 이용해 개항되지 않은 항구까지 드나들어 일본 상인과 충돌, 청일 간의 무역 전쟁에서 청이 우위에 섬 → 청일 전쟁의 배경이 됨

3 개화파의 형성

· **형성 배경** 북학파의 실학사상이 초기의 개화사상인 통상 개화론으로 발전, 청의 양무운동과 일본의 메이지 유신의 영향을 받음

· **개화파의 성장** 박규수, 오경석(역관), 유홍기(의관) 등이 통상 개화론 주장 → 박규수, 유홍기 등은 김옥균, 박영효, 유길준, 김윤식 등에게 새로운 사상 전파 → 개항을 전후해 개화파 형성 → 1880년대 정계 진출 → 정부의 기구 개편과 수신사, 조사 시찰단 파견에 관여

· **온건 개화파(사대당)** 김홍집, 어윤중, 김윤식 등이 권력을 장악한 민씨 세력과 결탁해 친청 사대 정책을 고수함. 전통을 지키며 서양 기술을 받아들이자는 동도서기론(東道西器論)에 입각해 점진적 개혁 추구, 서양의 과학 기술을 수용하는 데는 적극적이나 정치, 사상, 제도 개혁에는 소극적임. 청의 양무운동이 모델이 됨

· **급진 개화파(개화당)** 김옥균, 박영효, 홍영식, 서광범 등은 청에 의존하는 민씨 세력에 반대하고 조선의 자주독립 추구. 문명개화론에 입각해 급진적 개혁 추구. 서양의 물질문명뿐 아니라 사상과 제도 등도 적극

수용. 일본의 메이지 유신이 모델이 됨

4 갑신정변(1884년)

· **배경** 임오군란 후 개화 정책 후퇴(급진 개혁파가 민씨와의 갈등으로 일본 차관 도입에 실패), 청프 전쟁(베트남 북부의 통킹을 차지하려고 프랑스가 일으킨 전쟁)으로 국내에 주둔하던 청군 일부 철수, 일본의 군사적 지원 약속

· **전개** 우정국(근대적 우편 제도 마련) 개국 축하연을 이용해 거사 → 민씨 정권의 핵심 인물을 살해하고 개화당 정부 수립(14개조 정강 발표) → 청군의 개입과 일본의 약속 불이행으로 3일 만에 실패 → 김옥균, 박영효 일본으로 망명

· **14개조 정강** 청에 대한 조공의 허례 폐지(자주독립 선언), 문벌 폐지, 양반 중심의 신분제 폐지, 지조법(토지에 부과된 각종 조세에 대한 규정) 개혁, 국가 재정의 호조 관할(재원 확보), 내각 중심의 정치 시행, 혜상공국(보부상을 다스리려고 설치한 관청) 폐지

· **한성 조약(조선 – 일본)** 조선이 일본에 배상금 지급, 일본 공사관 신축비 부담

· **텐진 조약(청 – 일본)** 조선에서 청과 일본 군대 철수, 파병할 때 서로 사전 통보를 약조. 훗날 청일 전쟁의 계기가 됨

· **의의** 근대 국가 건설을 위한 최초의 정치 개혁. 내각 중심의 입헌 군주제 지향, 국민 평등권을 확립해 신분 제도 타파, 호조에서 재정을 관할하는 재정 일원화를 통해 국가 재정 확보

5 갑신정변 이후 국내외 정세

· **거문도 사건(1885년)** 갑신정변 이후 청의 내정 간섭 심화 → 고종은 청을 견제하기 위해 러시아와 조러 비밀협약 모색, 러시아는 함경북도 경흥을 조차하고 외교관 베베르를 공사로 보내 친러 세력을 형성함 → 영국이 러시아의 남하를 견제한다는 명분으로 거문도 불법 점령 → 청의 중재로 영국이 거문도에서 철수

· **한반도 중립화론(1885년)** 조선 주재 독일 부영사 부들러가 청, 러시아, 일본이 보장하는 한반도 중립화안 건의. 유길준도 열강이 보장하는 중립화론을 집필했으나 갑신정변 실패 이후 개화파로 몰리면서 공표되지 못함

위정척사파와 개화파는 왜 대립할 수밖에 없었을까요?

개화파와 위정척사파의 대립이 심해진 가운데 임오군란과 갑신정변이 일어났습니다. 표면상으로 임오군란은 일본에 반기를 든 것이고, 갑신정변은 청에 반기를 든 것이라는 점에서 차이가 있어요. 임오군란의 배후에 있던 흥선 대원군이 청에게 도움을 요청하고, 갑신정변을 주도한 세력이 일본의 도움을 받으려고 했던 이유가 바로 이 때문이지요.

하지만 위정척사파와 개화파는 개화에 대한 생각과 관점만 달랐을 뿐, 외세에 의존하려고 했다는 점에서는 차이가 없습니다. 진정한 개화를 실현하기 위해서는 무엇보다 열강의 간섭으로부터 자유로워야 하는데 그러지 못한 것이지요.

정학인 성리학을 지키고 사학인 서양 문물을 배격하자는 위정척사 사상은 반외세보다는 전근대적, 반개혁적 성격을 띠고 있어요. 성리학적 사상에 입각해 조선 왕조의 전제주의 정치 체제와 양반 중심의 봉건 사회를 옹호하는 것이 위정척사 사상의 궁극적인 목표였습니다.

김홍집, 어윤중, 김윤식 등 온건 개화파는 권력을 장악한 민씨 세력과 결탁해 친청 사대 정책을 고수했고, 김옥균, 박영효, 홍영식, 서광범 등 급진 개화파는 일본의 도움을 받아 청에 의존하는 민씨 세력에 맞섰어요.

위정척사파와 개화파가 끝내 반목할 수밖에 없었던 이유는 무엇일까요? 뿌리 깊은 당파 싸움의 산물일 수도 있고, 사회 체제에 대한 가치관의 차이 때문일 수도 있습니다. 실례로 위정척사파는 신분 차별을 전제했지만 개화파는 사민평등을 전제하고 있었어요. 하지만 신분제의 폐지는 당대의 엄연한 시대적 요구였기 때문에 그 차이가 절대적이라고 보기는 어렵지요.

기본적으로 열강의 침탈을 막자는 주장과 근대적인 의미의 개혁을 추진하자는 주장은 결코 다르지 않았어요. 임오군란이 일어난 지 2년밖에 안 지난 시기에 갑신정변이 일어난 것도 이런 시대적 흐름을 반영한 것이라고 할 수 있습니다. 개화파의 입장에서도 실질적인 개혁을 이룩하는 과정에서 외세의 경제적 침탈을 막아 내

는 것이 중요한 과제로 떠오르게 된 거예요. 갑신정변을 일으켰던 세력이 청의 간섭으로부터 벗어나려고 했던 점도 이런 맥락으로 이해할 수 있지요.

당시 상황에서 열강의 경제적 침탈을 막는 것과 근대 개혁을 이룩하는 일은 한목소리로 나아갈 수 있었습니다. 그런데도 위정척사파와 개화파가 반목할 수밖에 없었던 이유는 집권 세력인 민씨 일파가 열강의 침탈을 막지 못하고 개혁에 무지했기 때문이에요. 문호 개방을 하더라도 열강의 침탈을 막아 내면서 근대적인 개혁을 추진하려는 목표를 세워야 했는데 전혀 그러지 못한 것이지요.

오히려 시대의 흐름에 역행하는 모습까지 보였습니다. 흥선 대원군을 몰아내고 권력을 장악한 민씨 일파는 유생의 지지를 얻기 위해 이미 철폐되었던 만동묘를 복구하고 서원을 되살려 놓았어요. 민씨 일파가 권력 장악과 유지를 위해 기존 세력과 외세에 의존하고, 이로 인해 국권이 침탈된 것은 예정되어 있었다고 볼 수 있습니다.

7 백성의 투쟁이 개혁의 불을 지피다
동학 농민 운동과 갑오개혁

1 9세기 말 조선은 삼정의 문란과 열강의 침탈로 인해 개혁이 불가피한 상황이었습니다. 이에 백성들이 팔을 걷어붙이고 일어났어요. 함경도에서 시작된 농민 항쟁은 삼남 지역 전체로 점차 확대되다가 1894년에 동학 농민 운동으로 이어졌습니다. 동학 농민 운동은 동학 교조 최제우의 신원을 회복하기 위한 교조 신원 운동에만 머무르지 않고, '일본과 서양 세력을 배척하고 의병을 일으킨다' 는 척양왜창의(斥洋倭倡義)를 내세우며 실질적인 사회 개혁으로 나아갔어요. 이 같은 농민들의 염원은 비록 실패로 끝났지만 갑오개혁으로 신분제 폐지를 이루는 데 큰 영향을 주었고, 진정한 사회 개혁은 백성의 투쟁에 의해서 이루어진다는 사실을 확인시켜 주었지요.

- **1894년 1월** 고부 군수 조병갑의 학정에 반발해 전봉준의 지휘 아래 관아를 습격하다.
- **1894년 3월** 농민군이 백산에 모여 봉기한 제1차 농민 봉기가 일어나다.
- **1894년 5월** 외세 개입을 우려해 농민군과 정부가 전주 화약을 맺다.
- **1894년 7월** 군국기무처를 설치해 개혁을 단행한 제1차 갑오개혁이 일어나다.
- **1894년 9월** 일본군의 철병 요구 거부로 제2차 농민 봉기가 일어나다.

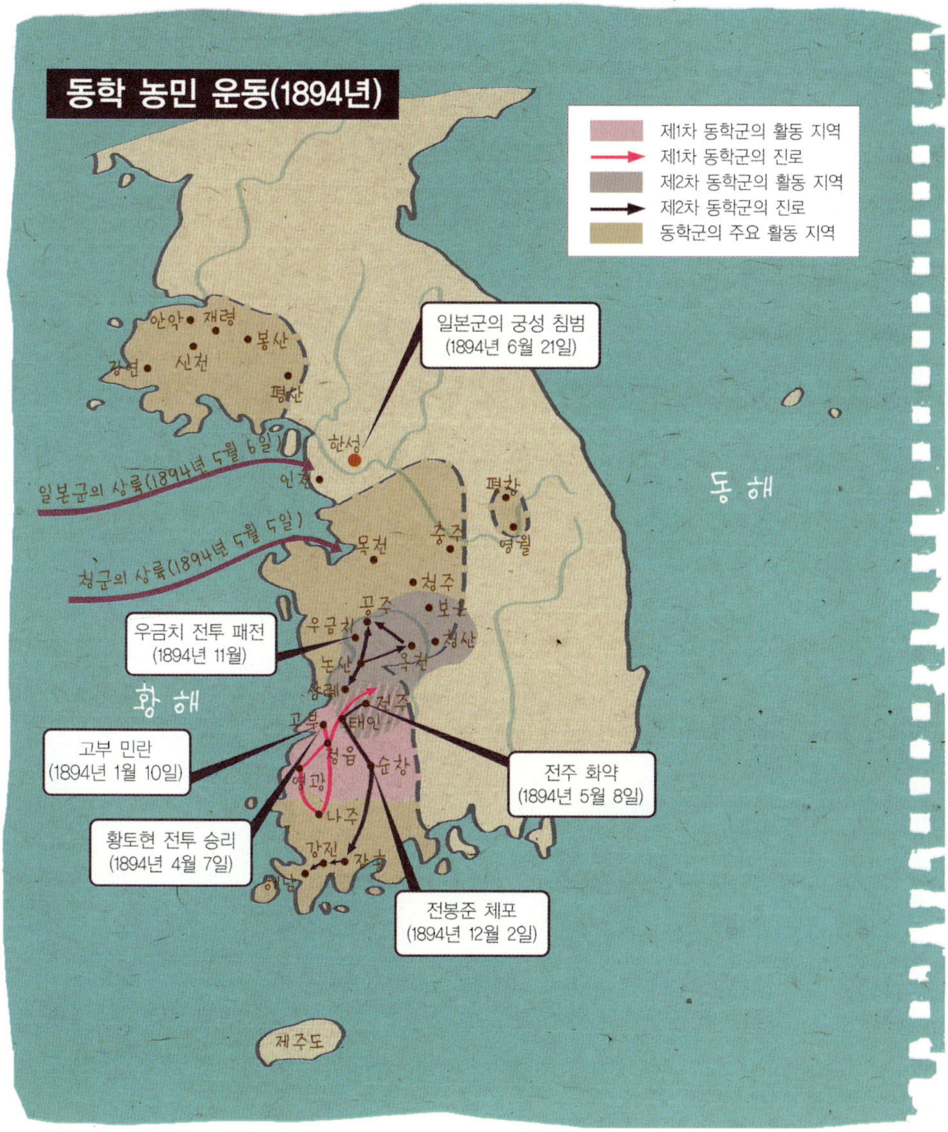

동학의 교세 확대와 교조 신원 운동

19세기 말에 조선은 어떤 형태로든 개혁이 필요했어요. 하지만 흥선 대원군이나 민씨 일파가 시대착오적인 왕정복고를 지향하고, 무방비 상태로 문호를 개방하는 등 실정을 거듭하자 결국 백성들이 일어나게 되었지요.

동학 농민 운동의 주체는 전국적인 조직망을 갖추고 있던 동학 교도였습니다. 동학은 1860년 수운 최제우가 창시했는데, 이름에서도 알 수 있듯이 서학, 곧 외세에 반대한다는 뜻을 지니고 있어요. 게다가 사람이 곧 하늘이라는 인내천 사상에 뿌리를 두고 있었지요. 동학에는 최제우가 30년에 걸쳐 공부한 유교, 불교, 도교 사상은 물론 음양오행설, 역학, 풍수지리설 등 다양한 사상이 집약되어 있었어요.

동학의 인내천 사상은 평민과 천민에게도 사람은 누구나 고귀하다는 생각을 심어 주었습니다. 이렇듯 신분과 남녀의 차별 없이 사람이

하느님이라는 동학의 메시지는 민중에게 희망을 안겨 주면서 급속히 보급되었어요.

그래서 최제우가 포교 활동을 시작한 지 6개월 만에 3,000여 명의 신자가 생겼지요. 급속도로 확대되는 동학 세력에 위협을 느낀 조정은 1863년 최제우를 체포해 참형에 처했어요.

동학 농민 운동은 동학을 기반으로 삼고 있었지만 동학교도만의 투쟁이라고 단정 지을 수 없습니다. 왜냐하면 동학교도 외에도 향반과 농민, 빈민, 유랑자 등 다양한 세력이 참여했기 때문이에요. 또 투쟁이 지속될수록 교조 신원 운동뿐만 아니라 사회 개혁을 부르짖는 목소리도 나오기 시작했습니다. 동학 농민 운동은 갑오년에 일어난 농민 투쟁이라는 점에서 갑오농민전쟁이라고도 해요.

동학이 주체가 되어서 전국적으로 연계된 투쟁이 가능했지만 처음부터 전국적인 판도를 형성했던 것은 아닙니다. 1864년 최제우가 대구에서 사형당한 뒤, 제2대 교주인 최시형에 의해 포교 활동의 영역이 점점 넓어지면서 1880년대에는 삼남 지방으로까지 확산되었어요.

그런데 이 과정에서 교조 신원 운동을 통해 동학을 인정받으려는 순수한 종교적 차원의 입장과 포괄적 의미의 사회 개혁을 추진하려는 입장으로 나누어지게 되었습니다. 이로 인해 북접과 남접이라는 말이 생겼어요. 동학 농민 운동의 주된 세력은 전봉준, 김개남, 손화중 등이 속해 있는 남접이었는데, 제2차 봉기 때는 북접도 참여했지요.

1892년 10월에는 충청도 공주에서 수천 명의 동학교도들이 교조 신원 운동을 벌여 충청 감사에게 교조 신원과 탄압 중지를 요구했습니다. 충청 감사는 부당한 탄압을 금지하겠다고 약속했어요. 이에 힘입어 같은 해 11월에는 전라도 삼례에서도 교조 신원 운동이 전개되

(위) 김개남과 (아래) 손화중
전봉준과 함께 농민군을 이끈 지도자들이다. 농민군이 패배한 뒤 두 사람 모두 체포되어 처형당했다.

었지요. 삼례 집회에서는 동학 탄압 중지와 신앙의 자유 인정, 관리들의 부당한 수탈 중지 등을 주장했어요.

우리들의 뜻은 선사(최제우)의 지극한 억울함을 풀고자 함이다. 선사의 가르침은 오직 유불선이 도를 합해 충군효친(忠君孝親)함에 있다. 이러한 것을 이단이라고 하고 이와 반대되는 것을 정학이라고 하는 이유를 우리는 모르겠다. 지금 각 지방에서 지목하는 병폐는 물보다 깊으며 불보다 사납다. 수령과 토호들은 우리의 가산을 탈취해 자기 재산처럼 여기며 살상과 구타를 일삼았다. (『천도교 창건사』)

하지만 부당한 탄압을 하지 않겠다는 대답만 들었을 뿐 교조 신원의 목표는 달성하지 못했어요. 이에 1893년 2월 손병희를 포함한 동학 대표 40여 명이 서울 경복궁 앞에서 복합 상소(伏閤上疏) 운동을 전개했지만 이 또한 뜻을 이루지 못했지요.

1893년 3월에는 대중의 힘을 동원해 해결할 생각으로 보은 집회를 열었지만 조정이 강경한 입장을 굽히지 않자 해산되고 말았어요. 이 시기에 전라도 금구와 원평에서 집회를 주도했던 전봉준 등이 교조 신원에 머무르지 않고 척양왜(斥洋倭)라는 입장을 밝혔지만 동학 지도부의 입장 때문에 해산의 길을 걷게 되었습니다.

전봉준, 김개남, 손화중 등이 요구한 사회 개혁의 특징은 농민의 입장에서 추진되었다는 점이에요. 당시 전라도 지역에서 탐관오리의 수탈이 특히 심했기 때문이지요. 전라도 지역에서는 "난리가 났네! 난리가 났어! 참 잘되었지! 망할 놈의 세상!"이라는 난망가(亂亡歌) 소리가 높았다고 해요. 고부 군민이 거사를 일으키기 위해 돌린 사발통문에도 난망가가 실려 있답니다.

손병희(1861~1922년)
동학의 제3대 교주다. 동학을 천도교로 개칭해 중흥시켰다. 3·1 운동을 이끈 민족 지도자 가운데 한 사람이다.

봉황각(서울시 강북구)
손병희가 보국안민을 내세우고 일제에 빼앗긴 국권을 찾기 위해 천도교 지도자를 양성하려는 목적으로 1912년에 세운 건물이다. 봉황각에서 마주 보이는 산언덕에 손병희의 묘가 있다.

동학 농민 운동의 불길이 타오르다

동학 농민 운동의 불씨는 전라도 고부 지역에서 타오르기 시작했습니다. 1892년 4월 고부 군수로 부임한 조병갑은 온갖 명목으로 농민들을 수탈했어요. 이미 전국적으로 지방 관리의 부패와 수탈이 만연한 상황이었지만 조병갑의 경우는 더 심했지요.

조병갑은 농민들을 강제로 동원해 멀쩡한 보(洑)를 허물고 만석보를 건설한 뒤 수세(水稅)를 받는가 하면, 태인 현감을 지낸 아버지의 공적비를 세운다는 명목으로 돈을 거두어들이기도 했어요. 또 묵은땅을 개간하면 세금을 2~3년간 받지 않겠다고 약속하고도 가을에 세금을 거두고, 살림이 넉넉한 농민에게는 불효 등의 죄목을 씌워 돈을 빼앗기도 했습니다.

이에 고부 농민들과 전봉준은 군수와 전라 감영에 수차례 호소했어요. 하지만 아무것도 개선되는 것이 없었지요. 오히려 전봉준의 아버지가 매를 맞아 죽는 사건이 일어났어요.

결국 고부 농민들은 전봉준의 지휘 아래 치밀한 준비를 마치고 1894년 1월에 봉기했는데, 이를 고부 민란이라고 합니다. 당시 고부에서는 조병갑을 죽이고 전주 감영을 무너뜨린 뒤 서울로 진격하자는 내용이 사발통문을 통해 제시되었어요.

각 리의 집강 귀하

위와 같이 격문을 사방에 전하니 논의가 들끓었다. 매일 난리를 노래하던 민중은 곳곳에 모여 말했다. "났네, 났어. 난리가 났어.", "에이, 참 잘되었지. 그냥 이대로 지내서야 백성이 한 사람이라도 남아 있겠나." 하며

그날이 오기만을 기다리더라.

- 고부 성을 격파하고 군수 조병갑을 효수할 것

- 군기창과 화약고를 점령할 것

- 군수에게 아첨해 인민을 못살게 구는 탐관오
리를 응징할 것

- 전주 감영을 함락하고 곧바로 서울로 향할 것

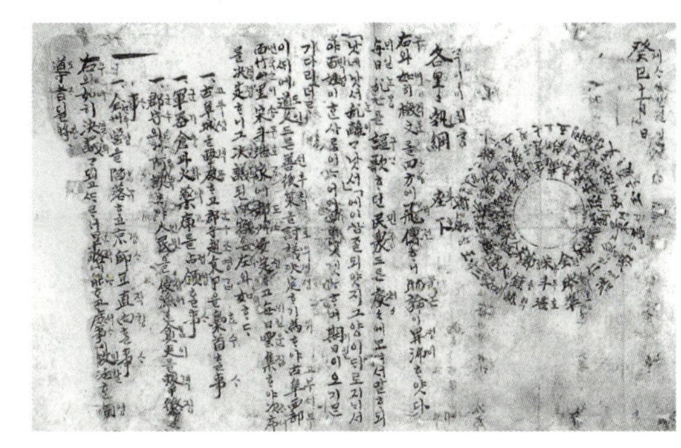

사발통문

어떤 일을 널리 알리기 위한 글을 통문이라고 한다. 사발통문은 통문의 주모자가 누군지 알 수 없도록 사발을 엎어서 그린 원을 중심으로 참가자 명단을 돌려 적은 통문이다. 사진은 전라도 고부에서 전봉준 등 20여 명이 조병갑의 학정에 항거해 봉기할 것을 약속하며 작성한 사발통문이다.

고부 농민들은 관아를 점령해 관리들을 처벌하고 무기고를 털어 무장했습니다. 그러고는 창고를 열어 양곡 1,400여 석을 몰수해 부당하게 거둔 세금을 돌려주고, 만석보 밑에 새로 쌓은 보를 허물어 버렸어요.

조정에서는 용안 현감 박원명을 고부 군수로 임명하고 이용태를 안핵사로 임명해 난을 진압하게 했습니다. 박원명은 농민군을 달래서 해산시키는 데 주력했지요. 전봉준 등은 2월 19일경 전라도 각 지역에 격문을 보내 봉기를 호소했지만, 내부에서 동요하는 자가 나타나기 시작했어요.

결국 박원명의 집요한 회유로 3월 초 농민군이 해산되고 맙니다. 그런데 농민군이 해산한 지 10일도 채 안 되어 안핵사 이용태가 조병갑 못지않게 죄 없는 농민들을 잡아 가두고 고부 민란에 참여한 농민과 가족들을 닥치는 대로 학살하는 만행을 저질렀어요.

이에 전봉준은 무장현의 손화중을 찾아가 거국적인 봉기를 계획한 뒤, 3월 20일 무장현 당산에서 창의문(倡義文)을 발표하고 거병했습니다. 그러자 고부 민란을 접하고 이에 동참할 뜻을 품고 있던 사람들이 창의문을 보고 몰려들기 시작했어요. 이로 인해 동학 농민 운동은 전국적인 항쟁으로 전개되었습니다.

3월 20일 무장현을 떠난 농민군은 고창현, 흥덕현, 부안현을 거쳐 고부를 점령했어요. 25일에는 전략 지점인 백산으로 진을 옮기고 인근 지역의 농민들에게 봉기에 동참할 것을 적극 촉구했지요. 이에 김개남의 농민군을 포함한 여러 지역의 농민군이 합세했어요. 이로써 전봉준, 손화중, 김개남 휘하의 연합 농민군이 완성되어 주력군을 형성하게 되었지요.

당시 백산 지역에 모인 농민군의 수는 "서면 백산이요, 앉으면 죽산이라."라는 말을 통해 짐작할 수 있습니다. 서면 흰옷 때문에 흰 산처럼 보이고, 앉으면 죽창이 머리 위로 보여 죽산을 이룬 것처럼 보였다는 뜻이에요. 그만큼 농민들의 적극적인 지지와 참여 속에서 봉기가 진행되었습니다.

농민군은 백산에서 진용을 갖추고 지휘 체계와 조직을 정비한 뒤 격문과 4대 행동 강령, 12개 기율을 발표했어요. 전봉준은 총대장, 김개남과 손화중은 총관령, 김덕명과 오시영은 총참모에 임명되었지요. 백산 격문은 무장에서 발표한 창의문과 달리 보국안민과 외세 축출, 탐관오리 제거 등의 목표를 분명하게 밝혔어요.

제1차 동학 농민군의 격문

우리가 의로운 깃발을 들어 이곳에 이름은 그 뜻이 결코 다른 데 있지 아니하고 창생을 도탄 속에서 건지고 국가를 반석 위에 두고자 함이다. 양반과

말목장터와 감나무
전라북도 정읍시 이평면에 위치한 말목장터는 1894년 동학 농민 운동이 최초로 일어난 장소다. 이곳에 있는 감나무 밑에서 전봉준이 군수 조병갑의 탐학과 농민 수탈의 실정을 알리고 농민 봉기의 필요성을 역설했다. 말목장터 감나무는 태풍으로 쓰러져 보존 처리 후 동학농민혁명기념관으로 옮겨졌다.

갑오동학혁명 기념탑(전라북도 정읍시)
우리 역사상 최초의 농민 봉기인 동학 농민 운동의 정신을 전하기 위해 1963년에 세워진 탑이다. 사적 제295호로 지정된 황토현 전적지에 자리 잡고 있다. 탑이 세워진 이곳에서 동학 농민군과 전라 감영군이 최초로 접전을 벌였는데, 농민군이 대승을 거두었다.

탐학한 관리의 목을 베고 밖으로 횡포한 강적의 무리를 내몰고자 함이다. 양반과 부호 앞에서 고통을 받고 있는 민중과 방객과 수령 밑에서 굴욕을 받고 있는 하급 관리들은 우리와 같이 원한이 깊은 자이라. 조금도 주저하지 말고 이 시각으로 일어서라. 만일 기회를 잃으면 후회해도 미치지 못하리라.

백산에서 대오를 정비한 농민군은 전주를 공격하기 위해 행동을 개시했고, 조정에서도 군사를 보냈습니다. 결국 농민군과 정부군은 4월 6일과 7일에 걸쳐 황토현에서 결전을 치르게 되었어요. 농민군은 군사들을 매복시킨 뒤 후퇴하는 척하면서 관군을 유인해 큰 승리를 거두었습니다. 첫 번째 전투를 승리로 장식하면서 농민군은 전라도 일대로 세력을 넓혀 가게 되었어요. 이들은 전라도 장성의 황룡촌 전투에서도 승리해 더욱 기세를 올리면서 4월 27일에는 전주성까지 점령해 버립니다.

백산 봉기 기록화(동학농민혁명기념관)
고부 민란 이후 안핵사 이용태의 탄압이 혹독해지자 1894년, 전봉준, 손화중, 김개남 휘하의
농민군은 총기류와 농기구로 무장한 뒤 전라북도 부안군 백산에 모여 봉기했다.

東徒大將
錦

전주 풍남문(보물 제308호)

조선 시대 전라 감영의 소재지였던 전주를 둘러싼 성곽의 남쪽 출입문이다. 전주는 호남을 대표하는 도시일 뿐 아니라 태조 이성계의 영정을 모신 경기전이 있는 곳이기도 하다. 호남의 요지인 전주를 농민군이 함락시키자 조정이 화해를 청함으로써 전주 화약이 맺어졌다.

전주 풍남문(보물 제308호)

조선 시대 전라 감영의 소재지였던 전주를 둘러싼 성곽의 남쪽 출입문이다. 전주는 호남을 대표하는 도시일 뿐 아니라 태조 이성계의 영정을 모신 경기전이 있는 곳이기도 하다. 호남의 요지인 전주를 농민군이 함락시키자 조정이 화해를 청함으로써 전주 화약이 맺어졌다.

전술적 실패의 산물, 갑오개혁

농민군은 전주성의 점령으로 봉기를 전국적으로 확대할 수 있는 여건을 마련하게 되었습니다. 그런데 이들은 곧바로 서울로 진격하지 않고 전주성을 수비했어요. 전주성을 거점으로 삼아 세력을 확대하려고 했을지도 모르지요. 하지만 봉기를 일으켰을 때 방어 자세를 취하면 그때부터 수세에 몰린다는 사실은 수많은 민란 속에 나타난 교훈이에요.

조정은 농민군을 진압하기가 힘들어지자 4월 29일 청에 군사를 요청했습니다. 5월 5일 청의 군대가 아산만에 상륙하자, 텐진 조약에 따라 일본군도 인천에 군사를 파견했어요.

결국 5월 7일 농민군과 정부군은 폐정 개혁안에 합의하는 전주 화약을 맺었어요. 이때 전봉준 등이 강화의 조건으로 제시한 12개 조항의 폐정 개혁안은 다음과 같습니다. 이 12개 조목은 여러 차례에 걸쳐 주장된 동학 농민군의 폐정 개혁안이 집약된 거예요. 또한 부패한 봉건 지배층의 타파와 신분 차별의 폐지 등이 제시되어 있지요.

폐정 개혁안 12개조

1. 동학교도는 정부와의 반감을 없애고 모든 행정에 협력한다.

2. 탐관오리는 죄목을 조사해 모두 엄벌에 처한다.

3. 횡포한 부호들을 엄벌에 처한다.

4. 불량한 유림과 양반들을 징계한다.

5. 노비 문서를 불태워 없앤다.

6. 모든 천인들의 대우를 개선하고 백정이 쓰는 평량갓을 없앤다.

7. 젊어서 과부가 된 여성의 재가를 허락한다.

8. 규정 이외의 모든 잡다한 세금은 일체 거두지 않는다.

9. 관리 채용에는 문벌을 타파하고 인재를 등용
한다.

10. 왜와 내통한 자는 엄벌에 처한다.

11. 공사채를 불문하고 농민이 이전에 진 빚은
모두 무효로 한다.

12. 토지는 균등히 나누어 경작하게 한다.

농민군은 폐정 개혁안을 감시하기 위해 집
강소에서 다양한 활동을 벌였습니다. 청과
일본의 군대가 한반도에 남아 있을 명분을
없애 하루빨리 철군하게 하려 했던 거예요.

제물포에 상륙하는 일본군
청의 군대가 농민군을 진압하기
위해 출동하자 일본도 톈진 조
약에 따라 인천에 군대를 상륙
시켰다.

일본은 군대를 철수하지 않아도 될 명분을 찾으려고 했습니다. 그
러면서 조선에 대한 간섭을 유지하기 위해 1894년 6월 21일 경복궁
을 점령하고 위협했어요. 이로 인해 민씨 정권이 무너지고 흥선 대원
군의 섭정 아래 제1차 김홍집 내각이 성립되었지요. 흥선 대원군은
통상 수교를 거부하는 입장이었지만, 오랫동안 청에 볼모로 잡혀 있
으면서 반감이 쌓여 귀국 후에는 적극적으로 일본을 배척하지 않았습
니다. 이에 일본은 흥선 대원군의 이름을 빌려 개혁의 정당성을 확보
하려고 했어요.

일본은 경복궁을 점령한 지 이틀 후인 6월 23일에 청일 전쟁을 일
으켰습니다. 청은 동학 농민군의 세력이 약화되자 일본에 공동으로
철병할 것을 제안했어요. 그런데 일본은 오히려 양국이 공동으로 조
선의 내정을 개혁하자고 하면서 회담을 제안했지요. 청이 이를 거절
하자 회담은 결렬되었고, 이로 인해 청일 전쟁이 일어난 것입니다.

일본군은 6월 23일 아산만 앞 풍도에 주둔하고 있던 청의 군대를 기습적으로 공격해 제압한 뒤 7월 1일 청일 전쟁을 선포했어요.

갑오개혁의 주체는 온건 개혁파였습니다. 친일파 정권인 김홍집 내각은 농민의 불만과 개혁 요구를 반영하기 위해 군국기무처를 신설하고 1894년 7월 갑오개혁(제1차 개혁)이라는 정책을 발표했어요. 당시 일본은 청일 전쟁 중이어서 적극적으로 간섭할 수 없었으므로 온건 개혁파가 개혁을 주도할 수 있었지요. 동학 농민 운동은 집권 세력과 일본의 개입으로 실패했지만 이들의 요구가 갑오개혁에 부분적으로나마 반영된 셈이었어요.

먼저 외교 면에서는 청의 종주권을 거부하는 의미로 조선이 개국한 1392년을 기준으로 삼는 새로운 연호를 채택했습니다. 정치 면에서는 궁내부를 설치해 왕실과 정부의 사무를 분리하고 6조를 8아문으로 바꾸었으며 과거제를 폐지했어요. 경제 면에서는 재정 업무를 탁지아문으로 일원화하고 은 본위 화폐 제도를 실시했으며 도량형의 통일을 시도했습니다. 사회 면에서는 신분제와 노비제를 혁파하고 연좌법을 폐지했으며 조혼을 금지하고 과부의 재가를 허용했어요.

일본은 청일 전쟁에서 승세를 잡아 가자 갑신정변 후 망명한 급진 개혁파 박영효와 서광범을 귀국시켜 이들을 통해 내정 간섭을 모색했습니다. 제2차 개혁은 온건 개화파와 급진 개화파의 연립 내각인 김홍집, 박영효 내각이 추진하다가 김홍집이 실각해 박영효의 주도로 진행되었지요.

고종은 개혁의 기본 방향을 밝힌 홍범 14조를 반포했습니다. 고종이 발표한 독립 서고문에 포함되어 있는 홍범 14조는 국정 개혁의 기본 강령이고, 조선이 자주독립국임을 국내외에 선포한 문서라는 점에

외무아문 관리들

외무아문은 오늘날의 외교 통상부에 해당한다. 1894년 갑오개혁이 추진되면서 군국기무처의 개혁안에 따라 중앙에는 궁내부와 의정부의 2부와 8아문(내무아문, 외무아문, 탁지아문, 군무아문, 법무아문, 학무아문, 공무아문, 농상아문)을 두었다.

서 의의가 있어요. 이는 갑오년인 1894년이 지나기 전인 1894년 12월 13일(양력 1895년 1월 8일)에 반포됐어요. 이 개혁을 제1차 개혁과 구분하기 위해 흔히 제2차 개혁이라고 부릅니다. 물론 갑오개혁은 제1차와 제2차 모두를 포함하는 개념이지요.

제2차 개혁은 제1차 개혁 때의 군국기무처 개혁안과 큰 차이는 없지만 구체적 사항들에서 진전이 있었습니다. 의정부를 내각으로 고쳐 근대적 성격을 강화했고, 지방 8도는 23부로 개편해 지방관의 권한을 행정권에 한하도록 축소했어요.

또한 사법권을 행정권으로부터 분리시켰고, 경찰을 두어 치안 업무를 일원화했으며, 교육입국 조서를 반포해 근대 교육을 시행했지요. 이때부터 초등 교육, 중등 교육, 고등교육과 같은 학제가 형성되기 시작합니다. 이를 계기로 선생님을 배출하기 위한 한성 사범 학교, 외국어 학교가 설립되지요.

　제2차 개혁에서도 일본의 적극적인 간섭은 이루어지지 않았어요. 청일 전쟁이 끝난 뒤 삼국 간섭으로 인해 일본의 세력이 약화되는 과정이었기 때문이지요. 이에 따라 박영효는 자주적인 입장을 견지할 수 있었어요.

동학 농민 운동 제2차 봉기

일본군이 경복궁을 장악한 일로 삼남 지방의 여러 곳에서 봉기가 일어났습니다. 전라 감사 김학진은 민족적 위기를 명분으로 농민군의 지휘부에 회담을 제의했어요. 농민군 지도자였던 전봉준은 김학진을 만나 관민상화(官民相和)의 원칙에 따라 정부와 농민군이 협력해 전라도 내의 치안 질서를 바로잡기로 약속했습니다. 구체적인 실행 방

법으로 53개 읍에 집강소를 설치해 운
영하기로 합의했어요.

이로써 농민군은 치안권과 자치권을
행사할 수 있게 되었습니다. 이것은 농
민들이 자신의 힘과 의지로 지방의 행정
력을 장악한 것이었어요. 또 농민들 스
스로가 사회 개혁의 주체가 될 수 있다
는 사실을 자각했다는 점에서 큰 의의를
지닙니다.

청일 전쟁에서 승리한 일본은 조선의
내정에 적극적으로 간섭하고 농민군을
토벌하려고 했어요. 이에 농민군의 지도
부는 군량과 군기를 정비하면서 삼례에
투쟁 본부를 두고 재봉기를 확정했습니

공주 우금치 전적비
우금치는 1894년 동학 농민
군이 반봉건, 반외세의 기치를
걸고 관군과 일본군의 연합군을
상대로 마지막 항전을 치렀던
곳이다. 우금치 전투 후 전봉
준이 체포되어 처형됨으로써
1년 동안 전개된 동학 농민
운동은 막을 내리게 되었다.

다. 그리고 1894년 9월 12일 삼례에 4,000여 명이 집결해 제2차 봉기
를 일으키지요. 전봉준은 북접과 연합 세력을 형성하는 데 성공해 호
남을 중심으로 충청도, 경상도, 황해도 등지로 세력을 확산해 나갔어
요. 10월 16일에는 전라도와 충청도 일대의 농민군이 총동원되어 총
력전의 형태를 띠게 되었지요.

전봉준과 손병희는 북상해 공주로 나아가고, 김개남은 북상군의 거
점인 전주에 남아 청주로 전진했으며, 손화중과 최경선은 후방을 수
비했습니다. 그런데 무엇보다 중요했던 점은 누가 공주 지역을 장악
하느냐 하는 것이었어요. 봉기의 성패가 달려 있었기 때문이지요. 하
지만 총력전의 형태를 갖추는 데 많은 시간이 지체된 관계로 관군이

공주 우금치 전투 기록화

1894년 11월 8일 남접과 북접 연합군 20만 명이 일본군과 관군을 상대로 공주 우금치에서 대접전을 벌였으나 크게 패했다. 12월에 전봉준이 체포됨으로써 1년 동안 지속된 동학 농민 운동은 막을 내리게 되었다. 기록화에는 조일 연합군의 포탄과 총탄이 비 오듯 쏟아져 내리는데도 물러서지 않는 농민군의 장엄한 모습이 그려져 있다.

먼저 공주를 장악하게 되었어요.

　결국 전봉준의 농민 주력군은 일본군과 관군의 연합 부대를 상대로 10월 23일부터 11월 8일까지 공주에서 대회전을 치르게 되었습니다. 이후 11월 8일 우금치 전투에서 대접전을 벌였으나 크게 패하고 후퇴하기 시작했어요. 김개남 부대도 11월 13일 청주에서 대공세를 폈으나 역시 패하고 말았지요. 전주에서도 밀려난 농민군은 11월 25일 금구, 원평에서 접전을 벌였으나 또다시 밀렸고 태인 전투에서도 패배하고 맙니다.

　12월 1일에는 김개남이, 2일에는 전봉준 등이 체포되고, 30만~40만 명의 농민들이 살상되면서 동학 농민 운동은 막을 내리게 되었습니다. 이후에도 잔여 세력은 강원도, 황해도, 평안도 지역으로 흩어져 1895년 가을까지 항거를 계속하다가 을미사변이 일어나자 항일 의병에 가담했어요.

서울로 압송되는 전봉준
1894년 12월 28일 전라북도 순창에서 체포된 동학군 지도자 전봉준이 서울로 압송되고 있다. '때를 만나서는 천하가 다 힘을 합하더니, 운이 다하니 영웅도 어쩔 수가 없구나. 백성을 사랑하고 정의를 위한 길이 무슨 허물이랴, 나라를 위한 일편단심 그 누가 알리(전봉준의 절명시).'

조선의 국모가 스러지다 – 을미사변과 을미개혁

청일 전쟁 이후 일본은 조선에서 강력한 영향을 미치게 되었습니다. 하지만 국제 상황까지 일본에게 유리하게 돌아갔던 것은 아니에요. 일본은 청일 전쟁에서 승리한 후 청과 시모노세키 조약을 맺어 요동 반도를 할양받으려고 했으나 러시아와 독일, 프랑스의 반대로 좌절되었지요.

이러한 상황에서 러시아는 일본보다 더 강력한 세력으로 급부상했습니다. 조선을 둘러싼 열강 사이의 대립에서 청 대신 러시아가 진출해 일본과 세력을 겨루게 된 것이지요. 그래서 민씨 일파는 러시아를 끌어들이려고 했어요. 이에 일본은 1895년 8월 20일 군사 작전을 전개하듯 '여우 사냥'이라는 암호명까지 붙여 친러 세력의 핵심인 명성황후를 시해하고 시신마저 불태우는 만행을 저질렀습니다. 이를 을미사변이라고 해요.

을미사변으로 일본의 영향력이 증대됨에 따라 내각은 당연히 친일적인 성격을 띠게 되었습니다. 내각의 수장은 여전히 온건 개화파인 김홍집이었으므로 3차에 걸친 갑오개혁과 을미개혁은 온건 개화파가

친위대

1894년 갑오개혁 이후 군대를 근대식으로 개편했다. 사진은 일본인 교관으로부터 훈련을 받는 친위대의 모습이다.

주도한 셈이지요.

　일본은 국모를 살해하는 만행을 저질러 놓고도 을미개혁(제3차 개혁)의 일환으로 1895년 11월에 상투를 자르라는 단발령을 내렸습니다. 단발령은 보수적 유생과 백성의 엄청난 반발을 불러일으켰어요. 조선 말기의 학자 황현은 그때의 상황을 『매천야록』에 다음과 같이 기록했습니다.

　　1895년 11월 15일 고종은 비로소 머리를 깎고 내외의 신하와 백성들에게 모두 머리를 깎도록 했다. …… 머리를 깎으라는 명령이 내려지자 곡성이 하늘을 진동하고 사람들은 분노해 목숨을 끊으려 했다. 형세가 바야흐로 격변해 일본인들은 군대를 엄히 하여 대기시켰다. 경무사 허진은 순검들을 인솔하고 칼을 들고 길을 막으며 만나는 사람마다 머리를 깎았다. 또

명성 황후(1851~1895년)가 8세 때까지 살던 집이다. 명성 황후는 16세에 고종의 왕비가 되었으나 1895년(고종 32년) 을미사변 때 일본인에 의해 살해되었다.

한 인가에 들어가 조사해서 찾아 헤매니 깊숙이 숨지 않고서는 머리를 깎이지 않을 수 없었다. 서울에 손님으로 왔다가 상투를 잘리니 모두 상투를 집어서 주머니 속에 감추고 통곡을 하며 성을 나갔다.

을미개혁에는 단발령 외에도 태양력 사용, 종두법 시행, 건양 연호 사용, 서울 친위대와 지방 진위대 설치 등의 내용도 포함되어 있었습니다. 이로써 갑오년에서 을미년에 이른 3차에 걸친 개혁이 모두 종료되었어요. 갑오개혁과 을미개혁은 전통적 사회 질서를 타파하고 농민층의 요구도 일부 반영한 개혁이었습니다. 하지만 당시에 가장 절실한 과제였던 군사적 개혁이나 농민이 요구한 토지 제도의 개혁 등이 이루어지지 않았고, 일본의 간섭을 배제할 수 없었다는 점에서 한계를 드러냈어요.

6-7 동학 농민 운동과 갑오개혁

1 교조 신원 운동

· 삼례 집회(1892년) 정부가 동학을 사교로 규정해 교조인 최제우를 처형하는 등 박해→동학교도들은 농민들의 불만이 높아지자 전라도 삼례에서 집회를 가짐, 교조 신원(교조 최제우의 억울한 누명을 벗겨 줄 것을 요구)과 동학의 탄압을 중지할 것을 요구

· 한양 복합 상소(1893년) 지도급 인사 40여 명이 경복궁 앞에서 복합 교조 신원 상소

· 보은 집회(1893년) 충청도 보은에서 동학교도와 농민 2만여 명이 집회를 가짐. 동학 신앙의 자유뿐 아니라 외세의 배척과 부패한 관리의 처벌도 주장→농민 운동으로 발전

2 농민 봉기와 전주 점령

· 고부 민란(1894년 1월) 고부 군수 조병갑이 농민을 동원해 만석보를 다시 쌓고 수세를 거둠→고부 관아 습격→안핵사 이용태가 농민 봉기 관련자 탄압→사발통문을 돌려 봉기 호소

· 제1차 농민 봉기(1894년 3월) 무장에서 전봉준, 손화중, 김개남 등이 봉기, 보국안민(輔國安民), 제폭구민(除暴救民) 표방→동학 농민군 백산 집결→4대 강령과 격문 발표→고부 황토현 전투에서 승리→전주성 점령→정부가 청에 원병 요청→청군이 아산만에 상륙→일본군이 인천에 상륙

· 전주 화약 체결(1894년 5월) 농민군은 외세가 개입하는 것을 막기 위해 정부에 폐정 개혁안 제출→정부는 개혁안 수용, 청일 양국 군대의 철수와 폐정 개혁에 합의→농민군 해산, 전라도 일대에 집강소 설치

3 동학 농민 운동의 실패

· 제2차 농민 봉기(1894년 9월) 정부의 청일 양군 철병 요구→일본군은 거절하고 경복궁을 침범해 청일 전쟁을 일으킴→내정 간섭(교정청 폐지, 군국기무처 설치와 개혁 강요)→농민군은 일본군 타도를 내세우며 다시 일어남, 남접(전봉준, 전라도)과 북접(손병희, 충청도)의 연합 부대가 논산에 집결→서울로 북상 중 공주 우금치에서 신식 무기로 무장한 일본군과 맞서 많은 희생을 치른 후 물러남

· 전봉준의 죽음 태인에서 최후의 결사전을 전개했으나 전세를 돌이키지 못함, 민가에 숨어 재기를 계획하던 전봉준이 체포되어 처형당함

· 성격과 한계 봉건 지배 체제 반대(→갑오개혁에 영향을 줌), 반외세 운동(→잔여 세력이 항일 의병 투쟁에 참여), 근대 국가 건설을 위한 구체적인 방안을 제시하지 못하는 한계를 지님

4 제1차 갑오개혁(1894년 7월)

· **과정** 동학 농민 운동이 잘못된 정치를 바로잡기 위한 개혁의 실마리 제공 → 조선 정부는 개혁을 독자적으로 추진하기 위해 교정청(주로 조세 개혁 결정)을 설치 → 일본군의 경복궁 점령, 민씨 일파를 몰아낸 후 대원군을 섭정에 추대 → 온건 개화파 중심의 제1차 김홍집 내각 성립 → 군국기무처 설치 후 개혁 추진 → 갑신정변의 정강과 동학 농민군의 요구를 수용해 자주적으로 추진

· **개혁 내용** 과거제 폐지, 신분제 철폐(노비제 폐지), 조혼 금지, 과부 재가 허용, 고문과 연좌법 폐지, 재정의 일원화(탁지아문), 은 본위 화폐 제도, 조세의 금납화, 도량형 통일 → 근대적 평등 사회의 기틀 마련

· **성격과 한계** 갑신정변과 동학 농민 운동의 개혁안을 일부 반영하고 근대 국가의 제도적 토대 마련. 일본의 침략적 간섭에 대한 국민의 반감이 컸고 군국기무처가 존속한 5개월 동안 200건이 넘는 개혁안이 발표되어 제대로 실시되기가 어려웠음. 군사 제도와 토지 제도 개혁, 상공업 진흥에는 소홀했음

5 제2차 갑오개혁(1894년 11월)

· **과정** 청일 전쟁에서 일본이 승리하면서 개혁에 소극적이었던 흥선 대원군이 물러남 → 일본에 망명 중이던 박영효와 미국에 망명 중이던 서광범이 귀국해 개혁 추진 → 제2차 김홍집 내각(김홍집과 박영효의 연립 내각) 성립

· **개혁 내용** 군국기무처 폐지, 고종이 홍범 14조(갑오개혁의 내용과 정신을 법제화)를 포함한 일종의 독립 선언문인 독립 서고문 반포(1895년 1월 8일), 교육입국 조서 발표, 청에 대한 의존적 관계 청산

6 을미개혁(제3차 개혁, 1895년 8월)

· **과정** 삼국 간섭 후 일본 세력 약화 → 제3차 김홍집 내각 성립(친러적) → 을미사변(1895년 8월, 명성 황후 시해 사건)으로 친일 내각 수립 → 제4차 김홍집 내각(친일적)

· **개혁 내용** 연호 사용(건양), 태양력 사용, 종두법, 단발령 시행, 소학교 설립, 친위대(서울)와 진위대(지방) 설치 → 을미의병과 아관 파천(1896년)으로 개혁이 중단됨

동학 농민 운동과 갑오개혁에서
어떤 교훈을 얻을 수 있을까요?

역사상 최대의 농민 운동인 동학 농민 운동은 실패로 끝났어요. 농민이 역사의 주체로 등장해 사회 개혁을 추진했지만 안타깝게도 외세와 관군의 합동 작전에 의해 좌절되었지요. 이로 인해 주체적인 개혁의 길이 막히게 되면서 우리 현대사의 발전에 암운을 드리우게 되었어요.

하지만 동학 농민 운동의 성과는 분명히 있었습니다. 이미 동학 내에서는 신분 차별이 폐지되고 있었어요. 집강소에서 농민들이 행정권을 장악했다는 것은 신분제가 허물어진 것이라고 할 수 있지요. 갑오개혁에서 신분제를 폐지한 것도 이러한 실상을 반영한 결과라고 볼 수 있어요.

수천 년 동안 굴레로 작용했던 신분제는 생활 속에서는 어느 정도 남아 있었겠지만 제도적으로는 역사 속으로 사라졌어요. 조혼도 폐지됩니다. 집안의 대를 잇기 위해 아무것도 모르는 어린아이가 갑자기 엄마가 되는 부자연스러운 관습이 사라지게 된 것이지요. 어른의 욕심을 채우기 위한 조혼은 일종의 아동 폭력이라고 할 수 있어요. 연좌법도 폐지됩니다. '삼족을 멸하라'는 처벌은 더 이상은 적용될 수 없게 된 것이지요. 과부의 재가도 허용됩니다. 지아비를 잃었다고 해서 행복을 추구할 수 있는 권리까지 빼앗을 수는 없다는 것이지요. 이렇게 갑오개혁을 계기로 인권과 행복 추구에 대한 인식이 싹트게 됐어요.

갑오개혁의 뒤에는 청일 전쟁에서 승리한 일본이 있었습니다. 갑오개혁의 중추적 역할을 한 군국기무처는 일본의 협박으로 설치되었거든요. 동학 농민 운동이 일어난 후 조선 침략의 기회를 노리고 있던 일본은 1894년(고종 31년) 6월 1일 주한 공사 오토리 게이스케를 통해 내정 개혁안 5개조를 제시하고 이를 시한부로 시행할 것을 촉구했어요. 고종은 이를 거부하고 교정청을 설치해 자주적인 내정 개혁을 시도했지요. 그러자 일본 공사는 1개 연대 이상의 군대를 동원해 경복궁을 포위하고 고종을 협박했어요. 그 결과 내정 개혁을 의결하는 군국기무처가 설치됐습니다.

일본의 협박으로 설치된 군국기무처에서 신분제의 법적 폐지와 같은 일련의 개혁 조치들이 취해졌다는 것을 근거로 일본이 한국의 근대화를 이루었다는 식민지 근대화론이 대두됩니다. 하지만 동학 농민 운동에서 백성들이 피를 흘리지 않았다면 갑오개혁도 없었다는 것을 기억해야 돼요. 군국기무처는 갑신정변의 정강과 동학 농민군의 요구를 수용해 개혁을 추진했기 때문이에요.

동학 농민 운동은 비록 실패했지만 오랫동안 유지되어 온 신분제 차별을 폐지하게 했습니다. 그리고 진정한 사회 개혁은 지배 세력이나 누구의 시혜에 의해서가 아니라 백성의 투쟁에 의해서만 얻을 수 있다는 사실을 역사의 확고한 진리로 받아들이게 만들었어요. 백성이 역사의 주체라는 사실을 증명한 것이지요. 이러한 시대적 흐름은 항일 운동과 반외세 반독재 투쟁이라는 형태로 오늘날까지 이어지게 되었어요.

8 "직접 일어설 수밖에 없다" |
국권 침탈과 구국 운동

을사조약이 체결된 이후 일제의 주권 침탈에 맞선 항일 의병 운동이 본격적으로 가속화되었습니다. 항쟁의 물결은 점차 한반도를 넘어 간도 지역과 연해주 지역까지 확산되었어요. 그러면서 독립 전쟁을 준비하는 형태로 발전했는데 중심에는 언제나 평민이 있었지요. 의병장도 최익현과 같은 양반 출신보다는 신돌석과 같은 평민 출신이 많았어요. 고종의 강제 퇴위와 군대 해산을 계기로 의병 항쟁은 더욱 고조되었지만 내부 갈등과 정규군의 화력에 밀려 한계를 드러내고 말았습니다. 하지만 항일 의병 운동은 집권층의 부패와 무능, 외세 침략 등으로 국가가 위기에 처했을 때 일어난 구국 운동이라는 점에서 의의가 있어요. 의병 항쟁과 의열 투쟁이 가열되는 가운데 근대 교육과 실력 양성을 통한 구국 운동도 거세게 일어났지요.

- **1896년** 고종이 러시아 공관으로 피난한 아관 파천이 일어나다.
- **1897년** 고종이 환궁한 후 국호를 대한 제국으로 정하고 황제 즉위식을 올리다.
- **1905년** 을사늑약으로 외교권이 박탈되다.
- **1907년** 7월에 한일 신협약을 체결하고, 8월에 일부 해산 군인이 의병에 합류(정미의병)하다.
- **1909년** 안중근이 하얼빈 역에서 초대 통감 이토 히로부미를 사살하다.

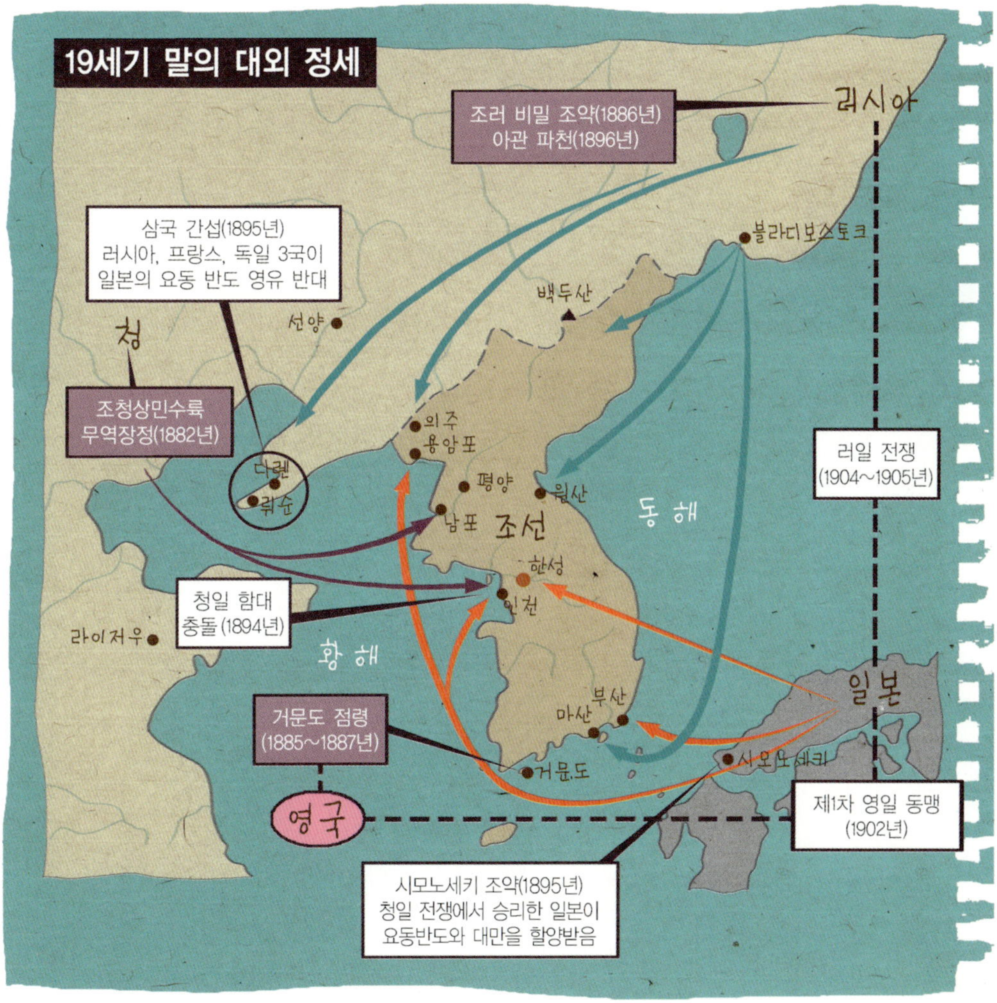

을미사변과 을미의병

명성 황후 시해 사건인 을미사변과 을미개혁의 일환인 단발령을 계기로 항일 의병 운동이 시작되었습니다. 당시의 상황에 대해 항일 의병장 심수택은 "개화란 본시 백성을 착하게 만들고 풍속을 이룬다는 뜻인데, 지금의 개화는 외이(外夷)를 끌어들여 우리 백성을 적들 앞에 굴복시키는 것"이라고 말했어요. 이 말에는 스스로의 힘으로 문제를 해결하지 않고 외세의 힘을 빌리려는 것 자체가 바로 외세의 침탈을 허용하는 것이라는 뜻이 담겨 있지요.

을미의병 투쟁은 강원도와 충청도 지역 유생들에 의해 일어났지만, 곧 경상도와 전라도 등지로 빠르게 번졌어요. 을미의병에 불이 붙은 것은 명성 황후의 시해보다도 단발령 때문이었습니다.

당시에는 피부에서 머리털에 이르기까지 모두 부모에게서 물려받은 것이니 이 가운데 하나라도 훼손하면 불효라는 유교적 가치관이 지배하고 있었어요. 그래서 의병 운동을 주도한 세력은 위정척사 사상을 가진 유생들이었지요. 여기에 일반 농민과 동학 농민군의 잔여 세력이 가담했어요.

대표적인 싸움은 의병장 유인석의 부대가 1896년에

명성 황후 진영
(권오창 화백)

벌인 충주 전투였습니다. 유교적인 이념으로 통치되는 독립된 나라를 꿈꾸었던 유인석은 일본군을 수차례 물리치고 충주성을 한 달 동안 점령하기도 했어요. 하지만 유인석은 전투에서 선봉장으로 큰 공을 세운 평민 김백선이 양반 의병장 안승우에게 작전을 제대로 이행하지 않았다고 추궁한 일을 두고, 평민이 양반에게 불경스러운 행동을 했다는 이유를 들어 군율에 따라 처형했습니다.

이 사건은 유인석의 강직한 성품을 보여 주었지만 김백선의 죽음으로 인해 의병의 사기가 떨어졌어요. 그리고 다음 해 5월 정부군에게 패배하게 된 중요한 원인으로 작용했지요.

유인석(1842~1915년)
1894년 갑오개혁 후 김홍집의 친일 내각이 들어서자 의병을 일으켰다. 1895년 을미사변 이후에는 유인석의 지휘하에 전국 각지에서 의병들이 봉기했다. 유인석은 관군에 패해 단양으로 퇴각한 뒤 만주로 망명했다.

아관 파천과 대한 제국의 수립

명성 황후 시해와 의병 운동의 소용돌이 속에서 고종은 신변의 위협을 느끼고 1896년 2월 러시아 공사관으로 거처를 옮겼어요. 당시에는 러시아를 아라사로 불렀고 러시아 공사관을 아관이라고 불렀으므로, 이 사건을 아관 파천이라고 합니다.

러시아 공사관은 우리나라에 설치되어 있더라도 국제법상 국가의 통치력이 미치지 않는 치외 법권 지역이에요. 따라서 고종이 러시아 공사관에 머무른다는 것은 국제법상 러시아에 머무르는 것과 똑같은 것이었지요. 안타깝게도 아관 파천으로 인해 갑오년과 을미년에 걸친 개혁은 중단되고 말았어요.

결국 고종은 아관 파천 1년 만인 1897년 2월에 경운궁으로 돌아와 개혁을 추진했습니다. 이것이 바로 광무개혁이에요. 이때 친일 내각

아관 파천

을미사변으로 명성 왕후가 시해되자 신변의 위협을 느낀 고종은 1896년 2월 11일 새벽 경복궁을 떠나 러시아 공사관으로 몸을 피했다. 고종의 환궁을 위해 유생들은 복합 상소를 올렸다.

옛 러시아 공사관

아관 파천 피신로 고종과 세자는 옛 러시아 공사관까지 비밀 통로를 통해 피신했다.

구 러시아 공사관(사적 제253호, 서울시 중구) 1885년에 착공되어 1890년에 준공되었는데, 현재는 탑만 남아 있다. 을미사변으로 명성 황후가 시해되자 고종이 세자(순종)와 함께 1896년 2월 11일 옮겨 가 이듬해 경운궁(덕수궁)으로 환궁할 때까지 피신해 있던 곳이다.

이 시행한 제도를 구제도로 돌려놓았습니다. 단발령과 내각제를 폐지하고 23부로 개편했던 지방 행정 구역을 13도로 돌려놓은 것이지요.

1897년 8월에는 연호를 광무로 고치고 10월에는 국호를 대한 제국으로 선포했습니다. 고종이 대한 제국을 선포하고 황제를 칭한 것은 중국과의 사대 관계에서 벗어났다는 것을 의미해요. 이는 대한국 국제에 잘 나타나 있습니다.

대한국 국제

제1조 대한 제국은 세계 만국이 공인한 자주독립 제국이다.

제2조 대한 제국의 정치는 만세불변의 전제 정치다.

제3조 대한 제국 대황제는 무한한 군권을 누린다.

제5조 대한 제국 대황제는 육해군을 통솔하고 군대의 편제를 정하며 계엄을 명한다.

제6조 대한 제국 대황제는 법률을 제정해 그 반포와 집행을 명하고, 대사와 특사, 감형, 복권을 명한다.

제9조 대한 제국 대황제는 각 조약의 체결 국가에 사신을 파견하고 선전, 강화 및 제반 조약을 체결한다.

강화도 조약에서 자주국이라는 표현을 사용한 것에서 시작해 을미개혁(제3차 갑오개혁)

대한 제국 시기의 복식
(전쟁기념관)

에서 개국 연호를 건양이라고 하고, 이어 청
의 종주권을 부인하는 조치를 취하게 된 거예
요. 1899년에는 청과 대등한 주권 국가의 입
장에서 한청통상조약을 체결했습니다. 조청
상민수륙무역장정이 청의 종주권을 인정하
는 상황 속에서 체결되었던 것을 생각하면 큰
발전이라고 할 수 있지요.

청은 청일 전쟁에서 패배해 우리나라에서
이미 세력을 상실한 상태였으므로 대한 제국
수립으로 청의 종주권을 부인한 것은 큰 의미
가 없었을지도 모릅니다. 하지만 일본과 러시
아에 우리나라가 자주독립국임을 우회적으
로 내세울 수 있었지요.

단발령과 고종 황제

단발령은 고종 32년(1895년)
김홍집 내각이 을미개혁의
일환으로 상투 풍속을 없애고
머리를 짧게 깎도록 내린 칙령
이다. 고종은 자신이 먼저 머리
를 짧게 깎았다. 단발령은 을미
사변과 함께 의병 운동의 기폭
제 역할을 했다.

대한 제국은 '옛것을 근본으로 삼고 새것을 참고한다' 는 구본신참
(舊本新參)의 개혁 방향을 제시했어요. 이것은 전통문화는 그대로 유
지하면서 서양 문물을 받아들이자는 이론이지요. 또 양전 사업을 실
시해 토지 소유권을 증명하는 문서인 지계를 발급하고, 상공업 진흥
책을 추진했어요. 그러나 이러한 개혁 정책은 집권층의 보수적 성향
과 열강의 간섭으로 큰 성과를 거두지는 못했습니다.

대한 제국의 성립으로 유생들이 중심이 된 초기의 의병 투쟁은 점
차 약화되었어요. 구제도의 유지나 복구 차원에 생각이 머물러 있던
이들은 고종이 단발령을 취소하자 자신들의 요구 조건이 관철되었다
고 생각했습니다. 하지만 평민 의병 출신들은 곧바로 해산하지 않고
활빈당이나 영학당 등을 결성해 계속 투쟁했어요.

황궁우(서울시 중구)
고종 황제가 하늘에 제사를 올리던 환구단의 부속
건물이다. 황궁우에는 위패가 모셔져 있다. 1899년에
화강암으로 된 기단 위에 3층의 8각 건물로 축조
되었다.

환구단(사적 제157호)
하늘에 제사를 드리는 제천단이다. 1897년(고종 34년) 옛 별궁 터에 조성한 환구단에서 대한 제국 황제 즉위식을 가졌다. 1913년 일제는 환구단을 헐어 내고 조선 총독부 철도호텔을 지었다. 현재 환구단 터에는 황궁우와 석고 세 개가 남아 있다.

독립 협회의 초대 위원장은 이완용이었다

외국과 문물을 교류하면서 독립을 쟁취하기 위해서는 근대적인 개혁을 해야 한다는 주장이 나타났어요. 좋은 예로 독립 협회의 활동을 들 수 있습니다.

1896년 7월 이완용이 대신으로 있는 외부(외무부) 건물에서 독립 협회 창립총회가 열렸는데, 위원장으로 이완용이 선정되었어요. 이완용을 비롯한 김가진, 이상재, 남궁억 등 14인의 발기인들은 5개월 전에 아관 파천을 주도했던 친러파와 친미파들이었지요.

독립 협회의 창립 목적은 청일 전쟁에서 일본이 승리한 것을 계기로 조선이 청의 속국에서 벗어나 독립국이 된 것을 기념하기 위해 기금을 모아 영은문 자리에 독립문을 건립하자는 것이었습니다. 그런데 문제는 조선의 독립이 자주적인 역량으로 이루어 낸 것이 아니라 1895년 일본과 청이 맺은 시모노세키 조약에 따른 것이라는 사실이에요. 청의 이홍장과 일본의 이토 히로부미가 체결한 시모노세키 조약에는 '청은 조선국이 완전한 자주독립국임을 인정한다'는 내용이 들어 있었습니다. 시모노세키 조약으로 일본은 청을 대신해 조선을 차지하겠다는 야심을 드러냈어요.

아관 파천 초기에 러시아는 내각의 자율성을 보장했으나 1897년부터는 내정 간섭과 이권 침탈에 본격적으로 나섰습니다. 러시아는 군사 고문을 자처해 160명의 군사 교관을 보냈고, 재정 고문으로 알렉세예프를 보내 한러 은행을 설치했어요. 또 부산 앞바다에 있는 절영도를 조차해 러시아 해군의 석탄 기지로 쓰려고 했지요.

그러자 독립 협회는 러시아에 대한 반대 의사를 분명히 했습니다. 독립 협회는 독립문 건설 추진 위원회로부터 창립되었지만, 근대적

(왼쪽) 만민 공동회 종로 집회
1898년에 독립 협회 주최로 열린
종로 집회에는 많은 보부상들이
참여했다.

(오른쪽) 연설하는 이상재
종로에서 열린 만민 공동회에서
이상재가 사회 개혁을 외치고 있다.

개혁에 필요한 문제들을 놓고 공개 토론회를 개최한 것을 시작으로 반침략 운동을 전개하는 정치 단체로 발전했어요.

독립 협회는 1898년 10월 반러 운동을 대중적으로 확산시키기 위해 만민 공동회를 개최했습니다. 여기서 러시아의 군사 교관이나 재정 고문의 파견, 러시아 은행의 설치 등을 격렬히 비판했지요. 하지만 미국, 일본, 영국의 이권 침탈에 대해서는 침묵을 지킨 독립 협회의 독립운동은 반러 운동에 불과했어요. 이들은 반일 운동에 나섰던 의병을 폭도로 비난하기까지 했지요. 독립 협회가 러시아를 강력하게 비판한 이유는 고종을 러시아 공사관으로 옮겨 가게 할 정도로 영향력이 컸기 때문이에요.

만민 공동회는 1898년 10월 28일에서 11월 2일까지 6일간 종로에서 열렸습니다. 둘째 날인 10월 29일에는 6개항의 개혁 원칙을 결의하고 이를 황제에게 헌의하기로 했어요. 이날 결정된 헌의 6조는 자주적 전제 황권의 강화, 이권 양도의 반대, 예산 공개 등 자주 외교와 국정 대개혁에 관한 것이었지요.

영은문

중국 사신을 맞이하던 문이다. 1896년에 독립 협회가 이 문을 헐고
독립문을 세웠다. 사진은 독립문을 세우기 1년 전의 모습이다.

독립문(사적 제32호, 1896년, 높이 14.28m, 서울시 서대문구)
독립 협회의 주도로 자주독립의 의지를 다지기 위해 프랑스 파리의 개선문을 본떠 만든 기념물이다.
1896년 전 국민적인 모금 운동을 통해 마련한 자금으로 만들었다. 독립문 앞에는 중국 사신을
맞이하던 영은문의 주춧돌(사적 제33호)이 서 있다.

헌의 6조

1. 외국인에게 의지하지 말고 관민이 협력해 전제 황권을 공고히 할 것

   (황제의 권한을 인정하는 범위 안에서 개혁 추진)

2. 정부와 외국과의 조약은 각 대신과 중추원 의장이 합동 날인해 시행할 것

   (황제권 제한)

3. 국가 재정은 탁지부가 전담하고 예산과 결산을 인민에게 공포할 것

   (재정 일원화)

4. 중대한 범죄는 공판하되 피고의 인권을 존중할 것

5. 칙임관을 임명할 때에는 정부에 그 뜻을 물어서 중의에 따를 것

   (황제권 제한)

6. 정해진 규정을 실천할 것

이 결의에 따라 고종은 헌의 6조를 수정 없이 재가했습니다. 그러나 광무 정권은 독립 협회의 의회 개설 운동 등을 공화정을 수립하려는 쿠데타적 계획이라고 모략했어요. 결국 11월 4일 독립 협회 간부를 체포하고 이튿날 독립 협회의 해산을 명령함으로써 헌의 6조는 실현되지 못한 채 폐지되고 말았지요.

내각에 직접적인 영향력을 행사하려 했던 독립 협회는 '독립 협회가 공화제를 획책하려 한다'는 수구파의 공격을 받게 되었어요. 정부는 보부상 중심의 어용 단체인 황국 협회를 동원해 만민 공동회를 습격했지만 황국 협회도 반격을 당해 두 세력이 대치하는 상황이 벌어졌지요. 이에 고종은 군대를 동원해 독립 협회를 강제 해산시켰어요. 이후 독립 협회는 만민 공동회라는 이름으로 존속하다가 1898년 말 해산되었고, 대한 자강회와 대한 협회로 그 정신이 이어졌답니다.

언론과 국학의 발달

교육과 함께 근대 사회와 문화의 발전에 크게 이바지한 것은 신문이었습니다. 서재필이 한글과 영문으로 1896년에 간행한 〈독립신문〉은 최초로 민간에서 간행한 신문이에요. 갑신정변에 참여했다가 미국으로 망명했던 서재필은 을미사변 이후 귀국해 민중 계몽을 위한 신문의 필요성을 느끼고 간행을 시도했습니다. 당시 정부에서도 정책을 알리기 위해 신문이 필요했으므로 서재필에게 재정적 지원을 했어요.

아관 파천 후 발행된 〈독립신문〉은 민중 계몽을 위해 순 한글로 작성했는데, 그중 한 면은 영문으로 발간해 국제 사회에 한국의 실상을 알리는 역할도 수행했습니다. 이는 최초의 신문인 〈한성순보〉가 순 한문으로 간행된 것과는 확실하게 다른 점이에요.

〈독립신문〉에 이어 〈황성신문〉과 〈제국신문〉이 간행되었습니다.

한글과 한문을 섞어서 간행한 〈황성신문〉은 애국적인 논설과 애국 활동에 관한 기사를 많이 실었어요. 장지연은 을사늑약이 발표되자 이를 강력히 규탄하며 「시일야방성대곡」이라는 논설을 실었지요.

〈대한매일신보〉는 을사늑약 이후 보호국 시기에 가장 많은 독자들의 호응을 받은 신문이에요. 발행인은 영국인 베델이었고 양기탁이 주필로 참여했지요. 당시 일본은 영국과 동맹 관계여서 이 신문을 탄압하는 데 한계가 있었어요. 그래서 〈대한매일신보〉는 의병 투쟁에 호의적인 기사도 실을 수 있었고, 국채 보상 운동의 확산에도 이바지할 수 있었지요.

〈제국신문〉은 주로 부녀자가 대상이어서 한글이 많이 사용되었습니다. 이 신문은 국민 계몽과 민족정신을 고취시키는 기사를 많이 실었어요.

실학사상은 개화사상을 거쳐 을사늑약 이후 애국 계몽 운동으로 계승되었습니다. 애국 계몽 운동의 하나인 국학(國學) 운동 중에서는 특히 국어와 국사가 중요하게 다루어졌어요.

국어에서는 순 한문체 대신 국한문체나 국문체(순 한글체) 문장이 보급되었습니다. 유길준의 서양 기행문인 『서유견문』은 국한문체 보급에 이바지했어요. 이 같은 문체의 변혁으로 우리말 표기법을 통일해야 할 필요성이 제기되었습니다. 이에 지석영과 주시경은 국문 연구소를 설립해 국문의 정리에 크게 이바지했어요. 『국어문법』을 저술한 주시경은 국어가 제대로 갖추어져야 국가도 바로 선다고 설파하며 민족과 언어의 관련성을 강조했습니다. 지석영은 천연두를 예방하기 위해 백신을 인체의 피부에 접종하는 종두법을 연구해 보급하기도 했지요.

서재필(1864~1951년)
1884년에 박영효, 김옥균, 홍영식, 서광범 등과 함께 갑신정변을 일으켰으나 실패했다. 이후 일본을 거쳐 미국으로 건너가 의사가 되었다. 귀국 후에는 〈독립신문〉을 발간하고 독립 협회를 결성했다.

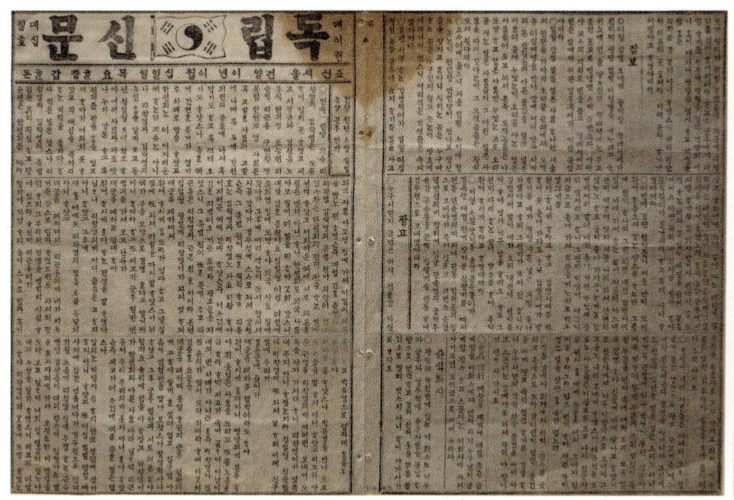

(왼쪽) 〈독립신문〉
1896년 4월 7일 우리나라에서 최초로 발간된 민간 신문이자 한글·영문판 신문이다. 서재필이 중심이 되어 독립 협회의 기관지로 발간된 〈독립신문〉은 독립 협회의 해산과 함께 1899년 폐간되었다.

(오른쪽) 〈황성신문〉
1898년 9월 5일에 남궁억, 나수연 등이 중심이 되어 창간한 일간 신문이다. 장지연이 을사늑약에 반발해서 쓴 「시일야방성대곡」이 사설로 실렸다.

　　근대 계몽 사학을 이끈 학자로는 신채호와 박은식을 꼽을 수 있습니다. 신채호는 〈대한매일신보〉에 「독사신론」을 발표해 근대 민족주의 역사학에 관한 연구 방향을 제시하고 민족을 중심으로 역사를 서술해야 한다고 주장했어요. 박은식은 역사 연구 외에도 최남선과 함께 조선 광문회를 만들어 『춘향전』, 『심청전』 등의 고전을 간행하기도 했지요.

　　국가의 역사는 민족의 흥망성쇠를 서술하는 것이다. 민족을 빼면 역사가 없을 것이며, 역사를 알지 못한다면 그 민족의 애국심이 사라질 것이니 역사가의 책임이 얼마나 큰 것인가? 역사를 쓰는 사람은 먼저 민족의 형성 과정을 적고, 정치는 어떻게 번영하고 어떻게 쇠퇴했는지, 산업은 어떻게 융성하고 쇠퇴했는지, 무공(武功)은 어떻게 나아가고 물러갔으며 그 문화는 어떻게 변화했는지, 다른 민족과의 관계는 어떠했는지를 서술해야 한다. 만일 민족을 주체로 한 역사 서술이 이루어지지 않는다면, 이는 무정신의 역사라 할 것이다. (신채호, 「독사신론」, 〈대한매일신보〉, 1908년 8월 27일)

근대 교육을 통한 민족 운동

근대 학교는 새로운 학문을 가르치면서 민족정신을 고양시켜 외세의 침탈에 대항하는 민족 운동의 바탕이 되었습니다. 개화 운동이 진행되면서 정부에서는 영어 강습 기관인 동문학을 세웠고, 함경도 덕원에서는 1883년 주민과 관리가 뜻을 모아 최초의 근대적 사립 학교인 원산 학사를 세워 신지식과 외국어를 가르쳤어요. 동문학과 원산 학사는 우리나라 근대 교육의 출발점이라고 할 수 있지요.

정부에서는 최초의 근대 공립 학교인 육영 공원을 세우고 헐버트 등 미국인 교사를 초빙해 주로 양반 자제들에게 신지식과 외국어를 가르쳤어요. 외국의 개신교 선교사들도 정부의 협조를 받아 배재 학당, 이화 학당, 정신여학교, 경신 학교, 배화 학당 등을 세워 신학문과 서양 문화, 영어 등을 가르쳤지요.

갑오개혁이 진행되는 과정에서 근대식 교육 제도 마련, 과거 제도 폐지 등의 교육 개혁도 이루어졌습니다. 1895년에는 교육입국 조서가 반포되고 근대식 학교 법규와 신학제가 마련되었어요. 이에 따라 정부는 사범 학교, 외국어 학교, 소학교 등을 차례로 세워서 인재 양성에 힘썼지요. 교육입국 조서는 고종이 발표한 교육에 관한 특별 조서로서 근대 국가 건설을 위한 교육의 목적과 방향을 밝힌 것입니다.

교육입국 조서

세계의 형세를 보면 부강하고 독립해 잘사는 모든 나라는 국민의 지식이 밝기 때문이다. 지식을 밝히는 것은 교육으로 된 것이니 교육은 실로 국가를 보존하는 근본이 된다. …… 이제 짐은 정부에 명해 널리 학교를 세우고 인재를 길러 새로운 국민의 학식으로써 국가 중흥의 큰 공을 세우고

자 하니 국민은 나라를 위하는 마음으로 덕과 체와 지를 기를지어다. 왕실의 안전이 국민의 교육에 있고, 국가의 부강도 국민의 교육에 있도다.

대한 제국이 성립된 뒤에도 중학교와 각종 실업 학교를 세워 실력 양성에 힘을 기울였습니다. 이에 국민들 사이에서도 민족의 자주독립을 이룩하기 위해서는 교육이 필요하다는 생각이 널리 퍼졌어요. 하지만 정부가 세운 학교만으로는 높은 교육열을 충족시킬 수 없어서 국민들 스스로 기금을 모아 사립 학교를 세웠지요.

을사늑약 이후 국권 회복을 목표로 민족주의 계열에서 대성 학교, 오산 학교, 보성 학교, 진명여학교, 숙명여학교 등을 세웠어요. 이 시기에 숭실 학교, 이화 학당, 경신 학교 등의 일부 사립 학교에서는 대학부를 설치하고 고등 교육을 시도했습니다.

대성 학교와 오산 학교는 애국 계몽 운동 단체인 신민회가 세운 대표적인 학교예요. 주요한이 1963년에 펴낸 『안도산 전서』에는 대성 학교에 관한 이야기가 소개되어 있습니다.

1907년에 대성 학교 설립의 보도가 세상에 알려지자 입학 지원자가 조수와 같이 밀려 순식간에 500~600명의 청년이 모였다. 당시에 많은 학생들은 입학시험을 거쳐 거의 전부가 예비반으로 편입되었다. 1학년은 50 명이었으며, 교장으로는 윤치호를 추대하고, 안창호는 스스로 대리 교장이 되었다. …… 중학교 학생이라 하지만 당시 대성 학교 학생들은 20세, 30세의 청년 유지들로, 입을 벌리면 나라를 걱정했고, 행동은 모두 민족의 지도자를 자부했다. 학교의 과정은 중등학교라고 하지만 그 정도가 높아 4학년 과정은 어느 전문학교의 3학년 과정과 대등했으며, 학교의 설비도 중등학교로서는 유례가 없을 만큼 갖추었다. …… 이 학교는 애국정신을 고취하는 것을 목적으로 한 학교였으므로 매일 아침 엄숙한 조회를 하여 애국가를 부른 후 애국에 관한 훈화가 있어 학생들은 이를 마음속 깊이 받아들였다. 그리고 체조 시간을 제일 중요하게 여겨 당시 체조 교사는 군대의 사관으로 뜻이 높던 철혈의 사람 정인목이었던 바, 그는 군대식으로 학생들을 교련했다. 눈이 쌓인 추운 겨울에 광야에서 체조를 시켰으며 쇠를 녹이는 폭양 아래에서 전술 강화를 했고, 이따금 야간에 비상 소집령을 내려 함산 계곡에서 담력을 기르게 했으며, 달빛이 비치는 얼어붙은 강에서 '장하도다, 우리 학도'(군대 행진가)를 부르며 행진을 하여 활기를 길러 주었다.

대성 학교
1908년 안창호가 평양에 설립한 중등 교육 기관이다. 독립사상 고취와 국민 계몽을 위한 신민회의 주요 사업 중 하나였다.

조선에서 치른 전쟁 – 청일 전쟁과 러일 전쟁

청일 전쟁과 러일 전쟁은 조선의 근대화, 열강의 침략, 국권 침탈 등 여러 주제에 걸쳐 언급되고 있습니다. 먼저 청일 전쟁과 러일 전쟁의 전체적인 흐름을 정리해 볼까요?

1894년 5월 동학 농민 운동이 확대되자 조선 정부는 청에게 군사 지원을 요청했습니다. 청의 북양 함대가 인천에 파견되었고 육군도 아산에 상륙했는데, 일본은 톈진 조약을 내세워 청보다 훨씬 더 많은 병력을 제물포에 상륙시켰어요. 동학 농민군이 전주 화약을 맺고 해산한 후에는 양국 군대가 주둔할 이유가 없어졌지만, 일본은 청에게 공동으로 조선의 내정 개혁을 추진하자고 제안했지요. 청이 이를 거부하자 일본은 내정 개혁을 단독으로 추진하겠다면서 병력을 증강시켰어요.

1894년 6월 일본은 아산만에서 북양 함대를 기습 공격한 후 청에 선전 포고를 하고 전면전에 돌입했습니다. 일본군은 평양 전투와 황해 해전에서 청군을 격파하고 9개월여 만에 승리를 거둔 뒤 1895년 4월 청과 시모노세키 조약을 체결했어요. 이토 히로부미와 이홍장이 조약에 조인했지요.

시모노세키 조약

제1조 청은 조선이 완전무결한 독립 자주국임을 확인한다. 따라서 독립 자주성을 훼손하는, 청에 대한 조선의 조공과 책봉 등은 폐지한다.

제2조 청은 요동반도, 타이완, 펑후 제도를 일본에 할양한다.

제4조 청은 배상금 2억 냥을 일본에 지불한다.

청일 전쟁의 승리로 일본은 전쟁 배상금을 받아 본격적으로 산업 혁명을 추진할 수 있었습니다. 일본의 요동반도 장악은 남진 정책을 펼치고 있던 러시아에게는 큰 충격이었어요. 러시아는 시모노세키 조약이 조인된 직후 프랑스, 독일과 함께 일본에 요동반도의 반환을 요구했는데, 이를 삼국 간섭이라고 합니다.

러시아는 극동의 평화를 저해한다고 주장했지만 이는 표면상의 이유일 뿐이었어요. 사실은 남만주로의 팽창을 꾀하기 위한 사전 조처였지요. 일본은 결국 추가 배상금을 받는 조건으로 요동반도를 청에 반환했습니다. 러시아는 삼국 간섭을 계기로 요동반도를 조차하고 만주의 철도 부설권을 획득하면서 한반도 지배를 둘러싸고 일본과 본격적으로 대립하게 되었어요.

1903년 4월 러시아는 압록강 상류의 삼림 벌채권을 확보하고 종업원들을 보호한다는 구실로 용암포를 점령했습니다. 이어 7월에는 용암포를 강제로 조차했어요. 용암포 사건은 한반도에서 각축을 벌이

던 러시아와 일본의 대립을 격화시켜 러일 전쟁이 발생하는 계기가 됩니다.

일본은 삼국 간섭과 러시아의 용암포 조차로 한국에 대한 영향력이 줄어들자 영국과 미국의 지지를 끌어내 러시아를 공격했어요. 한국은 또다시 열강의 진쟁터가 되어 외국 군대에게 짓밟히게 되었지요. 1904년 초 일본은 뤼순을 공격하고 제물포에서 러시아 함대를 격침한 뒤 선전 포고를 했어요. 1905년 1월 뤼순을 장악한 일본은 5월에 대마도 앞바다에서 러시아의 발트 함대를 격파하면서 승기를 굳혔습니다.

러일 전쟁에서도 승리한 일본은 미국의 주선으로 1905년 9월 포츠머스 조약을 체결하고, 국제 사회로부터 한반도에 대한 독점적 지배권을 승인받았어요. 또한 일본은 러시아군의 만주 철수, 요동반도 조차권 및 남만주 철도와 부속지 지배권 양도, 사할린 남부 할양 등의 이권을 얻어 냈지요. 일본의 러일 전쟁 승리는 한국의 국권 침탈과 중국 침략이 본격화됨을 예고했어요.

일본의 아사히 신문 기자가 러시아 발트 함대를 궤멸시킨 일본 사령관 도고 헤이하치로에게 "당신은 영국의 넬슨, 조선의 이순신과 함께 군신(軍神)"이라고 치켜세웠어요.

그러자 도고는 "내가 발트 함대를 무찌른 것은 300년 전 우리 수군을 물리친 이순신의 학익진(鶴翼陣) 전법을 배웠기 때문에 가능했다. 나를 이순신과 비교한다면 그저 하사관에 불과하다. 넬슨이나 나는 나라의 전폭적인 뒷받침을 받으며 결전에 임했지만 이순신은 그런 지원 없이 전략으로 홀로 싸워 이겼으니 이 세상에 군신은 이순신밖에 없다."라고 대답했다고 합니다.

청일 전쟁(1894년)

청과 일본이 조선의 지배권을 놓고 벌인 전쟁이다. 이 전쟁을 승리로 이끈 일본은 청과 시모노세키 조약을 체결해 조선에서의 청의 종주권을 부인하고 조선을 완전히 자신들의 손아귀에 넣으려고 했다.

일본군에게 체포된 청군 포로들의 모습

출전을 위해 전열을 정비하고 있는 일본군 부대

러일 전쟁(1904년)

러시아와 일본이 만주와 한반도의 주도권을 갖기 위해 벌인 전쟁이다. 전쟁에서 승리한 일본은 1905년 미국의 주선으로 포츠머스 조약을 체결해 한반도에 대한 독점적 지배권을 승인받았다.

1904년 2월 8일 인천에 상륙한 일본군의 시가행진

인천에 상륙하는 일본군 선발대의 모습

간도와 독도 문제

일제는 러일 전쟁 시기에 독도를 강탈했습니다. 독도를 다케시마(죽도)라 명명하고 1905년 2월 2일부터 자국의 시마네 현 오키시마에 편입시켰어요. 게다가 일제는 을사늑약으로 외교권을 박탈한 것을 핑계로 1909년 9월에 청과 간도 협약을 맺어 남만주의 안봉선 철도 부설권을 얻는 대가로 우리의 영토인 간도를 청에 넘겨주었습니다.

영토 문제는 이미 조선 후기부터 불거지기 시작했어요. 조선과 청 사이에 백두산 일대의 영토에 관한 문제가 발생하자 18세기 초에 백두산정계비를 세워 해결했습니다. 그런데 대한 제국 때 청, 일본과 영토 분쟁이 재발한 것이지요. 19세기에는 세도 정치에 신음하던 농민들이 아무도 거주하지 않는 간도로 이주해 황무지를 개간하며 정착했어요. 청의 만주족(여진족)이 간도를 버리고 중국 본토로 건너가 있었기 때문이지요. 그러다가 청이 뒤늦게 간도를 다시 개간한다면서 우리 민족에게 떠날 것을 요구한 거예요.

이에 조선과 청 사이에서는 백두산정계비의 비문 해석을 둘러싸고 논쟁이 벌어졌어요. '서쪽으로는 압록강, 동쪽으로는 토문강을 경계로 한다'는 내용에서 서쪽 경계인 압록강은 이견이 없었는데, 문제는 토문강의 위치였습니다. 대한 제국에서는 이를 만주 북부의 쑹화 강 상류라고 해석했고, 청에서는 두만강이라고 해석했어요. 간도가 우리 영토라는 사실을 분명히 한 것이지요. 청도 우리 농민의 실질적 소유권을 인정하고 있었지만 대한 제국의 영토로는 인정할 수 없다는 것이었어요. 대한 제국은 간도가 우리 영토

백두산정계비
조선과 청 사이에 백두산 일대의 영토에 관한 문제가 발생하자 1712년(숙종 38년)에 백두산정계비를 세워 해결했다.

백두산 천지

조선과 청은 국경을 정하기 위해 청의 제안으로 경계비를 세웠다. 그 뒤 1881년(고종 18년) 청에서 간도 개척에 착수하자, 1883년 조선은 어윤중과 김우식을 보내 정계비를 조사하게 하고 간도가 조선의 영토임을 주장했다. 그러나 1909년 일제는 청으로부터 만주의 안봉선 철도 부설권을 받아 내는 조건으로 간도 협약을 체결해 간도를 청의 영토로 인정하고 말았다.

임을 주장하면서, 어윤중과 이범윤을 파견해 함경도의 일부로 관리하게 했습니다.

러일 전쟁에서 승리한 일본은 여세를 몰아 을사늑약을 강요해 대한 제국을 보호국으로 삼았어요. 일본은 내정 간섭을 위해 통감부를 설치한 후 간도에 통감부의 파출소를 두었지요. 사실상 대한 제국의 주장을 인정한 셈이에요. 그런 후 일본은 청으로부터 만주의 안봉선 철도 부설권을 받아 내는 조건으로 청과 간도 협약을 체결해 간도가 청의 영토라고 인정한 것입니다. 일본이 을사늑약으로 대한 제국의 외교권을 박탈한 상태였으므로 얼핏 보면 일본이 적법한 행위를 한 것처럼 보여요. 하지만 을사늑약의 최종 비준권자인 고종 황제는 "을사 조약에 비준을 하지 않았으므로 국제법상 원천적으로 무효"라고 선언했어요. 따라서 을사늑약을 근거로 맺은 간도 협약도 무효가 되는 셈이지요.

하지만 일본은 여기에서 그치지 않았습니다. 러일 전쟁 중에 독도를 일본 영토에 편입시킨 거예요. 일본은 1905년의 시마네 현 고시 제40호, 즉 '독도는 주인 없는 땅이므로 일본 시마네 현 소속의 도서로 편입시킨다'는 조항에 근거해 독도 영유권을 주장하고 있습니다.

그러나 독도가 우리 땅이라는 것은 각종 지도나 기록을 통해 충분히 증명되었어요. 『삼국사기』에는 신라 장군 이사부가 6세기 지증왕 때 울릉도와 독도 지역의 우산국을 복속시켰다는 기록이 있고, 『세종실록지리지』에는 울릉도와 독도가 강원도 울진현 소속으로 기록되어 있지요. 16세기 『신증동국여지승람』의 팔도총도에도 독도가 그려져 있어요. 17세기 말 울릉도에 일본 어민들이 침범해 오자 안용복이 이를 해결했다는 것도 잘 알려져 있는 사실이지요. 안용복의 활약으로 일본의 도쿠가와 막부는 울릉도와 부속 도서(독도)를 조선 영토로 인정한다는 문서를 조선에 넘긴 일도 있어요. 심지어 일본의 옛 지도에도 독도가 조선 땅으로 표시되어 있답니다.

루스벨트의 딸, 홍릉의 석상에 올라타다

1905년 9월 19일 미국의 유력 정치인들과 루스벨트 대통령의 딸인 앨리스 루스벨트가 대한 제국을 방문했습니다. 당시 앨리스 루스벨트는 앨리스 공주라고 불릴 정도로 사교계의 꽃이었어요. 그녀가 일본을 방문했을 때에는 천황이 직접 알현했고, 중국을 방문했을 때에는 서태후가 직접 만났을 정도였다고 합니다. 앨리스가 대한 제국을 방문했을 때에는 황실 가마를 배정했고, 한성의 모든 집에 미국 국기를 게양하게 했지요. 그런데 문제는 앨리스가 명성 황후의 무덤인 홍릉을 방문했을 때였어요. 대한 제국 의전 담당이었던 독일 여성 엠마 크뢰벨은 자서전인 『내가 어떻게 조선의 궁정에 들어가게 되었는가』에서 충격적인 내용을 소개했습니다.

우리가 도착한 지 얼마 되지 않아 먼지가 이는 속에서 한 여성이 위세당당하게 말을 타고 나타났다. 그녀는 승마복을 입고 있었고 승마용 채찍을

대한 제국기의 한성(1904년)
왼쪽 상단에 광화문과 근정전이 보인다. 광화문 육조 거리 주변에 기와집과 초가집이 빽빽하게 들어서 있다.

한 손에 들고 입에는 시가를 물고 있었다. 바로 미스 앨리스 루스벨트였다. 그녀는 무덤을 수호하고 있는 동물 석상에 관심을 가졌다. 특히 말 석상이 그녀의 눈길을 끌었다. 앨리스는 재빨리 말에서 내려 순식간에 말 석상에 올라탔다. 그토록 신성한 곳에서 그토록 무례한 짓을 저지른 것은 한국 외교사에서 찾아볼 수 없는 일이다. 그러나 앨리스는 자신이 무슨 짓을 저질렀는지도 모르는 듯했다.

앨리스는 고종이 보는 앞에서 외교 사절이 해서는 안 될 행동을 한 거예요. 1934년에 앨리스는 자서전에서 한국에 대해 다음과 같이 표현했습니다.

한국은 원하지는 않았으나 일본의 손아귀에 끌려 들어가고 있었다. …… 황제와 마지막 황제가 될 그의 아들(순종)은 우리 공사관 곁에 있던 궁전에서 내밀한 삶을 이어 가고 있었다. 우리가 도착한 지 며칠 후 그 궁전(덕수궁)의 유럽식 건물에서 점심 식사를 같이했다. 음식은 한국식이었는데, 황실 문장으로 장식된 그릇에 담겨져 있었다. 내가 사용한 그릇들은 나에게 선물로 주어졌다. 내가 궁전을 떠날 때 황제와 그의 아들은 나에게 자신들의 사진을 주었다. 그 두 사람은 애처롭고 둔감한 인물들이었으며 황제와 황태자로서의 존재도 이제 얼마 남지 않은 상태였다.

앨리스는 순종이 마지막 황제가 될 것이라는 사실을 잘 알고 있었습니다. 이는 1905년 앨리스가 아시아를 순방했을 때 일본에서 미국과 일본이 맺은 조약과 관련이 있지요. 루스벨트 다음으로 미국 대통령이 된 윌리엄 태프트는 당시 육군 장관이었어요. 태프트는 1905년 7월 일본 총리 가쓰라 다로를 만나 '미국의 필리핀 영유권을 인정받는 대가로 일본의 한반도 영유권을 인정한다' 는 내용의 가쓰라 · 태프트 비밀협약을 맺었습니다.

가쓰라 · 태프트 비밀협약 당사자인 일본 총리 가쓰라 다로(위)와 미 육군 장관 윌리엄 태프트(아래)

이 밀약은 '제3국이 조약을 체결한 어느 한쪽 국가에 대해 모욕적인 행위를 하게 되면 반드시 서로 돕는다' 는 조미수호통상조약 제1조를 명백히 위반하는 것이에요. 영국도 인도의 식민 통치에 대한 지지를 받는 조건으로 일본의 조선 지배를 지지하는 제2차 영일 동맹을 맺었지요.

이렇듯 미국과 일본 사이에 비밀리에 협약이 맺어질 때 대한 제국은 온갖 모욕을 참으면서 미국 순방단을 극진히 대접했던 거예요. 앨리스가 말 석상에 올라탄 사건은 결국 을사늑약의 신호탄이었던 것이지요.

홍릉(사적 제207호, 경기도 남양주시)

고종과 명성 황후를 합장한 무덤이다. 고종은 대한 제국을 선포하고 황제의 자리에 올랐기 때문에 홍릉은
황제릉의 양식에 따라 명 태조의 효릉을 본떠 조성되었다. 침전 앞 참도 양옆으로 문인석·무인석과 기린,
코끼리, 사자, 해태, 낙타, 말의 석상을 차례로 배치했다.

홍릉의 석상 위에 올라앉은 앨리스 루스벨트
1905년 9월 19일 미국 루스벨트 대통령의 딸인 앨리스
루스벨트가 대한 제국을 방문했다. 홍릉을 방문한 그녀가
말 석상 위에 올라탄 것은 한국 외교사에서 유례를 찾아
볼 수 없는 무례한 행동이었다.

을사늑약과 을사의병

일본은 1904년 2월 러일 전쟁이 시작되자마자 대한 제국의 중립 선언을 무시하고 한일 의정서를 강요했습니다. 8월에는 제1차 한일 협약을 맺어 사실상 고문 정치를 할 수 있도록 내정을 간섭하기 시작했어요.

제1차 한일 협약은 '조선 정부는 일본 정부가 추천하는 일본인과 외국인 각 1명을 재정 및 외교 고문으로 초빙해 의견을 듣는다. 또한 외국과의 조약 체결 및 외국에 대한 특권 부여와 같은 주요 안건에 대해서는 미리 일본 정부와 협의한다'는 내용을 담고 있어 사실상 한국의 자주성과 독립성은 상실된 상태였지요.

러시아와 포츠머스 조약을 맺으면서 조선의 지배권을 확립한 일본은 1905년 11월 17일 무장한 일본군과 이토 히로부미를 필두로 을사 오적을 내세워 제2차 한일 협약이라 불리는 을사늑약을 강요했습니다. 이 조약은 '조선 정부는 일본 정부를 거치지 않고 국제적 성격의 조약을 맺지 않을 것'을 규정하고 있어요. 이는 한마디로 대한 제국의 외교권을 강탈해 주권을 말살한 것이지요.

조약이 체결된 직후 각국에 파견되었던 한국의 외교관은 귀환했고, 서울에 들어와 있던 각국의 공관도 철수했어요. 결국 일본은 을사조약 이후 통감 정치를 실시해 외교권을 장악하고 내정을 간섭하기 시작했지요.

을사늑약이 체결되자 전 국민의 저항이 이어졌습니다. 민영환은 후일을 부탁하는 글을 남기고 자결함으로써 민족의 독립 의식을 자극했고, 나철과 오기호는 오적 암살단을 조직해 친일파를 징벌했어요. 특히 나철은 단군 신앙을 발전시킨 대종교를 창시해 항일 운동을 전개

최초의 평민 의병장이다. 을미사변 이후 을사늑약 때 재차 의병을 일으켰다. 이때 경북 내륙 지방과 강원도 동해안 및 내륙 지방까지 세력을 확대한 신돌석은 '태백산 호랑이'로 불릴 만큼 신출귀몰한 전공으로 이름을 날렸다.

했지요. 장지연은 을사늑약에 분개하며 〈황성신문〉에 「시일야방성대곡」이라는 사설을 실었어요.

> 슬프다. 저 개돼지보다 못한 정부의 대신이란 자들이 부귀영화에 눈멀고 위협에 굴복해 나라를 파는 역적이 되는 것을 달게 받아들여 4000년 강토와 500년 종사를 남에게 바치고 2,000만 국민을 일본의 노예로 만들었으니, 아 분하다. 우리 2,000만 국민이 하룻밤 사이에 갑자기 멸망하고 만단 말인가.

일본과 최후의 일전을 치르려는 움직임도 일어났습니다. 을사늑약을 계기로 의병이 다시 봉기했으므로 이를 을사의병이라고 해요. 의병장으로는 민종식, 최익현, 신돌석 등이 널리 알려져 있지요. 민종식이 이끈 1,000여 명의 의병 부대는 홍주성을 점령했고, 3,000여 명의 신돌석 부대는 동해안 일대에서 유격전을 벌여 일본군에게 큰 타격을 입혔어요.

평민 출신인 신돌석 같은 의병장이 탄생한 것은 일본과의 싸움에서 누가 주역으로 등장하고 있는가를 보여 주는 좋은 예라고 할 수 있습니다. 평민 의병장이 지휘하는 의병 부대는 산악 지대에 근거를 두고 유격 전술을 펼쳤어요. 의병 투쟁에서 본격적인 군사 작전의 개념이 도입되기 시작한 것이지요. 하지만 당시의 의병 투쟁은 커다란 세력을 형성하지 못했습니다. 최익현 부대는 정부군과 대치하게 되자 왕의 군대와 싸울 수 없다는 이유로 군대를 해산해 버렸어요. 최익현은 관군과 대치했을 때 "일본군이라면 죽음을 각오하고 싸우겠지만 동족끼리 싸울 수는 없다."라면서 스스로 항복했지요. 결국 최익현은 일본의 대마도로 끌려가 순절해 조선 선비의 기개를 보여 주었어요.

을사늑약

1905년 11월 17일 이토 히로부미는 을사오적을 내세워 외교권을 박탈하는 을사늑약을 강요했다. 을사늑약의 체결과 군대 해산(1907년 8월)으로 대한 제국은 명목상으로는 일본의 보호국이지만 사실상 일본의 식민지가 되었다.

을사늑약이 체결된 후 촬영한 일본군 장성과 공사관원들의 기념사진

(위) 을사늑약에 서명한 을사오적

왼쪽부터 외부대신 박제순, 내부대신 이지용, 군부대신 이근택, 학부대신 이완용, 농상부대신 권중현이다.

(왼쪽) 오적 암살단

1907년 3월 25일 을사오적을 암살하기 위한 오적 암살단이 결성되었다. 사진 왼쪽부터 이철, 나철, 홍필주, 오기호다. 나철은 민족 종교인 대종교를 창시한 인물이다.

(왼쪽) 민영환(1861~1905년)
을사늑약이 체결되자 평소 소지했던 칼로
자결했다. '영환은 한 번 죽음으로써 황은에
보답하고 2,000만 동포에게 사죄한다' 는
내용의 유서를 남겼다.

(아래) 대마도로 호송되는 최익현
전라북도 태인(정읍)에서 의병을 일으킨
최익현은 곡성을 거쳐 순창에 진출했으나
1906년 6월 12일 일본 경찰에 체포되어
일본 대마도로 끌려갔다. 유배지에서 지급
되는 음식물은 적이 주는 것이라 하며 거절
해 끝내 순국했다.

신돌석의 전투 기록화(독립기념관)

군대 해산과 정미의병

1907년 항일 의병의 역량을 강화할 수 있는 사건이 발생했습니다. 바로 일본이 대한 제국의 군대를 강제로 해산한 사건이에요. 군대 해산은 을사늑약으로 외교권까지 빼앗긴 상태에서 예견되었던 일이었지요.

1907년 4월 고종은 외교권 강탈의 부당함을 알리고자 네덜란드 헤이그에 밀사를 파견했어요. 조미수호통상조약의 상호 협력 조항을 근거로 미국에 헐버트를 특사로 파견해 지원을 요청하고, 제2차 만국 평화 회의가 열리고 있던 헤이그에 이상설, 이준, 이위종을 특사로 파

견해 이 조약이 무효임을 국제 사회에 알리고자 했던 것입니다.

이 사건을 계기로 고종은 퇴위되고 순종이 즉위하게 되었어요. 일본은 1907년 7월 한일 신협약을 맺어 일본인을 한국 관리로 임명하는 차관 정치를 실현하게 되었습니다. 내정 감독권까지 빼앗겨 사실상 국권을 탈취당한 것이지요. 일본은 눈엣가시 같았던 대한 제국의 군대를 1907년 8월 1일 해산하고 사법권과 경찰권까지 완전히 장악했어요.

해산된 조선군은 항일 의병 투쟁에 가담해 의병들과 손을 잡았습니다. 해산된 조선군 8,800여 명 중 5,000명에 이르는 병사가 의병에 합류한 것이지요. 이들을 정미의병이라고 하는데, 대한 제국의 정규군이 포함됨으로써 을미의병이나 을사의병보다 규모가 훨씬 컸어요. 그리고 대한 제국을 대표하는 의병이 일본군과 싸웠으므로 이들의 전투

정미의병

1907년 8월 1일 군대 해산에 반발한 5,000여 명의 병사가 의병에 합류해 일본군과 싸웠다. 군대 해산 당일 시위대 대대장 박승환이 자결했다는 소식을 듣고 분개한 조선군들은 일본군을 상대로 시가전을 전개하기도 했다.

박승환(1869~1907년)
군대 해산식이 있었던 1907년 8월 1일 박승환 참령은 '군인으로서 나라를 지키지 못하고 신하로서 충성을 다하지 못했으니 만 번 죽어도 아까울 것이 없다'는 유서를 가슴에 품고 자결했다.

를 의병 전쟁으로 규정할 수 있게 되었지요. 의병들 스스로도 독립군이라고 자처했고, 서울에 주재하는 각국 영사관에 국제법상의 합법적 교전 단체로 승인해 줄 것을 요청하는 서한을 발송하기도 했어요.

군대 해산으로 역량이 보충된 1907년의 항일 의병 투쟁은 일제의 식민 지배에 항거하는 마지막 투쟁이 되었습니다. 물론 중심 세력은 농민과 해산된 군인들이었어요. 전국 의병장 255명 중 평민 출신이 191명에 이를 정도였지요. 평민 출신의 의병대는 신분보다는 능력을 우선시한 조직 편제와 유격전을 위주로 한 전술을 구사해 크고 작은 전과를 올렸어요.

1907년 12월 1만여 명의 의병이 양주에 집결해 관동 의병장 이인영을 총대장으로 13도 창의군을 편성한 다음, 1908년 1월 서울 진공 작전을 개시하려고 했습니다. 하지만 허위가 이끈 300명의 선발군이 일본군의 선제공격으로 서울 동대문 밖 근교에서 패하고 말았어요. 게다가 총대장인 이인영이 부친상을 당하자 '불효는 불충'이라며 귀가해 버려 서울 진공 작전은 실패로 끝났지요.

의병 투쟁이 거국적으로 전개되지 못한 이유로 13도 창의군을 이끈 유생들이 신돌석, 홍범도와 같은 평민 의병장을 제외시켰던 점도 꼽을 수 있어요. 당시 의병 활동을 이끌었던 주축이 몰락 양반이나 농민층으로 옮겨 가고 있었고, 안규홍 같은 머슴 출신도 있었는데 이들을 제쳐 놓았던 것이지요. 그래서 1908년 의병 운동이 전국적으로 전개되었음에도 불구하고, 일본군의 대토벌 작전으로 수많은 의병과 백성들이 쓰러진 것입니다. 특히 의병의 근거지였던 호남 지역의 여러 마을들은 초토화되었어요.

하지만 한일 합병 이후에도 상당수의 의병들은 만주와 연해주 일대로 근거지를 옮겨 독립군으로 활동했습니다. 홍범도, 이범윤 등은 국내 진공 작전을 꾀하기도 했어요.

대한 제국의 군인들
광화문 앞 훈련원에서 군사 훈련을 받고 있는 대한 제국 군인들의 모습이다. 이들은 1907년 일본에 의해 강제 해산되었다.

헤이그 밀사 파견과 고종의 퇴위

1907년 4월 고종 황제는 경운궁(덕수궁) 돈덕전에 감금당한 상태에서도 외교권 강탈의
부당함을 세계에 알리기 위해 제2차 만국 평화 회의가 열리고 있는 네덜란드의 헤이그에
밀사를 파견했다. 이 사건을 계기로 고종이 퇴위하고 순종이 즉위했다.

헤이그 밀사들
왼쪽부터 이준, 이상설, 이
위종이다. 1907년 6월 25
일 이들은 헤이그에 도착
해 만국 평화 회의 참석을
신청했으나 거절당했다.
프랑스 신문은 헤이그
밀사에 관한 기사를 특종
으로 다루었다.

제2차 만국 평화 회의가 열린 모습

경운궁에 갇힌 고종(1907년) 경운궁 돈덕전 2층에서 평복 차림으로 갓을 쓴 고종 황제(2층 가운데 창 중앙)가 일본군의 무력 시위 현장을 바라보고 있다.

일본군의 무력 시위 무장한 일본군은 고종의 거처인 돈덕전 앞에까지 몰려와서 고종을 위협했다.

석조전과 돈덕전 석조전 뒤에 보이는 돈덕전은 석조전보다 역사적으로 더 의미가 있는 건물이다. 일본은 돈덕전을 헐기 위해 1922년과 1923년 사이에 궁궐 출입을 막았다. 이로써 조선 왕조의 마지막 즉위식이 거행된 곳은 아무도 모르게 사라졌다.

고종 황제가 퇴위하던 날

1863년에 즉위한 고종은 1907년 7월 20일에 양위식을 거행했다. 덕수궁 돈덕전 입구에 병풍이 쳐져
있고, 계단에는 양탄자가 깔려 있다. 초라한 퇴위 장면이 굴욕적으로 보인다.

순종은 1907년 8월 27일 덕수궁 돈덕전 계단에서 치욕적인 즉위식을 올렸다. 순종이 모자를 쓰지 않은 것은 단발한 것을 보여 주기 위해서다.

구국의 총소리가 만주를 뒤흔들다 – 의열 투쟁

을사늑약으로 나라의 외교권을 빼앗긴 지 4년이 흘렀어요. 1909년 10월 26일 아침 9시, 작달막한 키에 턱수염을 기른 이토 히로부미가 만주 하얼빈 역에 도착했습니다. 그가 당시 러시아의 영토였던 만주 하얼빈에 온 이유는 만주 철도를 누가 경영할 것인가를 놓고 러시아 재무 장관 코코프체프와 회담을 하기 위해서였어요. 또 한일 합병 사실을 러시아에게 알리기 위한 목적도 있었지요.

하얼빈 역에는 러시아 군대가 늘어서 있었고 환영 나온 인파들이 몰려 있었습니다. 이토 히로부미가 환영 인파의 인사를 받고 있는 순간 어디에선가 총성이 울려 퍼졌어요. 이토 히로부미는 중심을 잡지 못하고 휘청거렸지요. 그사이에 다시 세 발의 총성이 울렸어요. 이번에는 이토 히로부미를 뒤따르던 일본인 관리 세 명이 잇따라 쓰러졌습니다. 그때 러시아어로 "코레야 우라, 코레야 우라!"라는 외침이 터져 나왔어요. 안중근의 목소리였지요. '코레야 우라'는 우리말로 '대한 만세'라는 뜻입니다. 안중근은 그 자리에서 체포되었고, 오전 10시에 치명상을 입은 이토 히로부미는 절명했어요. 안중근은 뤼순 감옥에 갇혔고, 일본인으로 가득 찬 재판정에 서게 되었지요. 그는 법정에서 다음과 같이 주장했어요.

"이토를 죽인 것은 나 개인을 위한 것이 아니라 동양의 평화를 위한 것이다. 나는 가는 곳마다 싸웠고, 의병 참모 중장으로서 전쟁에도 나갔다. 이토를 살해한 것도 독립 전쟁의 의병 중장 자격으로 한 일이다. 오늘 이 법정에 나온 것은 바로 그 전쟁에 내가 포로가 되었기 때문이다. 나는 암살자로 심문받을 이유가 없다."

안중근 장군

안중근 장군의 마지막 길
아침 안개 속에 안중근 장군을
태운 마차가 형장으로 향하고
있다.

일주일 뒤 일제는 안중근에게 사형을 선고했습니다. 일제는 처형에 앞서 두 동생을 만나도록 허락했는데, 안중근은 오히려 슬퍼하는 두 동생을 위로했어요.

"사람은 꼭 한 번은 죽는 법이다. 죽음을 두려워할 내가 아니다. 삶은 꿈과 같고 죽음은 잠드는 것과 같다. 조금도 슬퍼 말아라."

안중근은 옥중에서 『동양 평화론』이라는 책을 썼어요. 그러나 머리말과 제1장의 일부밖에 쓰지 못한 채 형장의 이슬로 사라졌지요. 이 책의 한 대목을 살펴보면 안중근이 이토 히로부미를 죽인 이유를 알 수 있습니다.

지금 서양 세력이 동양으로 뻗쳐 오는 환난을 동양 사람이 일치단결해서 막아 내는 것이 최상책이라는 것은 어린아이라도 다 아는 일이다. 그런데 무슨 까닭으로 일본은 이런 형세를 돌아보지 않고 같은 황인종인 이웃 나라를 치고 우의를 끊어 방휼의 형세를 만들어 마치 어부를 기다리는 듯하는가…….

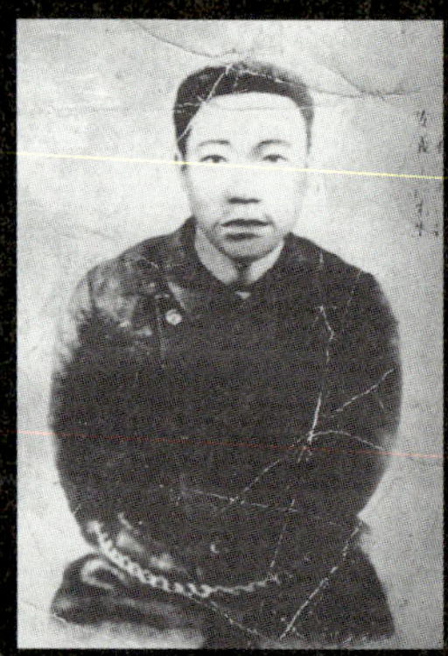

안중근 장군(1879~1910년)

대한의군 참모 중장이자 특파 독립대장이었다. 1909년 10월 26일 하얼빈 역에서 대한 제국의 식민지화를 주도한 이토 히로부미를 저격, 사살했다. 안중근 장군은 재판을 받을 때 네 번이나 반복해서 "나는 대한의군 참모 중장이니 나를 군인으로 대우하고 군사 재판을 열어 달라."라고 했다. 이는 자신의 행위가 개인의 테러가 아닌 군사 작전이었다고 역설한 것이다. 따라서 안중근을 의사가 아니라 장군으로 부르는 것이 타당하다.

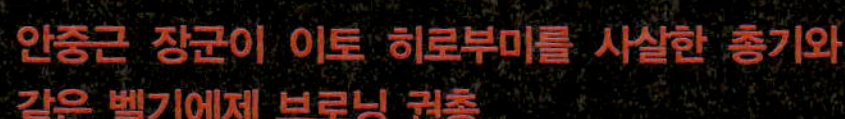

안중근 장군이 이토 히로부미를 사살한 총기와 같은 벨기에제 브로닝 권총

1909년 10월, 봉천(중국 선양)역에 도착한 이토 히로부미 일행

순국 이틀 전에 아우들과 마지막 면회를 하는 안중근 장군

안중근 장군이 갇혀 있던 뤼순 감옥

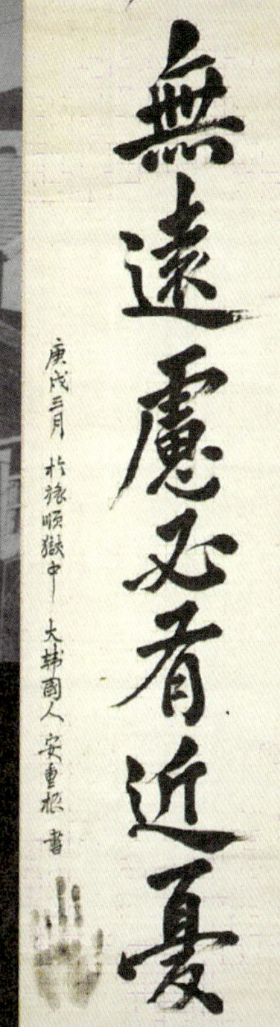

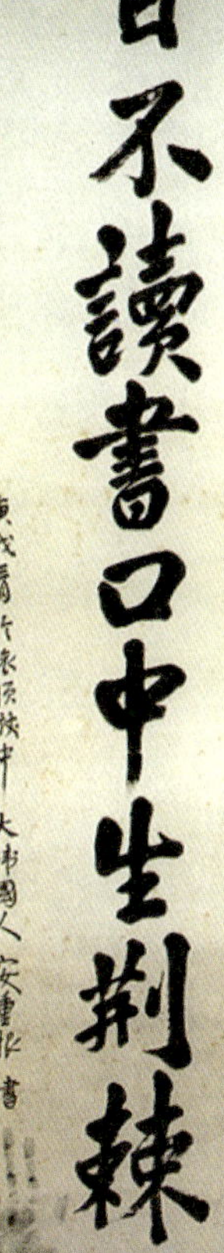

안중근 장군의 글씨
(왼쪽) '멀리 생각하지 않으면 필히 가까운 근심이 있다' 라는 뜻이다.
(오른쪽) '하루라도 글을 읽지 않으면 입 안에 가시가 돋친다' 라는 뜻이다.

미리 준비해 둔 안중근 장군의 가묘
서울시 용산구 효창 공원 안에 있다. 제일 왼쪽이 안중근 장군의 가묘이고 차례로 이봉창, 윤봉길, 백정기 삼의사의 묘다.

안중근은 이토 히로부미를 죽인 것을 동양의 평화를 위한 의로운 전쟁이라고 선언했습니다. 안중근의 의거에 앞서 1907년 3월에는 장인환, 전명운 의사가 샌프란시스코에서 일본의 침략을 지지한 미국인 고문관 스티븐스를 사살했고, 이 소식에 자극을 받은 이재명은 친일파인 이용구와 이완용을 암살하려 했지만 미수에 그쳤어요.

이들의 희생에도 불구하고 결국 한일 합병이 이루어지고 맙니다. 하지만 이들의 희생은 결코 헛된 것이 아니에요. 이들의 의혈 정신이 살아남아 3·1 운동과 독립운동으로 이어졌고 오늘날의 대한민국이 있게 된 것이니까요.

실력 양성과 무장 투쟁의 선봉, 신민회

독립 협회가 해산된 뒤에도 여러 사회단체가 설립되어 구국 운동을 전개했습니다. 초기에는 보안회가 러일 전쟁이 시작된 직후 일본의 황무지 개간권 요구에 반대해 저지에 성공했어요. 보안회는 일제의 탄압으로 해산되었지만 일제의 경제 침투에 저항해 목적을 이룬 대표적 단체였지요. 헌정 연구회는 입헌 정치 체제의 수립을 목적으로 설립되어 일진회의 반민족적 행위를 규탄하다가 해산되었어요. 보안회와 헌정 연구회의 활동을 보면 독립 협회가 추진했던 이권 수호 운동과 의회 설립을 통한 입헌 군주제 수립 운동의 정신이 이어지고 있었다는 사실을 알 수 있지요.

송병준의 유신회를 개칭한 일진회는 이용구의 진보회를 흡수해 세력을 확장했어요. 1905년 11월 17일 일진회는 을사늑약 체결을 10여 일 앞두고 '한국의 외교권을 일본에 위임함으로써 독립을 유지할 수 있고 복을 누릴 수 있다'는 내용의 선언서를 발표하기도 했지요.

을사늑약 이후에는 대한 자강회, 대한 협회, 신민회 등의 단체들이 국권 회복을 위한 계몽 운동을 전개했습니다. 대한 자강회는 헌정 연구회를 모체로 하고 독립 협회의 맥을 이어 사회단체와 언론 기관을 주축으로 창립되었어요. 헌정 연구에서 교육과 산업 진흥을 통한 실력 양성 운동으로 활동 영역을 변화시킨 것이지요. 이 단체는 고종의 강제 퇴위 반대 운동을 주도하다가 강제로 해산되었어요.

대한 자강회를 계승한 대한 협회는 교육 보급, 산업 개발, 민권 신장, 행정 개선 등을 강령으로 활동했습니다. 하지만 일제가 조선 지배를 강화하자 애국 계몽 단체로서의 활동이 약화되었어요. 대한 협회가 반일 운동을 포기한 이유는 일제의 탄압 때문이었겠지만 일제의 지배를 인정하고 타협하려는 생각도 있었기 때문이지요.

통감부의 억압이 날로 심해져 정치 단체들의 활동이 어려워지자 1907년 비밀리에 신민회가 조직되었습니다. 국권 회복과 공화정 체제의 국민 국가 건설을 목표로 삼았던 신민회는 안창호, 이승훈, 양기탁 등이 참가한 비밀 단체였어요. 주로 교사와 학생들이 많이 참가했지요. 단체 이름은 국민 스스로 새로운 신민(新民)이 되어야 한다는 뜻에서 신민회라고 했습니다. 안창호는 '신민회 결성 취지문'을 통해 신민회를 결성한 목표를 다음과 같이 밝혔어요.

도산 안창호(1878~1938년)
독립 협회에 가입해 만민 공동회에 참여했다. 1907년 이갑, 양기탁, 신채호 등과 함께 항일 비밀 결사 조직인 신민회를 창건해 활동했다.

우리의 전략은 오직 나라를 위하는 한 길뿐이다. 우리 대한인은 남녀를 불문하고 모두 하나로 단결해 힘껏 독립 자유의 한 길로 나아가는 것, 이

일본 경찰에 압송되는
신민회 회원들
일제는 105인 사건을 날조해
신민회를 탄압했다.

것이 바로 신민회가 바라는 바이니, 간단히 말하면 신정신을 불러일으키고, 신단체를 조직함으로써 신국가를 건설할 뿐이다. 오라! 우리 대한 신민이여! 가시밭길이 험해도 전진만 있고 후퇴는 없을 것이니 넘어지고 쓰러지더라도 전진을 위해 본 단체는 헌신할 것이라!

신민회는 철저하게 비밀을 유지하면서 조직을 운영했기 때문에 통감부의 눈을 피해 다양한 활동을 할 수 있었습니다. 특히 민족 교육의 추진, 민족 산업의 육성에 중점을 두고 활동했어요. 이를 위해 평양에 대성 학교, 정주에 오산 학교를 설립했고, 〈대한매일신보〉를 통해 국민 계몽에 앞장서기도 했지요. 평양의 자기 회사와 대구의 태극 서관을 설립한 것은 실력 양성 운동의 일환이었는데, 태극 서관의 운영은 교과서와 서적을 보급하려는 문화적 의도를 지니고 있었어요.

신민회 간부들은 민족의 독립 역량을 기르기 위해 통감부의 감시가 미치지 않는 만주에 독립운동 기지를 건설했습니다. 그래서 조국의 독립운동에 뜻을 둔 사람들을 만주 삼원보로 이주시켜 한인들의 집단 거주 지역을 만들었어요. 신민회 회원들은 이곳에서 농장을 가꾸어 경제력을 키우고, 신흥 학교를 세워 민족 교육에도 힘썼지요.

국권을 빼앗기면서 실력 양성을 내세운 온건파(안창호)와 무장 투쟁을 내세운 강경파(이동휘) 사이에 갈등이 일어났어요. 온건파는 미국으로 건너가 흥사단을 결성하고, 강경파는 만주, 연해주 등지로 가서 독립 기지를 건설했으나, 국내 잔류파는 1911년 이른바 105인 사건으로 큰 탄압을 받게 되지요. 1910년 평안북도 선천에서 안중근의 사촌인 안명근이 데라우치 마사타케 총독을 암살하려다가 실패한 사건이 있었어요.

일본 경찰은 이것을 구실 삼아 신민회 회원과 평안도 일대의 기독교 신자 등을 중심으로 한 민족주의자들을 억압할 계획을 세웠습니다. 1911년 일제는 안명근 사건을 신민회 회원들이 배후에서 조종한 것처럼 조작해 유동열, 윤치호, 양기탁, 이승훈, 이동휘 등 600여 명을 검거했어요. 이들이 결백을 주장하자 일본 경찰은 거짓 자백을 받기 위해 이들에게 악독한 고문을 자행합니다. 그래서 600명 가운데 대표적인 인물 105명을 기소하지요. 이를 105인 사건이라고 합니다.

실력을 먼저 길러야 한다고 주장한 실력 양성론자들은 강력한 일본군을 상대로 무장 투쟁을 벌이는 것을 무모한 행위라고 비난했어요. 하지만 모든 것은 힘의 문제로 귀결됩니다. 항일 의병 투쟁은 일본의 침략군을 당장 몰아내지는 못했으나 이후 만주의 간도와 연해주 지역으로 옮겨 가 독립 전쟁으로 진행되었지요.

강제로 쫓겨난 고종

조선의 제26대 왕이자 대한 제국의 광무 황제인 고종(1852~1919년)은 개항 이후 청, 러시아, 일본의 삼파전이 치열한 가운데 국권을 보존해 왔지만, 1907년 일제에 의해 강제로 폐위되었다. 1919년 1월 21일에 사망하자 독살당했다는 설이 널리 유포되었는데, 이는 3·1 운동의 직접적인 계기가 되었다.

고종 어진(국립중앙박물관)
익선관을 쓰고 황색 곤룡포를 입은 채 용상에 앉아 있는 고종의 전신 좌상이다. 채용신(1850~1941년)이 1901년 궁중에서 고종의 용안을 직접 대면하며 그렸다.

대한 제국 고종 황제 어새
(보물 제1618호, 국립고궁박물관)
2008년 12월에 고종 황제가 사용했다고 알려진 국새가 발굴되었다. 고종 황제가 일본으로부터 국권을 지키기 위해 비밀리에 제작해 사용한 어새다. 이 어새가 찍혀 있는 서신 진본이 발견됨으로써 당시에 사용된 실물이었음이 확인되었다.

마지막 황제, 순종

조선 제27대 왕이자 대한 제국의 마지막 황제인
순종(1874~1926년)은 1910년 일제로부터 국권 피탈
조약에 공식적으로 서명할 것을 강요받았으나 끝까지
동의하지 않았다. 결국 8월 22일 당시 총리대신이었던
이완용이 대신 서명했다. 한일 병합 조약은 순종이
서명하지 않았으므로 유효하지 않다.

순종과 순종의 계비 순정효황후 윤씨

순종이 타고 다녔던 가마
(국립고궁박물관)

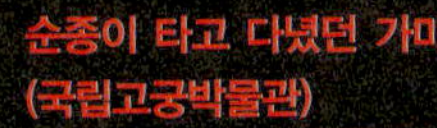

순종황후어차(국립고궁박물관)
영국 다임러 사가 1914년에 제작한 7인승
리무진이며, 순종의 계비였던 순정효황후가
탔던 승용차다. 순종어차와 함께 국내에 남아
있는 승용차 중 가장 오래된 것으로 사료적
가치가 높다.

마지막 황태자, 영친왕

의민태자 또는 의민황태자로도 불리는 영친왕(1897~1970년)은 대한 제국의 마지막 황태자다.
고종의 일곱째 아들로 어머니는 순헌황귀비 엄씨다. 순종과 의친왕, 덕혜 옹주의 이복형제다.
1907년 11세 때 황태자에 책봉되었으며 12월 통감으로 부임해 온 이토 히로부미에 의해 강제로
일본에 끌려가 교육을 받았다. 일본 왕족의 딸인 이방자 여사와 결혼했으며, 일본군 육군 중장까지
지냈다.

영친왕

영친왕과 이방자 여사

영친왕과 이토 히로부미
1907년 12월 11세 때 영친왕은 유학이라는 명목으로 일본으로 끌려갔다.

마지막 황녀, 덕혜 옹주(1912~1989년)

고종이 60세 때 후궁 복녕당 양씨에게서 얻은 고명딸이다. 덕혜 옹주가 5세 때 덕수궁의 준명당에
유치원을 만들어 줄 정도로 고종은 덕혜 옹주를 사랑했다. 일본에 강제로 유학을 간 그녀는 1962년
고국에 돌아와 창덕궁에서 생활하다가 1989년 76세 때 수강재에서 세상을 떠났다.

일출소학교 시절의 덕혜 옹주

강제 유학을 떠나는 덕혜 옹주

일본으로 떠나기 직전의 덕혜 옹주

덕혜 옹주와 대마도 번주의 양아들
소 다케유키

마지막 황손, 이석

대한 제국의 마지막 황손인 이석(1941~)은
고종의 다섯째 아들인 의친왕과 홍정순
사이에 열 번째 아들로 태어났다. 한때
가수로 활동하기도 했으며, 베트남 전쟁
에도 참전한 바 있다. 2004년부터 전라북도
전주의 한옥마을에 있는 승광재에 머물고
있다.

가수로 활동할
당시의 이석

승광재에 보관 중인
왕과 왕비의 옷

황손 이석의 집, 승광재

6-8 국권 침탈과 구국 운동

1 대한 제국의 성립

· 아관 파천(1896년) 명성 황후 시해 사건으로 일본의 위협을 느끼고 있던 고종이 러시아의 도움으로 처소를 러시아 공사관으로 옮김 → 러시아는 러시아인을 재정 고문, 군사 고문에 앉히고 광산 채굴권과 삼림 벌채권을 차지

· 대한 제국 성립(1897년) 독립 협회를 중심으로 자주독립을 주장하는 국민의 목소리가 높아지자 고종이 아관 파천 1년 만에 경운궁(덕수궁)으로 환궁 → 국호를 대한 제국으로, 연호를 광무로 정하고 환구단에서 황제 즉위식 거행

2 광무 개혁

· 원칙 대한 제국은 구본신참을 표방

· 경제 양전 사업 시행, 일부 지역에서는 토지 소유권 증명 문서인 지계를 발급, 상업 진흥책에 따라 근대적인 상회사 설립, 정치적 도움을 받기 위해 미국에 운산 금광 등 광산 채굴권과 철도·전기 등의 이권을 넘겨줌

· 교육 광무 학교, 상공 학교 등의 실업 학교와 의학교 등 각종 학교 설립

· 군사 원수부 설치(황제가 직접 군대를 장악), 시위대(왕의 호위를 위하여 조직된 군대) 증강, 무관 학교 설립(장교 양성)

3 독립 협회(1896년 7월)

· 배경 아관 파천 1년 동안 러시아는 재정과 군사 고문을 보내 내정 간섭. 광산 채굴권, 철도 부설권, 삼림 벌채권 등에서 미국, 일본 등 열강의 이권 침탈 심화

· 독립 협회 설립 정부 지원으로 〈독립신문〉을 발간(1896년 4월)한 서재필과 윤치호, 이상재 등 개화파 지식인들이 독립문 건립 명분으로 독립 협회 설립

· 만민 공동회 개최(1898년 3월) 이상재 등 독립 협회 회원을 중심으로 일반 시민들도 참여, 종로에서 민중 집회 개최. 열강의 이권 침탈 반대(러시아의 침략 정책 규탄, 부산 절영도 조차 요구 저지), 근대적 의회 정치 실시 등의 건의안을 국왕에게 올림

· 관민 공동회 개최(1898년 10월) 박정양 진보 내각과 여러 단체, 시민 참여 → 자주 외교를 주창하는 헌의 6조(국권 수호, 민권 보장, 국정 개혁 주장) 의결 → 수구 세력의 방해로 좌절

· 의회 설립 운동 박정양 내각과 협의해 오늘날 국회와 같은 기능을 수행하는 중추원 관제(관선 의원＋민선 의원) 반포 → 우리나라 최초의 의회가 설립되기 전 단계에 이름

· **해산 과정** 보수파와 황실 측근이 독립 협회가 공화정(입헌 군주제)을 수립하려 한다고 모함 → 이상재를 비롯한 주요 간부 체포 → 독립 협회 회원들과 시민이 만민 공동회 개최 → 정부는 보부상들로 조직된 황국 협회를 동원해 만민 공동회 습격 → 고종이 군대를 동원해 강제 해산
· **의의와 한계** 자주독립 의식을 확산시킴. 의병 운동과 같은 무장 활동에 비판적, 외세 배척이 주로 러시아에 한정됨

4 언론과 국학의 발달

· 〈한성순보〉(1883년) 순 한문, 박문국에서 10일에 한 번씩 간행한 최초의 신문, 개화 정책의 취지 설명
· 〈한성주보〉(1886년) 〈한성순보〉 계승, 최초로 상업 광고 게재
· 〈독립신문〉(1896년) 한글판 · 영문판, 서재필 주도, 최초의 민간 신문, 자주독립 의식 고취
· 〈제국신문〉(1898년) 순 한글, 민중 계몽, 자주독립 의식 고취, 주로 서민층과 부녀자가 대상
· 〈황성신문〉(1898년) 국한문 혼용, 을사늑약 체결을 비난한 장지연의 「시일야방성대곡」 게재
· 〈대한매일신보〉(1904년) 국한문판 · 영문판 · 한글판, 영국 특파원 베델과 양기탁의 합자, 의병 운동에 호의적, 일제의 침략상 폭로, 국채 보상 운동 홍보, 최다 독자, 총독부의 기관지로 전락
· **국학 연구** 신채효가 「독사신론」(〈대한매일신보〉에 연재한 사론, 일제의 식민 사관과 고대사 왜곡을 비판), 『이순신전』, 『을지문덕전』 등을 저술, 박은식이 조선 광문회 조직(민족의 고전 정리, 간행), 유길준의 『서유견문』(국한문체 보급)

5 근대적 교육 기관의 설립과 국학 연구

· **근대 교육의 시작** 원산 학사(1883년, 최초의 근대식 사립 학교), 동문학(1883년, 통역관 양성소, 영어 강습 기관), 육영 공원(1886년, 최초의 근대식 공립 학교, 헐버트 등 미국인 선교사를 초빙해 주로 양반 자제들에게 신지식과 외국어를 가르침)
· **교육입국 조서 반포**(1895년) 고종이 교육의 필요성 역설, 근대식 교육 제도 마련, 소학교 · 사범 학교 · 외국어 학교 등 관립 학교 설립, 근대식 교과서 편찬
· **사립 학교 설립** 개신교 계열(배재 학당, 이화 학당, 정신여학교), 민족주의 계열(대성 학교, 오산 학교, 보성 학교, 진명여학교) → 사립 학교령이 제정됨(1908년, 일제 탄압 정책의 일환으로 제정, 설립과 운영을 통제, 교과서 검정 규정)

6 청일 전쟁과 러일 전쟁

· **청일 전쟁**(1894년) 동학 농민 운동 진압을 위해 청에 파병 요청 → 톈진 조약을 내세워 일본도 출병 → 전주 화약 후 철병 요구 → 일본군의 궁성 침입과 청 함대의 기습 공격(1894년) → 일본 승리, 시모노세키

조약 체결(1895년), 청이 요동반도를 일본에 할양 → 삼국 간섭(러시아가 프랑스, 독일과 함께 요동반도 반환 요구)

· **러일 전쟁(1904년)** 삼국 간섭 이후 러일 각축전 → 제1차 영일 동맹(1902년) → 러시아가 용암포 무단 점령(1903년), 대한 제국에 벌채권 요구 → 일본군이 러시아군 공격(1904년) → 한일 의정서 체결(1904년 2월), 군사 기지 사용권 차지 → 제1차 한일 협약 체결(1904년 8월), 외교에 스티븐스를, 재정에 메가타를 고문으로 임명 → 러일 전쟁 중 일본과 미국이 가쓰라 · 태프트 비밀협약 체결(1905년, 일본의 한반도 영유권 인정) → 일본 승리, 포츠머스 조약 체결(1905년, 한반도에 대한 독점적 지배권 승인)

7 일본과의 영토 분쟁

· **간도** 숙종 때 조선과 청은 국경선을 정하면서 백두산정계비를 세우고(1712년) 간도를 조선의 영토로 표시, 19세기 중엽 이후 영유권 분쟁, 이범윤을 간도 관리사로 파견하고 간도를 함경도에 편입(1902년), 을사늑약으로 외교권을 박탈한 것을 기화로 1909년 9월 일본은 청과 간도 협약을 맺어 남만주의 안동 (지금의 단둥)과 봉천(지금의 선양) 간의 안봉선 철도 부설권을 얻는 대가로 간도가 청의 영토라고 인정

· **독도** 숙종 때 안용복이 독도를 왕래하는 일본 어부들을 몰아내고 일본으로 건너가 조선 영토임을 확인 시킴 → 러일 전쟁 중 일본이 독도를 다케시마(죽도)라 명명하고 1905년 2월 2일부터 시마네 현에 편입 시킴 → 이승만 정부의 인접 해양의 주권에 관한 대통령 선언 발표 후 분쟁이 시작됨. 한국은 국내외 및 일본 측 사료를 근거로 내세우고, 일본은 국제법적인 논리를 내세움 → 검인정 교과서에 독도를 일본 영 토로 명시(2006년)

8 일제의 국권 침탈

· **을사늑약**(제2차 한일 협약, 1905년 11월) 외교권 박탈, 통감부 설치. 초대 통감은 이토 히로부미

· **헤이그 특사 사건** 을사늑약의 부당함을 알리기 위해 이준, 이상설, 이위종을 헤이그 만국 평화 회의에 파견 → 고종을 강제로 퇴위시킴(1907년 7월)

· **한일 신협약**(1907년 7월) 일본인 차관 배치, 행정권 장악 → 군대 해산(1907년 8월 일부 해산 군인이 의 병에 가담, 정미의병) → 기유각서(1909년 7월 대한 제국 경찰권 박탈)

· **한일 병합 조약**(1910년 8월) 일진회의 이용구, 송병준 등 친일파를 앞세워 청원서를 발표하게 함. 총리 대신 이완용과 통감 데라우치 사이에 체결. 순종은 서명하지 않음

9 항일 의병 운동

· **을미의병(1895년)** 을미사변과 을미개혁(단발령) → 유생 의병장 유인석과 이소응이 항쟁 주도 → 단발령 철 회로 해산, 일부 농민은 활빈당 조직

· **을사의병**(1905년) 을사늑약 → 유생 의병장 민종식과 최익현, 평민 의병장 신돌석 등이 주도
· **정미의병**(1907~1910년) 고종 강제 퇴위, 군대 해산 → 해산 군인 가담, 13도 창의군을 구성해 서울 진공 작전 전개(1908년) → 이인영이 부친상을 당하자 "불효는 불충"이라며 귀가
· **의병의 위축** 일제의 남한 대토벌 작전(1909년) → 만주, 연해주로 이동해 독립군으로 재편
· **의열 투쟁** 나철과 오기호(을사오적 습격), 전명운과 장인환(스티븐스 사살, 1908년), 안중근(초대 통감 이토 히로부미 사살, 1909년)

10 애국 계몽 운동

· **보안회**(1904년) 일본의 황무지 개간권 요구 반대 운동 전개 → 일제의 요구 철회
· **헌정 연구회**(1905년) 입헌 군주제를 통한 민권 확대 주장, 일진회의 친일 행위를 규탄
· **대한 자강회**(1906년) 고종 퇴위 반대 운동, 대한 협회(1907년)가 계승. 민권 신장을 위해 노력
· **신민회**(1907년) 안창호, 이승훈, 양기탁이 조직한 비밀 결사로 실력 양성 운동 추진. 독립운동에 뜻을 둔 사람들을 만주 삼원보로 이주시켜 한인들의 집단 거주 지역을 형성함. 대성 학교(평양), 오산 학교(정주), 신흥 학교(만주 삼원보, 신흥 무관 학교로 개편됨) 설립. 자기 회사와 태극 서관(출판물 보급)을 운영했고 〈대한매일신보〉를 통해 국민 계몽에도 앞장섬. 일제의 105인 사건 조작(1911년)으로 와해됨

항일 의병의 총대장 이인영이 "불효는 곧 불충"이라면서 고향으로 내려간 행동을 어떻게 보아야 할까요?

1907년 12월 총대장 이인영은 13도 창의군을 편성한 다음, 1908년 1월 서울 진공 작전을 개시하려고 했어요. 그런데 부친상을 당하자 "불효는 불충"이라며 귀가해 버려 서울 진공 작전은 실패로 끝났지요.

수신제가치국평천하(修身齊家治國平天下)라는 말이 있습니다. 큰일을 도모하기 위해서는 모름지기 자신의 가정부터 바르게 살펴야 한다는 것을 강조한 말이에요. 이 말이 의미하듯이 총대장의 결정은 인륜의 가장 근간이 되는 효를 다하기 위한 것이었으므로 큰 문제가 없는 행동이라고 할 수 있습니다. 하지만 한편으로는 나라의 운명을 걸고 싸워야 할 상황에서 총대장이 고향으로 내려가 버린 것은 무책임한 행동으로 보이기도 해요.

이렇게 급박한 상황에서 효가 충보다 앞설 수 있을까요? 안타깝지만 그렇다고 단정적으로 말하기가 어렵습니다. 충은 더 큰 의미의 효가 될 수 있지만, 효는 꼭 충이 된다고 보장할 수 없기 때문이에요. 나라가 없는데 어떻게 개인의 행복을 찾고, 어떻게 부모를 떳떳하게 모실 수 있을까요? 이런 점에서 볼 때 총대장이 나라의 운명을 내건 싸움을 포기하고 부모의 장례를 치르겠다며 귀향한 일은 결과적으로 큰 불효라고 할 수 있어요.

수신하고 난 다음에 제가하고, 그 이후에 치국한 후 평천하해야 한다는 것은 하나의 상징적인 말로 받아들여야 합니다. 자기 자신을 수양하는 일에 최선을 다해야 한다는 말이지 반드시 순서대로 해야 한다는 것은 아니에요. 그렇지 않다면 성인으로 존경받는 공자의 행동도 틀렸다고 말할 수밖에 없기 때문이지요.

공자는 30세에 뜻을 세웠다고 하지만 하늘의 명을 알게 된 것은 50세인 지천명에 이르렀을 때였고, 세상의 순리에 어긋나지 않게 살 수 있었던 시기는 60세인 이순 때였어요. 그렇다면 이렇게 수양을 하기 전까지는 치국하고 평천하하지 말았어야 했을 것입니다. 하지만 공자는 그 전에 이미 세상을 구하겠다고 주유하며 다녔어요.

공자는 치국도 할 수 있고, 평천하도 할 수 있는 인물이라고 반문할 수도 있습니다. 하지만 평천하할 수 있는 경지에 이르렀다고 해도 수양의 끝은 없을 거예요. 그 경지의 끝을 보았다고 말한다면 그것 자체가 수양이 부족함을 의미하는 것이 아닐까요? 결국 수양의 정도를 논한다면 아무것도 할 수 없게 된다는 뜻이에요.

게다가 방법론적으로 볼 때 수신과 제가의 가장 빠른 길은 개인적인 힘으로 이루는 것보다 국가적으로 행하는 것이 훨씬 효율적이라고 할 수 있습니다. 국가적으로 행하면 많은 사람들이 수신과 제가를 할 수 있는 길이 더욱 넓어질 수 있기 때문이에요. 어쩌면 많은 사람들이 이런 방법을 알기 때문에 자기 뜻을 펼치기 위해 국가 권력을 장악하려고 했던 것이 아닐까요? 그만큼 나라의 운명은 가정과 개인에게 결정적인 영향을 끼칩니다. 따라서 "불효는 곧 불충"이 아니라 "불충은 곧 불효"인 것이지요.

9 경제를 빼앗기면 나라도 빼앗긴다 |
열강과 일제의 경제 침탈

우리나라는 개항 이후 자주적인 근대화 정책을 시도했지만 일본과 청을 비롯한 외세의 경제 침략으로 인해 큰 성과를 거두지는 못했습니다. 러일 전쟁 이후 일제의 침략이 본격화되면서 근대화를 향한 대한 제국의 노력은 좌절되었고, 일제는 식민지화를 위한 경제적 밑바탕을 갖추어 나갔어요. 일제는 조선에서 우위를 점하는 하나의 방법으로 이미 1895년부터 차관을 제공하면서 조선 정부에 재정 압박을 가했지요. 1905년 이후에는 국권 회복의 일환으로 회사 설립과 인재 육성에 나선 사람들이 많았어요. 1907년에는 국민 모금으로 정부가 진 빚을 갚아서 경제 자립과 국권 수호를 이룩하자는 국채 보상 운동이 일어났습니다. 일제는 1908년 동양 척식 주식회사를 설립해 약탈한 토지를 관리하면서 경제 침탈의 고삐를 죄었어요.

- **1882년** 청 상인의 내지 통상권과 서울에서의 점포 개설을 허용한 조청상민수륙무역장정을 체결하다.
- **1889년** 함경도 관찰사 조병식이 원산항을 통해 해외로 반출되는 콩의 유출을 금지하는 방곡령을 발표하다.
- **1905년** 재정 고문 메가타가 화폐 정리를 단행해 일본의 제일 은행권을 본위 화폐로 삼다.
- **1907년** 서상돈이 대구를 시작으로 국채 보상 운동에 나서 기금을 모으기 시작하다.
- **1908년** 동양 척식 주식회사가 설립되어 약탈한 토지를 관리하고, 일본 농민의 이주를 권장하다.
- **1912년** 조선 총독부가 토지 조사령을 공포하다.

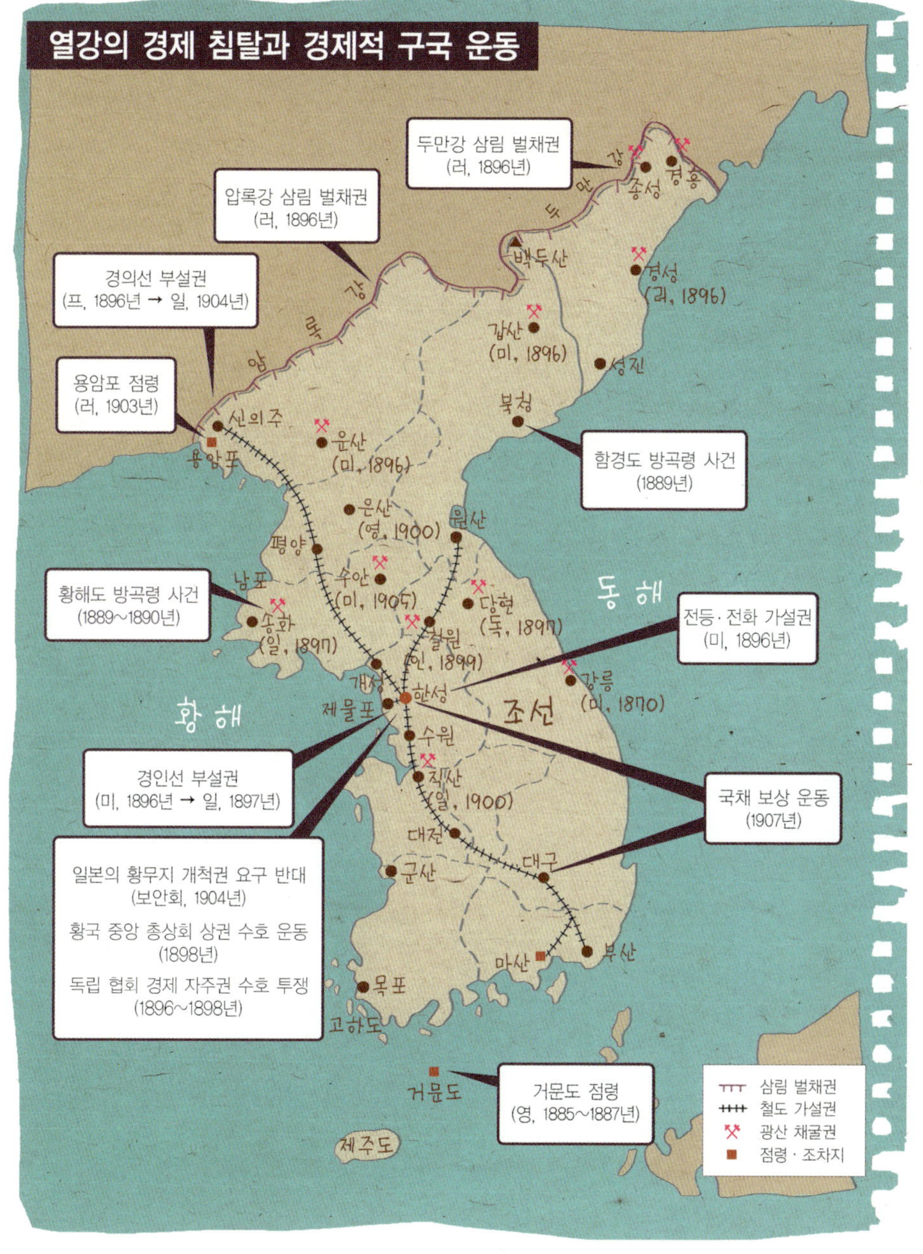

노다지를 잡아라! – 개항 이후 외세의 경제 침탈

1876년 개항 이후 조선은 일본을 비롯한 서양 여러 나라와 국교를 맺고 통상 교역을 시작했습니다. 또 일본이나 청에 시찰단을 파견하고 개혁을 전담할 기구를 설치해 새로운 경제 제도를 도입하고자 했어요. 통상 교역은 외국 상인에게 유리하게 체결된 불평등 조약이어서 조선 상인에게 피해가 많았지요. 강화도 조약에는 관세 부과에 관한 규정이 없었어요. 조약이 개정된 뒤에도 아주 낮은 관세만을 부과할 수 있었지요. 1880년대 들어서는 외국 상인이 자유롭게 영업을 할 수 있었는데, 그들이 불법 행위를 저질러도 처벌할 수 없었어요.

개항 직후의 무역은 주로 일본 상인이 주도했습니다. 이들은 주로 대마도와 규슈 지방의 몰락 상인과 무사들로 이루어졌어요. 일확천금을 꿈꾸던 이들은 강화도 조약과 그 부속 조약인 조일수호조규부록과 조일통상장정에 규정된 영사 재판권, 일본 화폐 사용권, 무관세 등의 내용을 토대로 일본 정부의 후원 아래 약탈적인 무역 활동을 전개했습니다.

개항 직후 일본 상인의 활동 범위는 개항장에서 10리 이내로 제한

1900년대 초 부산항의 일본인 거주지
개항 직후에는 일본 상인의 활동 범위가 개항장에서 10리(약 4km) 이내로 제한되어 있었다.

되어 있었어요. 따라서 일반 소비자에게 직
접 판매할 수 없었으므로 일본 상인과 소비
자 사이에 조선 상인이 매개하는 거류지 무
역의 형태를 띠었지요. 일본도 대량 생산의
단계에 이르지는 못했으므로 중국의 상하이
에서 영국의 면직물을 사들여서 조선에 팔아
이익을 취하는 중계 무역을 했어요.

운산 금광
평안북도 운산군 일원에 걸쳐
있었다. 1896년 미국인 모스
가 대한 제국 황실로부터 특허
권을 얻어 1939년까지 경영
했는데, 40년간 순금 80여
톤을 채굴했다. 사진은 미국
인의 금광 채굴 모습이다.

　1880년대 이후에는 청에서 온 상인이 가담해 함께 경쟁했습니다.
1880년대는 임오군란과 갑신정변을 겪으면서 청의 내정 간섭이 이루
어지던 때였어요. 청 상인도 일본 상인과 마찬가지로 초기에는 영국
산 면제품을 사들여 와 조선에 팔고, 조선의 쇠가죽과 쌀과 콩 등의
곡물, 금을 가져갔지요. 임오군란 후에 체결된 조청상민수륙무역장정
에는 청의 종주권을 인정하면서 서울에서의 상점 개설, 내지 통상 등
의 특권을 청 상인에게 보장하는 규정이 있었어요. 그래서 청 상인은
일본 상인들과의 경쟁에 나설 수 있었지요.

　1890년대 후반부터는 일본이 자체 생산한 면제품과 각종 공산품이
들어왔습니다. 값싼 면제품의 수입은 가내 수공업 위주의 국내 면공
업 발전에 결정적인 타격을 주었고, 쌀 수출은 쌀값 인상에 따른 전반
적인 물가 인상을 불러왔어요. 이로 인해 가난한 사람은 생계에 위협
을 받았지만 일부 지주와 상인은 쌀 수출에 가담해 많은 이익을 얻었
습니다.

　일본은 청일 전쟁 승리에 힘입어 철도 부설권 등 이권 탈취에 혈안
이 되었어요. 1896년 아관 파천을 계기로 제국주의 국가들은 내정 간
섭을 본격화하며 광산 채굴권과 삼림 벌채권, 교통 시설 부설권 등 이

호러스 알렌(1858~1932년)
1884년 9월 미국 북장로교
선교사로 조선에 부임해 미국
공사관 촉탁 의사로 활동하다가
제중원의 설립을 건의했다.
1885년 4월부터 1887년 9월
말까지 우리나라 최초의 근대식
병원인 제중원을 운영했다.

권 침탈에 나섰습니다. 특히 아관 파천 후 정치적 영향력이 커진 러시아는 러시아 인을 재정과 군사 고문으로 앉히고 광산 채굴권이나 삼림 벌채권을 차지했어요.

미국은 운산 금광 채굴권과 철도·전기 분야에서 이권을 차지했습니다. 당시 이권 개입의 중심인물은 의료 선교사로 파견된 알렌이었어요. 1884년 9월 조선에 온 최초의 선교사였던 알렌은 갑신정변 때 개화파의 칼에 맞아 중상을 입은 명성 황후의 친정 조카 민영익을 완치시켜 준 공로로 고종의 정치 고문으로 활약하면서 각종 이권 사업에 개입하게 되었지요. 알렌은 경인 철도 부설권을 따내 무역 중개인인 제임스 모스에게 거액의 수수료를 받고 넘겨주기도 했어요.

또한 알렌은 이완용에게 로비를 벌여 운산 금광 채굴권도 따냈습니다. 알렌은 금광 채굴권도 거액의 수수료를 받고 모스에게 넘겼고, 모스는 미국인 사업가 헌트에게 되팔았지요. 헌트는 1903년부터 운산 금광을 채굴하기 시작했어요.

미국인 광산 관리자들은 광맥이 발견될 때마다 조선인 노동자들이 몰려들어 구경하자 혹시라도 금을 가져갈까 봐 '노터치(No touch)'를 연발했습니다. 노다지는 바로 노터치에서 나온 말이에요. 미국에 뒤이어 독일은 강원도의 금성 광산 채굴권을 얻어 냈고, 영국은 은산 금광 채굴권을 얻어 냈지요.

열강들이 특히 관심을 보인 것은 식민지 지배의 주요 수단으로 인식된 철도 부설권이었습니다. 미국은 경인선 부설권을, 프랑스는 경의선 부설권을 획득했어요. 일본은 미국으로부터 경인선 부설권을 매입하고 뒤이어 프랑스로부터 러일 전쟁 중 군용 철도 명목으로 경의선 부설권을 받아 냈으며, 서울과 원산을 잇는 경원선 부설권도 차지

남대문 역의 노무자들(1900년) 경인선이 개통된 후 남대문 역 주변에는 노무자들이 몰려들었다. 지게를 지고 있는 어린 소년들도 보인다. 일본은 미국으로부터 경인선 부설권을 매입했다.

개통된 경의선 철도(1906년) 대한 제국은 경의선 철도를 건설하기 위해 서북철도국을 신설하고, 이용익을 총재에 임명해 1902년 기공식까지 올렸으나 러일 전쟁 이후 경의선 부설권을 일본에 강탈당했다.

했지요. 이렇듯 일본은 대륙 침략을 위해 우리나라의 남북을 연결할 철도 부설에 주력했어요. 이와 함께 철도와 같은 구간의 주요 전신선도 일본의 관할 하에 들어갔지요. 이처럼 조선은 외국 열강, 특히 일본의 내정 간섭과 이권 침탈로 인해 자립 국민 경제를 형성할 기회를 놓치고 말았어요.

방곡령과 상권 수호 운동

대한 제국 시기에는 외세 침탈을 막기 위해 경제 관료들을 중심으로 식산흥업(殖産興業, 생산을 늘리고 산업을 일으키는 것) 운동이 추진되었어요. 정부는 전환국을 설치해 화폐 제도를 개혁하고 중앙은행을 세운 뒤 근대적 기업을 설립하는 일에도 나섰지요.

또한 토지나 광산을 독자적으로 개발하고, 쌀의 유출을 막기 위해 방곡령도 시행했습니다. 방곡령은 흉년 등으로 인해 쌀이 부족해질 경우 지방관이 쌀의 수출을 금지했던 일을 말해요. 일본은 임오군란과 갑신정변 이후 정치적 약세를 경제적으로 만회하기 위해 경제 침탈에 전력을 다했습니다. 일본은 주로 농촌에서 식량을 사들였는데, 이 때문에 조선의 식량 가격이 폭등해 민심이 흉흉해졌지요. 1889년과 1890년에는 함경도와 황해도의 관찰사가 일본 상인을 통한 곡물 유출을 막기 위해 방곡령을 내렸어요. 그러나 일본은 방곡령을 실시하기 1개월 이전에 통보하도록 규정되어 있는 조일통상장정을 구실로 오히려 배상금을 물게 했지요. 결국 방곡령은 일본 상인의 곡식 유출을 막지 못한 채 배상금까지 물어야 하는 결과를 초래했어요.

개항 직후 개항장에서 10리 이내로 제한되었던 외국 상인의 활동 범위는 1880년대에 100리 이내로 확대되었습니다. 그러나 청과 일본

의 상인들은 이 규정마저도 무시했어요. 일본 상인들은 충무로 일대
를 중심으로, 청 상인들은 남대문로와 수표교 일대를 중심으로 조선
의 상권을 장악했지요. 이에 맞서 서울 상인들은 1880년대에 외국 상
점의 철거를 요구하며 철시(撤市)하고 상권 수호 운동을 전개했어요.
1890년대에는 시전 상인을 중심으로 황국 중앙 총상회를 조직해 독
립 협회와 함께 국내 산업 진흥과 상권 보호를 위한 다양한 방안을 제
시했습니다. 그리고 외국의 이권 탈취와 경제 침략을 저지하기 위한
활동을 벌이기도 했어요.

일제, 조선의 돈과 땅을 장악하다

정부와 민간의 식산흥업 운동이 성과를 거두기 위해서는 독립국의 지
위를 유지하면서 자본의 축적과 근대적 금융 제도를 확립해야 했어
요. 하지만 이 같은 여건이 갖추어지기 전에 일제가 경제 침탈을 가속
화해서 사실상 좌절되었지요.

　일본의 제일 은행은 중앙은행의 기능을 맡아 대한 제국의 금융 정
책을 좌지우지했어요. 1905년에는 화폐를 새로 만들어 교환하게
했지요. 일본의 화폐 개혁이 이루어지던 1905년에 한국인
은 상평통보와 백동화를 사용했습니다. 백동화는 갑오
개혁 이후에 사용된 화폐였는데, 일제는 화폐 가치가
일정하지 않다는 이유를 들어 교환 가치를 낮게 잡았
어요. 백동화는 질에 따라 갑, 을, 병으로 나뉘었는
데, 병종은 교환에서 제외되었지요. 한국인은 화폐 개
혁으로 막대한 피해를 입었으나 미리 정보를 알고 있던
일본인은 병종 백동화를 사전에 사용해 위기를 넘겼고, 많은

한국인 회사를 넘겨받기까지 했어요.

일제는 조선을 수탈의 대상으로 삼으면서 동시에 대륙 침략을 위한 전진 기지로 삼았습니다. 강화도 조약을 체결한 이래 이미 조선 경제는 일본 상인들에 의해 철저하게 파괴되고 있었어요. 그래서 이에 대한 투쟁이 곳곳에서 전개되었지요. 하지만 일제는 이를 무력으로 짓밟으면서 러일 전쟁을 전후해 본격적인 수탈 체제를 마련했습니다. 이 중 가장 먼저 한 일이 조선 화폐 정리 사업이었어요. 모든 방면에서 손쉽게 수탈하기 위해 조선의 돈을 장악한 것이지요.

일제는 1904년 8월에 외교와 재정 분야에 고문을 둔다는 내용의 제1차 한일 협약을 강제로 체결하고, 외교 고문으로 미국인 스티븐스를, 재정 고문으로 메가타를 임명했어요. 메가타는 1905년 1월 화폐 조례를 공포해 국고 출납 업무를 일본 제일 은행에 위임하면서 화폐 정리 사업을 단행했습니다.

그 결과 예전에는 개항지에서만 일본 화폐를 사용할 수 있었지만 이제는 전국 어디에서나 사용할 수 있게 되었어요. 다시 말해 조선의 재정과 금융을 완전히 장악해 일본의 금융 체제로 편입시킴으로써 일본의 상품 유통과 자본 수출을 위한 토대를 마련하고자 했던 것이지요. 게다가 이 화폐 정리 사업으로 백동화의 가치가 떨어져서 일제는 조선인들의 화폐 재산을 일거에 약탈해 갈 수 있었어요.

토지와 광업, 어업 분야에서도 약탈이 자행되었습니다. 토지의 경우에는 러일 전쟁 당시 우리 영토를 군사 시설로 사용하겠다는 한일 의정서를 강압적으로 체결했을 때부터 용산에 주차군 사령부를 설치하는 등 전국의 요지마다 군대를 주둔시키면서 토지를 약탈해 나갔어요. 1906년 10월에는 토지가옥증명규칙, 1907년 7월에는 국유미간지

더럼 스티븐스(?~1908년)
1904년(광무 8년) 8월 일본에 의해 대한 제국의 외교 고문으로 임명되었다. 일제의 침략 의도를 미화하는 데 앞장선 스티븐스는 1908년 전명운에게 미국 오클랜드 기차역에서 피살되었다.

동양 척식 주식회사
조선의 토지와 자원을 수탈할 목적으로 1908년에 제정한 동양 척식 회사법에 의해 세워졌다. 대영 제국의 동인도 회사를 본뜬 이 국책 회사는 식산 은행과 더불어 일제 강점기 내내 조선을 경제적으로 착취하는 대표적 기관이었다.

이용법 등을 발표해 토지와 가옥을 국유지 명목으로 약탈했습니다. 그리고 일본인이 자유롭게 토지를 획득할 수 있도록 법적으로 보장해 일본인이 대량으로 조선에 이민할 수 있도록 만들어 놓았어요. 1908년 12월에는 더 효율적으로 토지를 약탈하고 관리하기 위해 동양 척식 주식회사를 설립했습니다.

어업이나 광업 등에서도 마찬가지였어요. 어업의 경우에는 1889년 10월 조일통어장정을 맺어 조선 영해에서 일본인이 어업을 할 수 있도록 했고, 1908년 11월에는 어업법을 공포해 조선의 어민들을 쫓아내고 거의 독점하다시피 했습니다. 광업에서도 1906년 6월 광업법을 공포하고 1908년 7월 개정 등을 통해 광산권의 양도 및 저당권의 설정을 마음대로 할 수 있게 규정해서 광업을 장악할 수 있는 길을 열어 놓았지요.

일본은 조선에 대한 수탈의 도구로 철도나 도로, 항만 시설 등의 건설에도 주력했습니다. 경인선(1899년), 경부선(1905년), 경의선(1906년) 등이 이런 과정에서 개통되었어요. 합병 이후에 일제는 더욱 효율적인 식민지 수탈 체계와 대륙 침략의 전진 기지로 삼기 위해 이를 정비했습니다. 철도의 경우에는 한반도를 X자 모양으로 가로지르는 간선 철도망을 건설하기에 이르렀어요.

일제는 모든 방면에서 약탈 체계를 수립하기 위해 많은 돈이 필요했습니다. 그래서 조선에서 우위를 점하는 하나의 방법으로 1895년부터 차관을 제공하면서 조선 정부에 재정 압박을 가했어요. 일제는 통감 통치 시기인 1908년부터 1910년 사이에 차관으로 도입한 1,300만 원과 은행 빚 1,000만 원을 조선 정부에 떠넘겼습니다. 일제는 이런 식으로 조선의 재정을 예속시키려고 했어요.

빚으로 넘어가는 나라를 구하자! – 국채 보상 운동

일제의 경제 침략이 본격화되자 민족의 실력을 양성하자는 경제적 구국 운동이 활발히 일어났습니다. 러일 전쟁 때는 일제가 황무지 개간을 구실로 막대한 국유지를 빼앗으려 하자 1904년에 결성된 보안회를 중심으로 반대 투쟁을 전개해 이를 막았어요.

1905년 이후에는 국권 회복의 일환으로 회사 설립과 인재 육성에 나선 이들도 많았습니다. 1907년에는 국민 모금으로 정부가 진 빚을 갚아서 경제 자립과 국권 수호를 이룩하자는 국채 보상 운동이 일어났어요. 일제가 대한 제국을 경제적으로 예속시키고자 제공한 차관 1,300만 원을 국민들이 갚고자 벌인 이 운동은 김광제, 서상돈 등이 제안해 1907년 2월 대구를 시작으로 전국으로 번져 나갔지요.

애국 계몽 운동이 한창이던 1907년 초 〈대한매일신보〉에 눈길을 끄는 기사가 하나 실렸습니다. 대구에 있는 광문사라는 출판사의 사장 김광제와 친구 서상돈이 낸 것이었어요.

지금 국채가 1,300만 원이 있으니, 이것은 우리나라가 존재하고 망하는 것에 관계되는 일입니다. 그런데 현재 국고로 갚을 형편이 못 되니, 삼천 리강토는 장차 우리나라의 것, 백성들의 것이 아니겠습니까. …… 2,000만 민중이 3개월 기한으로 담배를 피우지 말고 그 대금으로 1인당 매달 20전씩 거둔다면 거의 1,300만 원이 되겠습니다. 그리고 다 차지 못하는 일이 있더라도 지원해 1환, 10환, 100환, 1,000환을 특별 출연하는 사람들도 있을 것입니다. …… 우리 2,000만 동포 가운데 정말 털끝만큼의 애국 사상이라도 있는 자라면 반드시 두말을 하지 않을 것입니다. 저희들이 여기서 감히 발기해 취지를 알리고 피눈물로 호소합니다.

김광제(1866~1920년)
1905년 일제가 을사늑약을 강제로 체결하고 조선 침략을 노골화하자 동래 경무관으로 있던 김광제는 관직을 버리고 대구 지역을 중심으로 국채 보상 운동, 학회 활동, 교육 구국 활동 등 다양한 국권 회복 운동을 전개했다.

국채 보상 운동에 관한 기사가 나가자마자 전국에서 뜨거운 호응이 일었습니다. 남자들은 담배를 끊고 여자들은 가락지와 패물을 팔아 마련한 돈으로 성금을 냈어요. 그러나 일본은 이 운동에 앞장섰던 〈대한매일신보〉의 총무 양기탁에게 공금 횡령 혐의를 씌워 구속했습니다. 이 사건으로 인해 국채 보상 운동은 중단되고 말았어요.

일제 강점기에 농민은 높은 소작료와 불안정한 소작 기간으로 인해 가난에 허덕였고, 노동자는 저임금과 고용 불안으로 큰 어려움을 겪었어요. 총독부는 쌀의 반출을 위해 지주를 지원했지만 노동자는 가차 없이 탄압했습니다. 그러자 농민과 노동자는 생존권을 위해 소작 쟁의나 노동 쟁의를 일으켰어요. 이른바 경제적 민족 운동이 전개된 것이지요.

서상돈(1850~1913년)
국권 침탈의 수호에 앞장선 독립 협회의 주요 회원으로 활동하면서 민권 보장 및 참정권 획득 운동을 전개했다. 1907년 광문사 부사장으로 재직하면서 국채 보상 운동을 전개할 것을 제의했다.

울산의 장날 모습

관가 앞의 넓은 길이 물건을 사고파는 사람들로 꽉 차 있다. 강화도 조약을 체결한 이래 조선 경제는 일본 상인들의 손에 의해 철저하게 파괴되어 가고 있었다.

일제의 식민지 수탈

일제는 정치에서 폭압적인 헌병 경찰 제도를 완성시켜 나갔던 것처럼 경제적 영역에서도 더욱 철저한 식민지 경제 지배 질서를 세우고자 했습니다. 대표적인 사례가 바로 토지 조사 사업과 회사령의 공포였어요. 일제는 조선을 원료 공급지와 상품 판매 시장, 일본 자본의 투하지 및 대륙 침략의 군사 기지로 만들고자 했던 것이지요.

조선 총독부는 1912년 8월에 토지 조사령을 공포했지만 사실상 1910년 3월부터 거의 8년 동안 토지 조사 사업을 대대적으로 벌였습니다. 토지 소유권을 인정받으려면 신고주의 원칙에 따라 임시 토지 조사국에 토지 신고서를 제출해야 했어요. 그런데 총독부는 구비 서류나 절차를 매우 까다롭게 만들어 놓고 신고 기간을 짧게 정했지요. 이 과정에서 사기와 협박, 공갈이 난무해 미신고 토지가 나올 수밖에 없었습니다. 총독부는 이런 토지들과 함께 역둔토, 궁장토, 미간지, 간석지, 문중 토지 등을 국유지로 약탈했어요. 조선 총독부 관보 제4조를 보면 토지 신고 내용이 얼마나 까다로웠는지 잘 알 수 있습니다.

토지 조사령

제1조 토지의 조사 및 측량은 본령에 의한다.

제4조 토지 소유자는 조선 총독이 정하는 기간 내에 주소, 씨명, 명칭 및 소유지의 소재, 지목, 자번호, 사표, 등급, 지적, 결수를 임시 토지 조사 국장에게 신고해야 한다. 단, 국유지는 보관 관청이 임시 토지 조사 국장에게 통지해야 한다.

토지 조사 사업이 완료된 1918년에 조선 총독부는 전체 농경지의 약 10%, 전체 임야의 약 60%를 국유지로 편입했는데, 이는 전 국토

일본 측량사와 한국인 노무자들 측량용 기구를 지게에 싣고 출발하는 한국인 노무자들 옆에서 일본 기술자들이 사진을 찍고 있다. 일본 측량사들은 각 지방마다 토지의 면적을 측정해 지적도를 만들었다.

토지 조사 사업 일제는 1910년부터 1918년까지 조선에 대한 식민지적 토지 소유 관계를 공고히 하기 위해 대규모 국토 조사 사업을 벌여

의 약 40%에 해당하는 것이었어요. 이 중에서 비옥한 토지는 다시 동양 척식 주식회사 등의 토지 회사나 조선으로 이주한 일본인에게 헐값으로 팔아넘겼지요. 『동양 척식 주식회사 30년지』(1939년)에 이런 모습이 잘 묘사되어 있습니다.

조선은 기후와 풍토가 일본과 다름없고 작물 종류와 재배 방법도 거의 같다. 일본에서 1단보(300평당)를 살 수 있는 금액으로 조선에서 7단보를 살 수 있다. 토지 가격은 앞으로 더욱 오를 것이다. 회사로부터 양도받은 토지는 대개 철도나 일본인 부락 부근이다. 이미 회사가 경작하던 토지이기 때문에 홋카이도나 사할린같이 새로 개간된 토지와 근본적으로 다르다. 교통도 편리하고 수해와 한해 염려도 없다.

총독부는 지주의 토지 소유권과 권리를 강화했는데, 이는 지주를 포섭해 일제의 협력자로 만들기 위해서였습니다. 지주들이 일제와 연결되어 토지 소유자로 재등장하면서 농민들은 땅 주인에 관계없이 경작권을 보장받았던 예전과 달리 다시 기한을 정해 계약을 해야 하는 계약제 소작농으로 전락하고 말았어요. 그 결과 전 농가의 3.4%에 불과했던 양반 지주들이 전 농지의 50.3%를 차지하게 되었습니다. 반대로 전 농가 호수의 37.6%는 전혀 토지를 가지지 못했고, 39.3%만이 자기 소유의 농지와 소작지를 경작하게 되었어요. 농민의 76.9%가 거의 영세농으로 전락한 거지요. 일제는 토지 조사 사업을 통해 수많은 농민들을 몰락시킴으로써 농업을 식민지 경제 지배 질서로 편입시켜 갔던 것입니다.

일제는 산업 정책에서도 식민지 경제 질서를 수립하기 위해 민족 기업의 형성과 성장을 철저히 억압했어요. 조선의 중소 자영업자와

상인들은 1905년에 진행된 화폐 정리 사업으로 엄청난 타격을 받았지요. 그런데도 일제는 1910년 12월에 회사령까지 발표해 원천적으로 기업 활동을 못하도록 만들고, 일본 자본의 진출에 대해서는 아낌없이 지원했어요. 조선 총독부가 발간한 『조선법령집람』을 보면 일제가 기업 활동에 관해 무소불위의 권한을 가졌음을 알 수 있습니다.

회사령

제1조 회사의 설립은 조선 총독의 허가를 받아야 한다.

제5조 회사가 본령이나 본령에 의거해 발하는 명령과 허가 조건을 위반하거나 또는 공공질서와 선량한 풍속에 반하는 행위를 할 때 조선 총독은 사업의 정지, 지점의 폐쇄 또는 회사의 해산을 명한다.

이로 인해 조선인이 기업을 하려면 일본 자본의 이익을 침해하지 않는 소규모의 기업을 운영하거나 조선 총독부의 요구대로 순응하면서 일본 기업의 하청업에 종사할 수밖에 없었어요. 일제는 더 나아가 1912년 은행령을 공포해 자신들의 자본 진출을 유리하게 조성했고, 광업 분야에서도 1915년 광업령을 발표해 조선의 지하자원을 마구 약탈할 수 있게 만들었지요.

산미 증식 계획과 병참 기지화 정책

일제는 1910년대에 토지 조사 사업으로 경제 수탈을 했다면 3·1 운동 후인 1920년대에는 산미 증식 계획으로 수탈에 나섰습니다. 산미 증식 계획은 말 그대로 쌀을 더 많이 생산하는 것을 의미해요. 15년 계획으로 수립된 이 계획은 1920년부터 1934년까지 실시되었지요.

제1차 세계 대전을 계기로 공업이 발달하고 도시 인구가 급증하자 일본은 심각한 식량 문제를 겪게 되었어요. 일제는 이 문제를 해결하기 위해 산미 증식 계획을 실시했는데, 쌀이 목표대로 증산되지 않았는데도 증산량보다 훨씬 더 많은 쌀을 일본으로 가져갔지요.

부족한 식량은 만주에서 생산되는 값싼 잡곡으로 충당하려 했지만 이것도 근본적인 해결책이 될 수는 없었습니다. 당시 우리 농민은 증

반출미로 가득 찬 군산항
일본 본토로 실려 가는 쌀들이 군산항에 산더미처럼 쌓여 있다. 농민들은 힘들게 수확한 쌀을 공출이라는 명목으로 일제에 바쳐야 했다.

산에 투입된 비용까지 부담해야 했으므로 생계는 더욱 어려워졌어요. 이에 많은 농민들이 화전민이 되거나 새로운 삶의 터전을 찾아서 만주 등지로 떠나게 되었지요. 게다가 쌀의 증산만을 강조하다 보니 모든 농토를 논으로 바꾸게 되어서 우리의 농업은 쌀 중심의 단작형으로 기형화되어 갔어요.

1920년대 후반에 전 세계는 경제 공황의 소용돌이에 휘말렸습니다. 일본은 경제 공황을 해결하기 위해 군국주의와 대륙 침략을 선택했지요. 일본은 먼저 만주로 쳐들어가 청의 마지막 황제인 푸이를 내세워 만주국이라는 괴뢰 정권을 세웠어요. 이때부터 우리나라는 일본의 대륙 침략을 위한 병참 기지가 되었습니다. 이렇게 일본군의 보급 기지 역할을 하도록 한 일본의 경제 수탈 정책을 병참 기지화 정책이라고 해요. 이 정책은 일본의 식민지 경제 정책이 농업 중심에서 농업과 공업의 병행으로 전환되었음을 뜻합니다. 대륙 침략을 위해 공업화를 추진하는 과정에서 한반도의 값싼 노동력을 수탈하는 정책을 추진한 것이지요.

경제 공황으로 투자 대상을 찾지 못하던 일본의 독점 자본이 한반도에 들어와 발전소와 군수 공장의 건설, 광산의 개발이 이루어지고, 금속과 기계, 중화학 공업이 육성되었습니다. 일제는 이로 인해 산미 증식 계획이 어려워지자 예정보다 앞당겨 이 계획을 중지했어요. 일본 내에서 경제 공황으로 인해 구매력이 떨어져 식량조차 잘 팔리지 않았기 때문에 일본 농민을 보호하기 위해 내려진 조치였지요.

1937년 일본은 중국 본토를 침략하는 중일 전쟁을 일으켰어요. 이에 중국이 미국의 지원 아래 장기전으로 맞서자 일본은 국가 총동원법을 제정해 일본뿐만 아니라 한반도에서도 수탈을 더욱 강화했습니다.

국가 총동원법

제1조 국가 총동원이란 전시에 국방 목적을 달성하기 위해 국가의 전력을 가장 유효하게 발휘하도록 인적·물적 자원을 운용하는 것을 말한다.

제4조 정부는 전시에 국가 총동원상 필요할 때는 칙령이 정하는 바에 따라 제국 신민을 징용해 총동원 업무에 종사하게 할 수 있다.

제8조 정부는 전시에 국가 총동원상 필요할 때는 칙령이 정하는 바에 따라 물자의 생산·수리·배급·양도 기타의 처분, 사용·소비·소지 및 이동에 관해 필요한 명령을 내릴 수 있다.

태평양 전쟁(1941~1945년)이 시작되면서 일본은 전쟁 물자 수탈에 광분했어요. 식량 배급 및 공출 제도가 실시되었고, 전쟁에 필요한 무기를 제작하기 위해 모든 금속제를 강제로 공출해 갔지요. 농구나 식기는 물론이고 교회나 사찰의 종까지 징발할 정도였어요. 그리고 전시 경제 체제였기 때문에 군량미 확보를 위해 산미 증식 계획이 재개되었습니다.

태평양 전쟁의 시작과 함께 징병제가 실시되어서 청년들은 전쟁터로 끌려갔어요. 장년들은 강제 노동인 징용에 동원되었고, 부녀자들까지 정신대로 끌려갔지요. 일제는 전쟁이 끝난 후 자신들의 야만적인 모습이 드러나는 것을 두려워해 징용 노동자와 정신대 부녀자들을 집단 학살하는 만행을 저지르기도 했어요.

일제의 공출
일제는 태평양 전쟁 말기에 물자 조달을 위해 놋그릇은 물론 쇠붙이란 쇠붙이는 모두 수탈해 갔다.

옛 우체국 거리(1920년대) 뒤쪽은 남산이고 오른쪽 건물은 조선은행이다. 거리에 인력거가 달리는 모습이 보인다. 선명하게 찍힌 두 건물이 이색적인 풍경을 연출하고 있다. 독일 여행가의 사진이다.

근대 공공 건축물

일제 강점기 때 경성역으로 불렸던 서울역에는
양식당과 다방이 있어 당시 지식인들이 즐겨
찾았다. 지금은 재개발로 사라진 동대문
운동장에서는 시민들이 운동 경기를 관람하며
나라 잃은 설움을 달래기도 했다.

1926년 경성 운동장이라는 이름으로 개장한 동대문 운동장 터의
일부는 조선 시대에 치안을 담당했던 하도감이 있던 곳이다. 광복
후에는 서울 운동장, 1984년에는 동대문 운동장으로 이름이 바뀌었다.
2007년 정부의 재개발로 철거되었다.

1900년 7월 5일 한강 철교의 개통으로 한성부에 철도가 들어오면서
서울역은 남대문 정거장이라는 이름으로 처음 문을 열었다. 1925년
도쿄 역에 이어 동양 제2의 규모로 서울역사가 지어진 이후 한반도
철도 교통의 중추적인 역할을 담당했다.

동 대 문 운 동 장
DONG DAE MUN STADIUM 
동대문종합시장
KORAIL

한국은행화폐금융박물관
BANK OF KOREA MUSEUM

한국은행(사적 제280호, 1912년)

1909년(순종 3년) 통감부가 설치했다. 1911년 조선은행법에 따라 조선은행으로 개칭되어 광복 때까지
존속했다. 좌우 대칭의 르네상스식 3층 건물은 1912년 1월에 준공되었다. 1950년 6월에 정치적
중립성이 보장되는 한국은행이 다시 설립되었다.

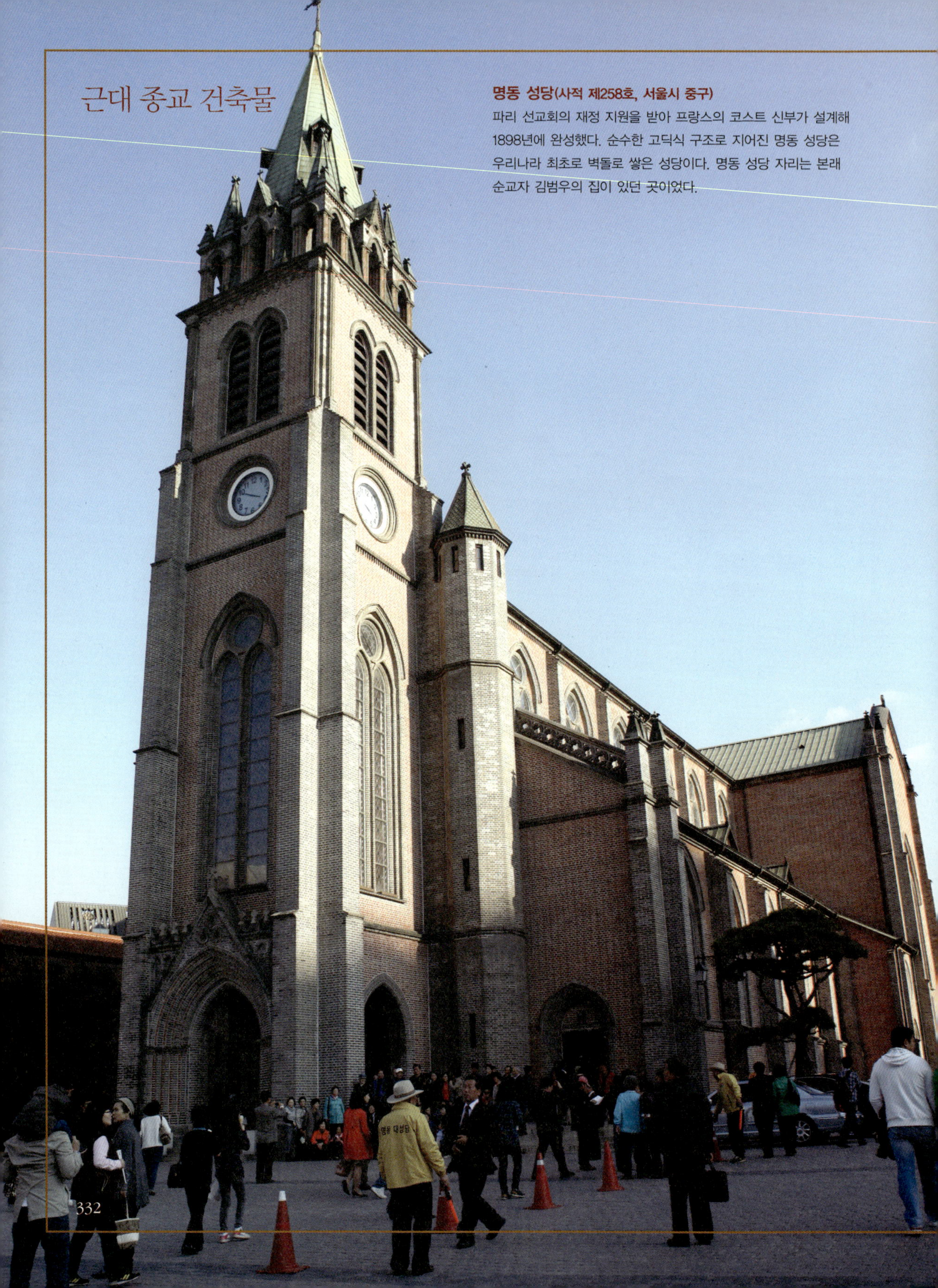

근대 종교 건축물

명동 성당(사적 제258호, 서울시 중구)
파리 선교회의 재정 지원을 받아 프랑스의 코스트 신부가 설계해
1898년에 완성했다. 순수한 고딕식 구조로 지어진 명동 성당은
우리나라 최초로 벽돌로 쌓은 성당이다. 명동 성당 자리는 본래
순교자 김범우의 집이 있던 곳이었다.

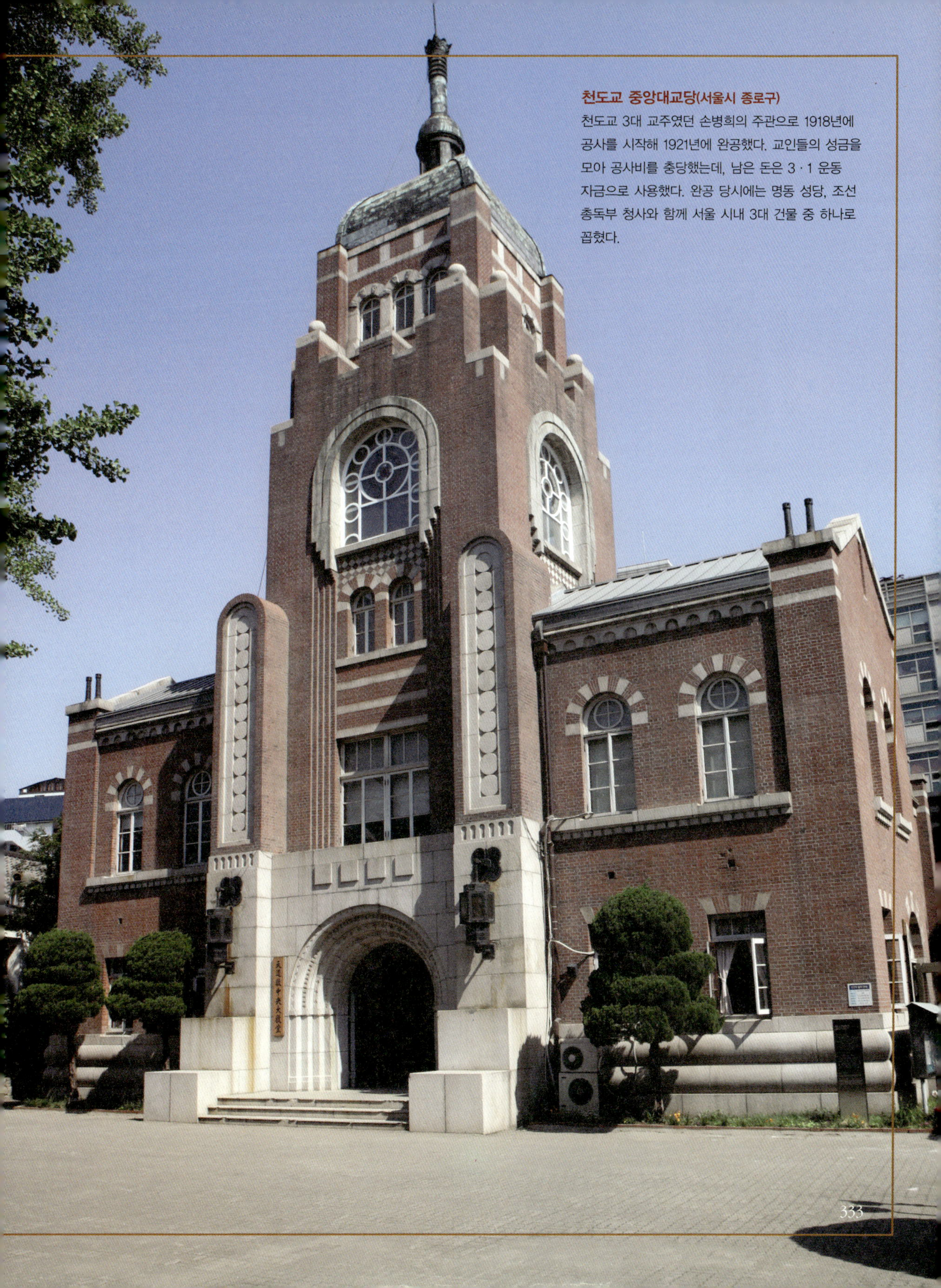

천도교 중앙대교당(서울시 종로구)

천도교 3대 교주였던 손병희의 주관으로 1918년에 공사를 시작해 1921년에 완공했다. 교인들의 성금을 모아 공사비를 충당했는데, 남은 돈은 3·1 운동 자금으로 사용했다. 완공 당시에는 명동 성당, 조선 총독부 청사와 함께 서울 시내 3대 건물 중 하나로 꼽혔다.

정동 교회(사적 제256호, 서울시 중구)
1897년에 준공된 우리나라 최초의 개신교 교회 건물이다. 1887년 미국의 감리교 선교사인
아펜젤러가 지금의 자리에 있던 한옥을 구입해 설립한 것이 시초다. 왼쪽의 건물은 1979년에
새로 완공한 선교 100주년 기념 예배당이다.

절대 전면 주차
절대 전면 주차

근대 학교 건축물

일제 강점기에 세워진 근대 건축물이 대체로 침략의 목적을 지녔던 것과는 달리 대학교 건물은
대부분 민족 지도자나 선교사들이 한국의 근대 교육을 위해 지은 것이다.

연세대학교 스팀슨관(왼쪽), 언더우드관(가운데), 아펜젤러관(오른쪽)

1920년에 완공된 스팀슨관(사적 제275호)은 연세대학교의 전신인 연희전문학교에 최초로 세워진 건물이다
1924년에 완성된 언더우드관(사적 제276호)은 석조 준고딕식 4층 건물이다. 고풍스러운 멋을 풍기는
아펜젤러관(사적 제277호) 역시 1924년에 완공되었다.

스팀슨관

아펜젤러관

고려대학교 본관(사적 제285호) 고려대학교의 전신인 보성전문학교의 교장이었던
김성수가 1933년 공사를 시작해 1934년에 완성했다.

고려대학교 중앙도서관(사적 제286호)
고려대학교의 전신인 보성전문학교의 개교 30주년을 기념하기 위해 1937년에 세운 건물이다.
설계자 박동진은 이 건물을 지을 때 미국 듀크 대학교의 도서관을 참고했다고 한다.

근대 병원 건축물

한국 최초의 근대식 의료 기관인 광혜원과 서울대학교 의과대학 안에 있는 옛 대한의원은
병원 건축물로서 고풍스러운 분위기를 자랑한다.

세브란스 의학전문학교(1920년대)

광혜원(제중원)

1885년(고종 22년) 서울 재동에 설립된 한국 최초의 근대식 의료 기관이자 의학 교육 기관이다.
같은 해 3월 제중원으로 이름을 변경한 광혜원은 1893년 올리버 에비슨에게 인계되었다. 에비슨은
1899년 미국 사업가인 세브란스로부터 거액의 기금을 기증받아 세브란스병원을 신축하고, 세브란스
의학전문학교라는 의학 교육 기관을 설립했다. 1957년 세브란스 의학전문학교와 연희전문학교가
통합해 현재의 연세대학교가 되었다.

大韓醫院
院醫韓大

서울대학교 병원의 전신이다. 1907년 고종의 명령에 따라 창경궁 동쪽 정원인 함춘원의 언덕에
짓기 시작해 1908년에 완성했다. 1926년에 경성제국대학에 포함되면서 대학 병원이 되었고, 광복
이후에는 서울대학교 의과대학 병원의 본관이 되었다.

6-9 열강과 일제의 경제 침탈

1 일본의 경제 침탈

· **경인선, 경부선, 경의선, 경원선 부설** 대한 제국이 철로용지를 사들여 일본에 제공하도록 강요
· **화폐 조례**(1905년 1월) 재정 고문 메가타가 국고 출납 업무를 일본 제일 은행에 위임하면서 화폐 정리 사업을 단행해 일본의 제일 은행권을 본위 화폐로 삼음 → 대한 제국의 화폐 발행권 박탈, 유통 화폐의 부족 현상 발생, 도산하는 기업과 은행 속출, 황실 재정 해체
· **재정 장악** 화폐 정리 사업과 시설 개선 명목으로 차관 강요, 대한 제국의 재정이 일본에 예속됨

2 경제적 구국 운동

· **방곡령**(1889년) 개항 이후 일본 상인이 쌀과 콩 등 곡식을 사 가고 영국제 면제품을 팔았음, 흉년까지 겹쳐 곡물 가격 폭등, 함경도 관찰사 조병식이 원산의 일본 상인에게 콩과 쌀의 수출을 금지하는 방곡령을 내림, 일제가 절차상의 문제로 항의, 방곡령을 철회하고 배상금 지불
· **보안회**(1904년) 러일 전쟁 때 일본이 황무지 개간권을 구실로 국유지를 빼앗으려 함, 반대 투쟁을 전개해 좌절시킴
· **국채 보상 운동**(1907년) 일제의 차관 제공에 의한 경제 예속화, 대구에서 김광제와 서상돈이 〈대한매일신보〉에 모금 운동 기사 게재, 일반 국민이 주로 참여, 통감부가 양기탁을 성금 횡령 혐의로 구속해 실패로 끝남

3 토지와 산업의 약탈

· **동양 척식 주식회사 설립**(1908년) 청일 전쟁 이후 곡창 지대에 대농장 경영, 러일 전쟁 전후 군용지 목적으로 토지 약탈 → 동양 척식 주식회사를 설립해 약탈한 토지를 관리하고 일본 농민 이주를 권장
· **토지 조사 사업** 조선 총독부가 1912년 8월에 토지 조사령을 공포했지만 사실상 1910년 3월부터 8년에 걸쳐 토지 조사 사업을 대대적으로 벌임 → 까다로운 신고주의를 채택하고 공갈과 협박을 일삼자 미신고 토지가 속출 → 토지 조사 사업이 완료된 1918년에 조선 총독부는 전체 농경지의 약 10%, 전체 임야의 약 60%(전 국토의 약 40%에 해당)를 국유지로 편입 → 조선 총독부가 차지해 동양 척식 주식회사나 일본인 지주에게 헐값으로 넘겨줌 → 토지를 상실한 농민은 소작농으로 전락
· **지주권 강화** 농민의 경작권, 도지권(지주에게 도지만 내면 그 땅을 영구히 경작할 수 있음)을 무시 → 지주 계층을 식민 통치의 앞잡이로 포섭
· **식민지 수탈 강화** 회사령(1910~1920년, 회사 설립에 총독의 허가를 받도록 규정해 민족 자본의 성장

저지), 어업령(1911년, 면허·허가를 받아 조업), 삼림령(1911년, 농민의 국유림 이용 단속), 광업령(1915년, 일본이 대부분의 광산 개발권 차지)

· **회사령 폐지**(1920년) 일본 기업의 자유로운 한국 진출을 위해 회사 설립을 허가제에서 신고제로 전환함. 물산 장려 운동에 힘입어 김성수의 경성방직 주식회사 등 일부 민족 기업 성장

· **관세 폐지**(1923년) 한국과 일본 사이의 관세 폐지 → 한국은 일본 상품의 소비 시장으로 전락

4 병참 기지화 정책

· **산미 증식 계획** 제1차 세계 대전 중 일본은 비약적인 공업화로 쌀 수요가 증가해 쌀 폭동 발생(1918년)→ 수리 시설 확충과 비료 사용 확대로 인한 쌀 증산량보다 일제의 수탈량이 훨씬 더 많음 → 만주나 일본 등 국외로의 이주민 증가

· **일본의 침략 전쟁** 만주 사변(1931년) → 상하이 사변(1932년, 상하이에서 중국과 일본 양군의 무력이 충돌한 사건. 만주국 수립을 위해 일부러 도발) → 만주국 수립(1932년) → 중일 전쟁(1937년) → 태평양 전쟁(1941년)

· **병참 기지화 정책**(1930년대 이후) 만주 사변 등 대륙 침략 감행, 군국주의화 → 전쟁 물자 조달을 위해 산미 증식 계획을 중단하고 공업 원료 증산 정책으로 전환

· **물적 자원의 수탈** 태평양 전쟁 발발로 군량미 확보 시급 → 산미 증식 계획 재개, 식량 배급 제도와 미곡 공출 제도(1940년부터 잡곡을 포함해 전체 생산량의 절반 정도를 공출) 시행, 가축 증식 계획, 무기 생산에 필요한 금속 그릇과 농기구 등 강제 공출

· **인적 자원의 수탈** 징병제(1944년) 실시, 징용령(1939년, 일본·중국·동남아시아·사할린 등지의 비행장, 군수 공장 등지에서 혹사당함), 부녀자들의 정신대 동원

식민 지배 하에서 일제가 토지를 약탈한 방법과 정당성에 대해 생각해 보세요.

일제 강점기에 한민족은 일제의 경제적인 수탈로 큰 고통을 받았습니다. 이 중 가장 큰 피해는 토지를 약탈당한 것이었어요. 1910년 조선 총독부는 임시 토지 조사국을 설치하고 토지 조사 사업을 위해 '토지세를 공정히 한다. 토지 소유권을 보호한다. 토지 생산력을 높인다'는 구실을 내걸었지요.

그러나 이 같은 내용은 모두 조선의 토지를 약탈하기 위한 것이었습니다. 토지 조사 사업은 토지의 소유권을 조사해 법적으로 확인하는 것, 토지의 가결을 조사해 공식적으로 토지의 가격을 확정하는 것, 토지의 모양과 형태를 조사하는 것 등 크게 세 과정으로 진행되었어요. 이 과정에서 농민의 관습상 경작권과 개간권은 철저히 부정되었습니다. 지주의 소유권만 인정되고 경작 농민의 토지에 대한 권리는 완전히 부정된 것이지요. 이게 바로 토지 소유권 보호의 실체였어요. 일제가 이런 방식으로 친일파를 형성하면서 대다수의 힘없는 농민은 급속히 몰락했지요.

또 다른 문제점은 신고주의를 원칙으로 했다는 거예요. 그런데 신고 절차가 너무 복잡하고 까다로웠을 뿐 아니라 일제가 실시하는 사업이라서 반일 감정에 앞선 일반 농민들은 "내 땅 가지고 내 마음대로 하는데, 자기네들이 웬 간섭이냐."라며 신고를 하지 않는 경우가 많았지요.

더구나 문중 토지나 마을 사람들의 공유지, 왕실이나 공공 기관에 속했던 토지들은 주인이 없는 토지로 분류되어 총독부의 소유로 넘어갔습니다. 이런 과정을 알아차린 일부 친일파 양반이나 유력자들은 마을이나 씨족의 공유지 등 소속이 불분명한 토지를 자신의 땅으로 신고해서 소유권을 인정받기도 했어요. 조선 총독부는 약탈한 토지를 동양 척식 주식회사와 한국으로 건너오는 일본인에게 싼값으로 넘겨주었지요.

이에 조선 총독부를 대상으로 한 농민들의 소유권 분쟁이 이어졌어요. 당시 총 분쟁 건수 약 10만 건 가운데 99.7%가 소유권 분쟁이었지요. 이 가운데 65%는 조선 총독부의 소유로 들어간 땅의 소유권을 둘러싸고 발생한 것이었어요.

일본의 토지 조사 사업으로 토지 관계가 근대적인 형식을 띠게 됐다고 주장하는 사람들이 있습니다. 하지만 토지 조사 사업은 침략 정책을 수행하기 위한 자본 축적의 성격이 강하지요. 결과적으로 일본은 고율의 소작료 제도를 이용해 많은 쌀을 일본으로 가져갈 수 있었어요. 이로 인해 생활이 어려워진 농민은 고향을 등지고 일터를 찾아 도시나 광산으로 모여들게 되지요.

일본의 수탈을 살펴보면 두 가지 특징이 있습니다. 첫째는 늘 허울 좋은 구실을 내세웠다는 점이고, 둘째는 실행 과정에서 원칙이 제대로 지켜지지 않았다는 점이에요. 토지 조사 사업의 목적은 농민들의 토지를 빼앗는 것이었기 때문에 어떤 방법으로든 정당화시킬 수는 없습니다.

찾아보기